U0102701

# The Language OF FOOD

## 餐桌上的語言學家

任韶堂 Dan Jurafsky —— 著

游卉庭 —— 譯

# 目錄

# 作者序

　　本書源於兩個問題。第一個問題來自老友吉姆和琳達的七歲女兒凱蒂，向來觀察力敏銳的她某天問起，為什麼番茄醬的標籤要寫tomato ketchup[1]（你可以看看，大部分真的是如此），難道這不是多此一舉嗎？這是很合理的問題，畢竟我到酒吧點杯瑪格麗特（margarita），我不會說「龍舌蘭瑪格麗特」；瑪格麗特酒是用龍舌蘭調製（不然會是戴克瑞〔daiquiri〕、琴蕾〔gimlet〕，甚至〔但願不是〕柯夢波丹〔cosmopolitan〕嗎？）瑪格麗特就是龍舌蘭酒的一種。

　　既然如此，為什麼要重複「番茄」二字呢？

　　第二個問題來自香港的朋友雪莉。年輕時為了研究，我曾前往香港學習廣東話，當時身邊每個人無不信誓旦旦地對我說，ketchup這個單字源自華語。Ketchup的後半部──tchup的發音和廣東話的「汁」相同，而前半部的ke則是廣東話「茄」的發音。就雪莉的認知，ketchup是廣東話，以致當她在美國麥當勞與友人用餐時，一問起對方「ketchup」的英語是什麼，反倒讓

---

[1] 編注：ketchup即為番茄醬，標籤上寫tomato ketchup（番茄番茄醬）感覺多此一舉。

對方相當困惑，但是，ketchup怎麼可能是華語？

　　結果，凱蒂和雪莉的問題是有相同解答的。今天我們食用的番茄醬與好幾世紀前的最初版本截然不同。少有人知道，番茄醬和早期中國福建省（亦即tea這個字的發源地）一帶釀製的魚露ke-tchup之間有所連結。十四世紀至十八世紀期間，中國商人紛紛在東南亞各港口駐居，並帶來中國傳統的釀造技術，他們將當地魚類醃漬成類似現今越南魚露（nuoc mam）的ke-tchup，同時用大豆釀製醬油，更將米和紅麴、糖蜜、棕櫚糖一起釀造，蒸餾出蘭姆酒（rum）的前身蒸餾酒（arrack）。蒸餾酒是最早大量釀製的酒類，遠早於蘭姆酒或琴酒，因此當1650年英國與荷蘭的水手、商人來到亞洲從事絲綢、瓷器和茶的交易時，一併買下了大量蒸餾酒，並由此研發出全世界第一種雞尾酒（潘趣酒[2]）以供應自家水手。（潘趣酒最終發展成現代雞尾酒，如戴克瑞、琴蕾、瑪格麗特。）而這些人在遠程的航途中，亦品嚐到味道強烈的魚露。

　　這些商人將魚露帶回歐洲後，經過四百多年的演變，最初原料的醃漬魚已然消失，進而發展成適合西方人口味的醬料。早期食譜中，可見以英國蘑菇，或如珍・奧斯汀（Jane Austin）家中以核桃取代原料中的魚；十九世紀起，英國有了各種不同的ketchup食譜，而其中最受歡迎的調製方式是加入番茄，流傳到美國後，又添加糖。糖的比例逐漸增加，最後變成遍及美國的調

---

[2]　譯注：潘趣酒（punch）源自印度拜火教panj（數字「5」之意）。潘趣酒是五種不同成分的微酒精混合飲品，基底多為果汁。

味料，並出口至香港和其他國家。

　　番茄醬的故事如同見證東西方交會的迷人窗口，創造出我們的日常飲食，並告訴我們水手和商人如何歷經近千年時間，融合東西方各自的食物偏好，形塑出現代料理。從分散在現代語言的語法實證（linguistic evidence）便可得知，這段歷程所創造出的，絕非僅止於番茄醬而已。英國國民美食炸魚薯條源於波斯一道以醋、洋蔥調味烹煮的糖醋燉牛肉（sikbāj），且是六世紀時的波斯國王最喜愛的料理。這道料理的名稱sikbāj在不同語言間留下足跡──法文aspic（肉凍）、西班牙文escabeche（油煎醃漬魚），或是祕魯的ceviche（檸汁醃生魚），而故事從中世紀巴格達的黃金宮殿傳至地中海木造商船上的手水，也從中世紀基督徒的齋戒生活，變成猶太人離開西班牙後，於安息日（Sabbath）食用的魚肉冷盤料理。

　　杏仁餅、馬卡龍和通心粉皆來自同一種麵點──波斯杏仁酥lauzīnaj，其融合了阿拉伯世界的麵團以及羅馬人在當時羅馬帝國糧倉──西西里島──所種植的杜蘭小麥（durum）製作而成。

　　我們將從科學、政治和文化層面來探討相關問題。是誰想到將奶油或果汁倒入桶子，並在桶外填入鹽和冰後做出雪酪（sorbet）或冰淇淋，而這種食物又與特調的藥用糖漿──即現代飲料可口可樂及百事可樂的前身──有何關聯？答案就在雪泥（sherbet）、雪酪（sorbet）和糖漿（syrup）這幾個單字所經歷的冒險旅程中，以及它們從阿拉伯語的「飲料」或「糖漿」所衍生出的字詞裡。

　　為什麼墨西哥原生的雞種——火雞（turkey）會以地中海東部的穆斯林民主國家命名？這與十五、十六世紀之際，葡萄牙人的某個不為人知的祕密有關。為了避免其他國家也找到這些海外黃金、香料以及珍禽的來源地，間接導致其他國家將此禽鳥與馬穆魯克人[3]帶來的品種完全搞混。

　　為什麼我們要在婚禮上敬酒（toast）？這與烤麵包機（toaster）當作結婚禮物的習俗無關，然兩者和烤麵包之間，卻都有著令人意外的關係。

　　為何我們喜歡在餐後享用甜點？如此根深柢固的餐後偏好，甚至影響到美國的中式餐館，而其文化中甚至不存在「甜點」（dessert）這個字彙，更不用說「幸運籤餅」了。由此，我們將審視甜點的歷史（源於安達魯西亞、巴格達和波斯），同時介紹所謂的料理文法（the grammar of cuisine），即「飯後（而非飯前）享用甜點」的概念深植於定義現代料理的既定架構中，如同文法規則定義語言一樣。藉由人類對於生活的基本追求，也就是「找到美味的食物」，食物的語言有助於了解各個文明和全球化之間的相互關係，這些我們以為近幾年才興起的文化融合，實質上已發展好幾世紀，甚至好幾千年了；你可以說，這就是本書「食源學」（EATymology）[4]的觀點。只是食物的語言並非僅止於探索過去的詞源線索而已，我們今日談論食物時的用字遣詞，也

[3]　譯注：中世紀時在伊斯蘭地區盛行的奴隸騎兵，由當時中亞草原民族、突厥人、斯拉夫人組成的奴兵軍隊。

[4]　譯注：etymology有詞源學或詞性變化之意，作者將eat（「吃」）與之結合，形成eatymology，且因本書主為探討食物名稱來源，因此譯為「食源學」。

是破解現今世界的密碼。

在史丹佛大學的實驗室中，我們利用語法工具研讀各類線上或數位語料，目的是為了更進一步了解人類境況。我們研究幾例快速約會[5]的文字紀錄，想找出潛意識中約會成功與否的語法符號，結果發現，約會指南所提供的建言反為約會帶來反效果。我們檢視維基百科網站的頁面，揭露出作者透過微妙的語言暗示，試圖轉換其偏見[6]。此外，我們也利用禮貌用語的語言學理論，自動測量不同使用者的網路禮節[7]，結果顯示，一旦人的權力和地位愈高，相形愈無禮。

在這本書中，我將運用電腦計算的語法工具來研究食物，調查因網路蓬勃發展而建置的諸多數據資料，同時檢驗數百萬則網路餐廳評論、數以千計的菜單、食品廣告以及品牌的語言學。

我也將用這些語言學及經濟學結合的工具和其他概念，企圖揭露出現今食品廣告中隱藏的語法線索，並告訴你，當你在看菜單或閱讀洋芋片包裝背後的說明文字時，這些業者已透過數種驚人的方法鎖定你。你甚至能夠進一步了解，不論是這些看得到的文字說明，抑或是刻意省略的詞彙上，語法線索便足以預測菜單上每道料理的價格。

從我們的感官和情緒，到我們對待他物的態度所延伸的社會心理學，食物的語言亦能協助我們了解人類心理，包括我們究竟

---

[5]　McFarland, Jurafsky, and Rawlings (2013).

[6]　Recasens, Danescu-Niculescu-Mizil, and Jurafsky (2013).

[7]　Danescu-Niculescu-Mizil et al. (2013).

是誰。藉由特定軟體計算調查網站上數百萬則的餐廳或啤酒評論，我們發現了波麗安娜效應（Pollyanna effect）：一種認為人類本性多趨向正面和樂觀的心理學觀點。因此，我們會將美食與性歡愉相比擬。我們同時審視人類厭惡某間餐廳，或給予嚴格的一星評論時會如何表達，並從中找出人們最容易因何而受創，藉此我們發現，這些都與我們和他人的關係緊密相連。

最後，我們要討論健康。為什麼麵粉（flour）和花（flower）曾是相同的字，而這又如何解釋人們對有害健康的精緻食品的偏好？沙拉（salad）、義大利香腸（salami）、西班牙莎莎醬（salsa）、醬料（sauce）和（醃製的）soused等，這些單字原指同一件事，此與我們難以降低鈉攝取量的飲食習慣有何關係？

如同作家愛倫坡在其作品〈失竊的信〉[8]中的有罪證據，前述種種問題的答案，顯然就在我們提及食物時所使用語彙中。

本書各章節的鋪陳與正式套餐的順序一樣，從菜單開始，接著是魚肉料理，再穿插水手和海盜的故事。休息一下，接著討論傳統晚餐烤肉上桌前的潘趣酒和烤麵包，再來是烤肉料理，並在進入飯後甜點前說說零食以及關於嘴饞這件事。（即便如此，每個章節可單獨閱讀。我的母親是家中最喜歡一致性且貫徹始終的人，她以隔章閱讀的方式看完《戰爭與和平》，我們因而常說，

---

[8] 譯注：愛倫坡（Edgar Allan Poe, 1809-1849），為美國文壇浪漫主義運動的重要人物之一，擅長懸疑驚悚小說。其作品〈失竊的信〉（*The Purloined Letter*）為短篇偵探故事，主角偵探在偷竊犯大臣的家中，僅憑心理戰術便找出警察搜索不到的證據；後來引申為太過明顯的事物，反而最容易被忽略，類似「最危險的地方就是最安全的地方」。

她讀的是托爾斯泰的《和平》而已。）

　　所有創新皆發生在事物交會之處的空窗地帶。美食也不例外，各種文化交會之際所創造出來的美食會各自調整，強化彼此相互習得的特質。食物的語言正是一道窗口，人們由此窺見這些「交會之處」──古老文明的衝撞、現代文化衝突、人類認知、社會、變革上所隱含的線索。每當感恩節烤火雞、婚宴上向新人敬酒或決定要買哪一種品牌的洋芋片或冰淇淋時，無不意味著你正以食物的語言對話。

加州舊金山

2014 年 4 月

# 第一章
# 如何讀菜單

　　若說舊金山最高級的餐廳從不提供菜單，這並非事實。因為禮貌周到的服務人員會在你用餐後，透過電子郵件寄送一份列有各式餐點的精緻菜單（鱒魚卵、海膽、菜薊、蕓薹類蔬菜……）供你作紀念。而這間充滿魅力的米其林餐廳——四季（Saison）——並非唯一。各地有愈來愈多高級餐廳逐漸興起這股無菜單料理（blind tasting menus）風潮，除非餐點端到你面前，否則你不會知道自己即將享用何種料理。來到這類高級餐廳，似乎花費愈多，選擇反而愈少。

　　社會階級曾以截然不同的方式表現。1970年代，若是外出用餐，我確定你一定會選擇作家凱文·崔林（Calvin Trillin）稱之為「家中之家／歐陸料理」[1]的地方[2]。早期支持在地和民族風飲

---

[1] 編注：原文為 La Maison de la Casa House, Continental Cuisine。此稱法有諷刺之意。無論是法語的 Maison，或是西班牙語的 Casa，或是英語的 House，原意都為「家」。

[2] Trillin (1974), Chapter 1: The Travelling Man's Burden, 13.

食的崔林，曾嘲笑以法語混雜英語[3]設計菜單的餐廳，並抱怨自己被帶到「一間提供『歐陸餐點』的紫色皇宮，只不過，掌廚的是設計菜單的人而非廚師」。

當時的菜單寫作指南會建議餐廳將「餐點歐陸化[4]」，從以下例子看來，這些餐廳也的確如實呈現──法語中，可見英語或義大利語，甚至將法語冠詞 Le 和英語同時出現：

*Flaming Coffee Diablo, Prepared en Vue of Guest*
（專為顧客特調的惡魔烈焰咖啡）
*Ravioli parmigiana, en casserole*
（燉煮帕爾馬起司方餃）
*Le Crabmeat Cocktail* [5]
（蟹肉雞尾酒）

這份混雜法語的菜單絕非一股熱潮而已，拜神奇網路之賜，我們得以在紐約公共圖書館（New York Public Libary）網站上搜尋到一百多年前的菜單選輯[6]（此系列由法蘭克・E・巴托夫〔Frank E. Buttolph, 1850-1924〕女士捐獻，這位「嬌小樸素、具

---

[3] 譯注：即 macaronic，為十六世紀一種混合拉丁文及義大利方言的詩文寫作方式，源自 macaroni。
[4] Seaberg (1973).
[5] Zwicky and Zwicky (1980).
[6] Lesy and Stoffer (2013)，有取自該選輯的完整範例。

文藝氣質的女士」[7]鍾愛蒐集菜單）。這一萬份菜單的收藏，歷史最久遠的可追溯至1843年8月25日阿斯托旅館的「女士之宴」（Ladie's Ordinary）早餐[8]，所提供的餐點包括蛤蠣濃湯、水煮鱈魚、炸羊排、「蕈菇（champignons）煎炒的羊排」、燉小牛頭肉、雞肉派、馬鈴薯泥、甜菜根、南瓜、烤牛肉、羊肉、鷸鳥（snipe）、乳鴿（squab）、鵝等；若客人沒吃飽，還有黑莓派、奶油派、水蜜桃冰以及杏仁餅甜點。我們隨後將討論杏仁餅的部分）。1900年早期的菜單全夾雜法語，特別是中高價位的高級餐廳，其菜單上的法語比廉價餐館上的菜單多了五倍[9]：

*Flounder sur le plat*
（比目魚）
*Eggs au beurre noir*
（奶油煎蛋）
*Fried chicken à la Maryland half*
（馬里蘭炸半雞）
*Green turtle à l'anglaise*
（英式綠海龜）

---

[7] *The New York Times*, June 3, 1906.

[8] 阿斯托旅館的菜單可在紐約公共圖書館網站查詢：http://digitalgallery.nypl.org/nypldigital/id?ps_rbk_701。

[9] 此為我設計的軟體分析一萬份菜單後的運算結果。該軟體利用菜單價格區分昂貴餐廳，並檢測其語法策略。我們將會花些篇幅介紹此軟體所用的方法，如要查詢更多關於夾雜法文語句扮演何種社會角色，請參考Haley (2011), 33.

*Sirloin steak aux champignons*
（沙朗牛排配蕈菇）

　　我們早已過了1970年代（更遑論1870年代），這類偽法語菜單如今看來格外可笑，然而身分和社會階級的區別至今仍存在，現代高級餐廳依舊有辦法告訴顧客它們是既高級又時髦的場所，或是正朝高規格餐廳邁進。事實上，每當你看著菜單上某道菜的說明時，意味著正在閱讀這些字句裡的語法線索，其中隱含我們對富人和社會階級的想法、社會如何看待食物，甚至所有餐廳行銷並不想讓顧客知道的真相。

　　而現代昂貴、高規格餐廳的指標是什麼？以下為某家高級餐廳所供應的餐點，或許能透過說明文字了解其行銷手法：

HERB ROASTED ELYSIAN FIELDS FARMS LAMB
香料烤艾利鮮菲爾德農場羊

*Eggplant Porridge, Cherry Peppers,*
*Greenmarket Cucumbers and Pine Nut Jus*
（茄子燕麥粥、櫻桃辣椒、綠市場小黃瓜和松子汁）

GRASS FED ANGUS FEED CARPACCIO
草飼安格斯牛薄片
*Pan Roasted King Trumpet Mushrooms*
（烤杏鮑菇）

*Dirty Girl Farm Romano Bean Tempura*
（「髒女孩」農場義大利扁豆天婦羅）
*Persillade, Extra Virgin Olive Oil*
（巴西利油、特級初榨橄欖油）

BISON BURGER
野牛漢堡
*8 oz. blue star farms, grass fed & pasture raised,*
（8盎司藍星農場放牧草飼野牛肉）
*melted gorgonzola, grilled vegetables*
（戈根佐拉起司、烤鮮蔬）

你或許會留意到，撰寫菜單的人刻意標記食物來源——農場名稱（「艾利鮮菲爾德」、「髒女孩」、「藍星」），並讓我們想像牧場的樣貌（「草飼」、「放牧」），以及市場名（「綠市場小黃瓜」）。

但這群構思菜單的人並非是唯一失控的人，影集《波特蘭迪亞》（*Portlandia*）[10]第一集中，演員佛萊德・阿米森（Fred Armisen）和凱莉・布朗斯坦（Carrie Brownstein）飾演熱愛在地食物的顧客，他們在點餐時詢問服務生雞隻飼養的細節，服務生傾全力向他們保證餐廳提供「優良品種、林地放牧且以羊奶、大

---

[10] 譯注：2011年開播的美國電視影集，全劇在波特蘭拍攝，主要內容在挪揄許多波特蘭地標和人文風俗文化。

豆和榛果餵養的雞」，阿米森和布朗斯坦仍不滿意（並問「榛果
是本地種植的嗎？」）甚至親自前往農場，確認雞隻的飼養過程
後才放心。

　　我想，語言學家可能也會讓一起用餐的人深感不耐，因為看
菜單的過程不僅降低點餐效率，且即便是為了幫助選擇而一一解
讀各式菜單，一般來說仍不足以找出字裡行間所隱含的差異，此
時，就需要更多的資料佐證。

　　所幸現今餐廳會將菜單數位化，並分享在網路上，人們由此
找到更多琳琅滿目的菜單，也能按照地理位置、料理種類等分類
來驗證餐廳用語及價格。

　　而為了找出這種熱愛在地食材的風氣到底有多盛行，以及
餐廳菜單上到底隱含哪些訊息，我和卡內基梅隆大學（Carnegie
Mellon University）的維克多·查胡奴（Victor Chahuneau）、諾
亞·史密斯（Noah Smith）和布萊恩·路里居（Bryan Routledge）
共同進行一項研究。我們從網路上找出六千五百份現代菜單（總
共描述了六十五萬道菜）[11]，分別來自七座城市（紐約、波士頓、
芝加哥、費城、華盛頓DC、舊金山和洛杉磯）的餐廳的供菜內
容。在這份資料上，我們得以掌控城市、鄰近地區、料理種類和
其他經濟學家在研究餐廳價格時的眾多因素，好比經濟學家泰
勒·柯文（Tyler Cowen）在《中午吃什麼？》（*An Economist Gets
Lunch*）曾提到主要街道以及其他街道等。

---

[11]　Jurafsky et al. (2013).

　　接著，我們便設計一套軟體，用以計算不同價位餐廳——包括一個錢幣符號（$）的廉價餐廳到四個錢幣符號（$$$$）的高級餐廳，其菜單上出現農場、牧場、牧地、林地、花園、農人市場、黑豬肉（heritage pork）、傳家寶番茄（heirloom tomatoes）等詞語的次數。在這份龐大資料庫中，高級餐廳（$$$$）菜單上出現的食材來源次數，比廉價餐廳多了十五次！因此這種對於食材來源的狂熱便是你在高價的高級餐廳用餐的強力指標（或是你買了一袋以同樣手法推銷的高級垃圾食物，這部分我們稍後再談）。

　　我們研究發現，許多跟經濟情勢相關的語言特質，例如前述四季這類米其林星級餐廳，大多傾向選擇顧客希望享用到的食材；甚至在單點（a la carte）菜單上，也可見愈來愈多高級餐廳另外提供可替換食材的少數餐點，或是介紹特定餐點為「主廚推薦」或「主廚精選」，正如下列例子：

特選生魚片：主廚任選十種搭配
招牌開胃菜：主廚每日精選

　　相較之下，語言學家羅賓・拉科夫（Robin Lakoff）則指出，廉價餐廳反而提供更多選擇[12]。首先，價位不高的餐廳多半餐點種類更多，平均會多上一倍，回想一下你最近去過的中式餐館或任何一家餐廳，將其菜單與你最近去過的高級餐廳相較。廉

---

[12]　Lakoff (2006).

價餐廳多半有份量大小可供選擇，或者可以選擇主食（雞肉、蝦或豆腐）。另一個廉價餐廳菜單上的語言線索則是可見較多的「您」字，例如「您的選擇」或是「您的偏好」，舉例如下：

　　烤小羊排（熟度由您指定）
　　醃牛腹肉（flank）與雞蛋（料理方法任您挑）
　　法式鹹派佐招牌沙拉或濃湯（隨您擇一）
　　肉汁比司吉與雞蛋（料理方法任您挑）

　　由此我們得知，若將高級餐廳（$$$$）與廉價餐廳（$）的菜單相較，前者餐點數量約是後者的一半，且提及顧客喜好的次數少了三倍，然主廚精選的數量反而多出七倍。

　　高級餐廳當然不免會使用華麗的詞藻，在五十年至一百年前的菜單上，這類餐點多以冗長的法語書寫，而現今多數高級餐廳的菜單上亦可見其他語言。在我們所研究的高級餐廳菜單樣本上，就有tonnarelli（粗圓形義大利麵）、choclo（白色大玉米）、bastilla（摩洛哥肉酥餅）、kataifi（酥皮絲）、persillade（芹蒜醬）和oyako（親子丼）等，分別來自義大利語、祕魯西班牙語、阿拉伯語、希臘語、法語和日語。

　　英語中亦有諸多華麗的詞藻，就像我父親總以「兩角五分」（two-bits words）來稱現今的五十分錢，這些聽來既長且多音節的單字，大約由十一、十二個或更多字母組合而成。為什麼字母多就顯得高級？首先，是因為許多拼字較多的英語單字源於法語或拉丁語這類古代高貴的語言，再者，是因為拼字長的英語單字

非常少用，字數愈長的單字實際上愈少使用，只要稍微回想一下便很容易理解，字母少的詞（例如of、I、the或a）屬於文法用字，隨時可見，反觀字母冗長的詞（如accompaniments）出現的時機相對少。

　　字數長短和使用頻率的關係，是由八世紀波斯語法學家斯巴威赫（Sibawayhi）率先發現[13]，這也算是穆斯林世界眾多科學革命和發明之一。斯巴威赫來到興建完成不久的巴格達，當時屬於阿拔斯王朝（Abbasid Dynasty）[14]的首都重鎮，可說是中世紀全球最重要的學術和科學中心。（之後的章節也會提到，許多現代食物的起源正是由當時統治巴格達的哈里發[15]所發揚。）

　　斯巴威赫來自波斯，到巴格達原是為了研讀法律。某天，正當他高聲背誦律法時，不甚念錯某個阿拉伯語單字，同學因此嘲笑他語言能力很差（我想，八世紀法律系學生跟現今一樣競爭激烈），根據流傳的故事之一，這是斯巴威赫轉換跑道，將終生志業從法律轉向語言學的主因[16]。（現代大學教育中，學生一般不會因為被公然嘲笑而轉換主修科目，除非學生自己對語言學產生興趣。）

---

[13]　Al-Nassir (1993), Carter (2004).

[14]　譯注：國祚從西元750至1258年，為哈里發帝國的第一個王朝，是阿拉伯帝國的第二個世襲王朝。阿拔斯王朝時期，伊斯蘭教正值鼎盛，此時在各個領域方面都有頂尖的發展。

[15]　譯注：伊斯蘭國家的統治者或宗教上穆罕默德的繼承人。

[16]　Carter (2004), 10.

　　斯巴威赫的理論在一千兩百年後被重新提出並予以確立。1930年代，語言學家喬治·齊夫（George Zipf）指出[17]，常用的單字大多較短，因為可使溝通更有效率。與他人對話時，若你選擇使用頻次相對高的單字的話，你便能在有限的時間內選擇更多單字來表達。齊夫提出的觀點在十年後幫助了在貝爾實驗室（Bell Labs）建立資訊理論（information theory）的克勞德·香農（Claude Shannon），若非這個重要概念，今天我們無法目睹現代菜單（或是錄音資料、攝影圖像）數位化。

　　無論如何，高級餐廳菜單上常出現的罕見、冗長且詞藻華美的單字，包括無咖啡因（decaffeinated）、配菜（accompaniments）、附餐（complements）、傳統（traditionally）、說明（specifications）、烹調方式（preparation）、滿溢（overflowing）、豪華（magnificent）、靈感（inspiration）、精緻（exquisitely）和溫和（tenderness）；反觀廉價餐廳只見簡潔的單字，例如以decaf取代decaffeinated、sides代替accompaniments或complements。平均而言，高級餐廳菜單用字會比廉價餐廳菜單多上半個字母。

　　因此，華麗詞藻便是我們在高級餐廳用餐的指標；但這類字詞若出現在餐點說明上，意味著更明確的事實：該道餐點的實際價格！

　　為了深入了解，同事和我研究了近六千五百份菜單上共計六十五萬道餐點的價位，並利用統計工具試圖找出與高低價相關的字詞。影響餐點價位最大的因素是食物種類，如龍蝦比雞肉貴，

---

[17] Zipf (1934).

差額大約是一份土司配餐的價格。因此我們便控制食物種類、餐廳料理風格（中式、義大利式、牛排館、餐廳和咖啡館）以及餐廳有多高級、位於哪座城市或鄰近地區。控制這些因素後，接著我們研究起各字詞對餐點價位的額外影響。

我們發現，當餐廳以較長的字詞說明餐點時，該道菜的價位相對較高。平均來說，每增加一個字母，便增加十八分錢！這意味著一旦某間餐廳菜單上的每道餐說明多三個字母，你就得為烤雞或義大利麵多付五十四分錢。令人驚訝的是，當出現「兩角五分」式的文字，即華麗冗長的詞彙時，該道餐點確實貴了五十分！

計算字母數是確認餐廳是否在菜單上耍花招的方法之一，另一種則是檢查餐廳是否強調「異國」或「辣味」，有的話，就得留心！找找看是否出現「印度異國香料」或「衣索比亞香料」，或是「羅望子魚湯配異國野蔬」等字眼。我們發現，一旦出現「異國」或「香料」等單字，餐點價位亦隨之提高，原因可能是這類餐點對衣索比亞籍或印度籍的顧客而言不算異國料理，畢竟客群並非那些天天吃且了解實際成本的本國人。這類「異國」或東方世界的詞彙主要是針對非本國人，例如我這種喜歡與眾不同、願意花大錢享受的食物旅人。

五香鴨：以五種異國香料燉煮的去骨嫩鴨，搭配辣油醋醬。

香辣秋葵（Bhindi Masala）：以洋蔥、番茄和印度異國香料烹煮秋葵。

　　第三種解讀菜單用語的技巧，則是找出我稱之為「填補語詞」（linguistic fillers）的字眼，例如正向但語意模稜兩可的字彙：美味的（delicious）及其同義字可口的（tasty）、令人口水直流的（mouth-watering）、風味絕佳的（flavorful）、妙不可言的（scrumptious）和開胃的（savory），或是極其美味的（terrific）、驚人的（wonderful）、令人欣喜的（delightful）和超群的（sublime）等，這些字彙看似保證即將端到你面前的料理極其特別，然而高級餐廳會狡詐地盡量避免使用這類模糊的字眼（即便你覺得剛才的嫩鱈魚其實沒那麼美味也無法提告）。另一種常見的類型便是我同事阿諾・維奇（Arnold Zwicky）所說的「誘人的形容詞」[18]，諸如令人振奮的（zesty）、豐富的（rich）、金黃耀眼的（golden brown）、爽脆的（crispy）或鬆脆的（crunchy），儘管這些詞彙仍多少透露信息（金黃耀眼的與鬆脆的意思截然不同），但像zesty就是全憑個人觀感。

　　這兩類填補語詞大多與廉價有關，在控制前文所提及的因素（食物本身、料理種類、平均價格和餐廳地點）後，我們便能了解，菜單用字與餐點價格之間的關係。一旦菜單上出現正向而語意模糊的字彙，如delicious、tasty或terrific時，平均價格會便宜百分之九；反之，若出現看來很誘人的詞彙，如rich、crunchy或zesty，則平均價格會便宜百分之二。

---

[18] Zwicky and Zwicky (1980).

　　這份調查結果所傳達的，是文字與餐點價格兩者之間有相關，卻不具因果關係，亦即我們無法確認餐廳是否真以描述餐點delicious的次數來決定價格、或是否在定價後才決定以美味的來形容餐點，又或者可能有其他未知因素，即我們所稱的「外生因素」（exogenous factor）來影響價格和用語；我們唯一確定的是，低廉的價格與填補語詞密不可分。儘管如此我們仍懷疑，有些空泛字詞之所以與廉價相關，是因為這些字詞本身不過是填補語詞；而當你要形容真正昂貴的蟹類或上等大丁骨牛排時，著實難以找到適當的詞彙來搪塞。《超爆蘋果橘子經濟學》（*Freakonomics*）作者史帝文‧李維特（Steven Levitt）和史蒂芬‧杜伯納（Stephen Dubner）指出[19]，房仲業推銷廣告上也可見這類現象，他們發現，房仲廣告出現令人難以置信的（fantastic）或迷人的（charming）的字眼，房價相對低，但若出現楓樹（maple）和花崗岩（granite）即可提高房價。他們假設，房仲業者會使用模糊但具正向意味的字詞，如令人難以置信的（fantastic），來掩飾該建案其實沒那麼好；高級餐點的說明中，的確不會見到令人難以置信的（fantastic）這般空泛字眼，而是真正描述高級食材如龍蝦、松露或魚子醬所需的詞彙。

　　以下是幾個包含填補詞語的句子，三道餐點中你能找出幾個：

---

[19] Levitt and Dubner (2006), Levitt and Syverson (2005).

BLT[20]沙拉：充滿香氣、配色豐富且美味的沙拉，包含酥脆的培根丁、萵苣、番茄、紅青椒和大蒜麵包丁，並佐以藍起司醬（bleu cheese）

私房肉餅三明治：香氣十足、多汁且美味，現烤供應並附獨家BBQ番茄醬、焦糖洋蔥和熔化的美式起司

芒果炸雞塊：美味且金黃酥脆的炸雞塊，以甜鹹沾醬嫩煎，搭配新鮮切片的芒果、胡蘿蔔和甜椒

　　我算過至少出現十三個：美味（出現三次）、香氣（出現兩次）、配色豐富、酥脆、多汁、現烤、金黃、甜、鹹和新鮮。

　　這些填補字眼提供了更全面的餐廳資訊，想想那些使用冗長字句且字母又多的餐廳吧，你可能以為這些昂貴餐廳所費不貲的聘請顧問來研究如何在菜單上發揮行銷功力，或是這些餐廳其實價位不高，因其使用填補字眼補足看來不太精緻的餐點。

　　然而事實上兩者皆非，具冗長字詞和大量填補詞語的菜單多半出現在中價位餐廳，例如連鎖餐廳露比星期二（Ruby Tuesday）、星期五美式餐廳、起士蛋糕工廠（Cheesecake Factory）、加州比薩廚房（California Pizza Kitchen）或當地餐館等。

---

[20] 譯注：指原料為培根、萵苣和番茄所搭配而成的沙拉或三明治。

描述形容詞如新鮮、豐富、辣、酥脆、脆口、氣味強烈、多汁、興致高昂、大塊、煙燻、鹹味、濃起司香、鬆軟、一片片和奶油香等，則較常出現在以下中價位餐廳的菜單上：

金黃酥脆比利時格子鬆餅配新鮮水果

蘑菇蛋卷：以新鮮蘑菇製成獨家軟嫩蛋卷，佐以滋味豐富的蘑菇雪莉淋醬（mushroom sherry sauce）

馬沙拉雞（Chicken Marsala）：以濃郁馬沙拉酒醬汁燉煮嫩雞胸肉與新鮮蘑菇

鄉村蘋果塔（Rustic Apple Galette）：手工製作五吋法式奶油千層泡芙皮，熟成蘋果層層堆疊其上，烤至金黃

為什麼使用這些描述形容詞的是中價位、不太貴的餐廳？

我們必須先思考這些詞彙的功能才能得到解答，例如「美味」（delicious），字面上的意思是食物好吃，而「熟成」（ripe）的原意是指蘋果不能在外表呈現綠色且味道酸澀時採收；只是餐廳為何提供未熟成的蘋果或是口味不佳的餐點？餐廳提供熟成香甜的蘋果，不是理所當然的嗎？

二十世紀最重要的語言哲學家之一的保羅・格萊斯（H. Paul Grice）為我們提供解答。格萊斯指出，我們在試圖了解說話者想表達的意思時，會假設對方的行為非常理性（rational），倘

使對方提到新事物，代表此事物具備之所以為新的理由。[21] 此外，說話者也不會隨意增添無謂的字詞（格萊斯稱此為「數量準則」。另一項「關係準則」則是指說話者會試著舉出與對話主題相關的事物。）[22] 因此，一旦有人提及新事物（或是熟成、鬆軟或金黃），我會立刻想到為什麼會和「熟成」有關。一般來說，我們之所以提到「熟成」，是因為隱含著與「未熟成」對比的訊息，亦即「你以為這水果還沒熟嗎，別擔心，我可以向你擔保這水果的確熟了。」這意味著提及「熟成」，將提升他人思考水果是否熟透的可能性，而我身為說話者，必須說服他們。

　　語言學家馬克・里博曼（Mark Liberman）指出，這種過度解釋屬於「情境焦慮」（status anxiety）的症狀。[23] 高級餐廳不會使用「熟成」（或「新鮮」、「酥脆」）等字詞，是因為我們假設其提供的餐點本該如此且每樣食材都新鮮；中價位餐廳唯恐你會認為餐點不夠高級，他們因此特地向你證明，反而淪為過度捍衛。

　　當菜單上出現「真材實料」這個字眼時，也能看見與格萊斯概念類似的觀點。很多餐廳菜單上出現這個字眼，只是餐廳所稱

---

[21] Grice（1989）。事實上格萊斯使用的詞是「合作」（cooperative）而非「理性」（rational），但前者意涵在此因為格萊斯的定義比較專業而顯得模糊，「合作」並非話者說的話或行為能幫助我們理解，而是在一段雙方均認同的溝通過程中確實參與。

[22] 譯注：數量準則原文Maxim of Quantity，關係準則是Maxim of Relevance，兩者為格萊斯「合作原則」（cooperative principles）。格萊斯認為，一段對話若要順利，說話者與聽者均須遵守共同規範，其中「數量準則」是指對話中，說話者應提供聽者適當的訊息內容。

[23] Liberman（2004）.

的「真材實料」是否為真則取決於餐點價格；廉價餐廳保證使用真正的發泡奶油、真正的馬鈴薯以及真正的培根：

巧克力碎片鬆餅：搭配真材實料的發泡奶油。

自製肉餅：搭配真正的馬鈴薯泥、蔬菜和肉汁。

炸雞肉排：將萵苣、番茄、俄式沙拉醬和真正的培根丁做成卷狀，再覆上熔化的瑞士起司。

在中價位餐廳（$$）的菜單上，「真材實料」一詞多用來描述螃蟹和楓糖漿：

加州壽司卷：真材實料的蟹肉和酪梨

藍莓全穀鬆餅：搭配真正的楓糖漿

相較之下，「真材實料」一詞絕少出現在高級餐廳（$$$和$$$$）的菜單裡，並非因為培根不是真的，而是來此消費的顧客預設餐廳的培根、發泡奶油和蟹肉都是貨真價實的食材。對高級餐廳來說，稱其使用的蟹肉是「真材實料」，反而像是由於別人懷疑其真實性而刻意捍衛。此時，格萊斯的準則再次應驗：若某間餐廳宣稱其所使用的，為真的奶油，其中勢必有必須如此聲明的理由，萬一你已如此強調了，依舊惹上麻煩，大多起因於你擔

心顧客認為食材造假，所以想再次向對方保證。高級餐廳不會強調這方面的訊息，因為它們不希望影射任何字詞，致使顧客對奶油有疑慮。

在菜單上食材是否為「真材實料」或「名副其實」的過往歷史裡，我們所汲取到經驗是，哪些食材會好到需要以假亂真，例如1990年代出現了真的培根（而非培根丁）、1970和80年代有真正的發泡奶油（而非已打發的奶油）[24]和酸奶油（sour cream）（而非人工酸奶油[25]）、1960年代菜單上出現真奶油（不是乳瑪琳[26]），1940和30年代則有真的小牛肝。

二十世紀初被稱為「真材實料」或「名副其實」的食材並非前述這些類別，當時大眾真正擔憂的是假啤酒和假海龜[27]，各家餐廳每日特餐無不標榜「真正的德國啤酒」或「真海龜」，而十九世紀時，大舉遷徙的德國移民為美國帶來德國淡拉格啤酒（German pale lager）[28]，同時引進漢堡、法蘭克福香腸、氣泡水（seltzer）、炸馬鈴薯塊、馬鈴薯沙拉和熟食店（delicatessen）。

---

[24] 譯注：發泡奶油（whipped cream）指的是需要現打發泡的植物性奶油，而已打發奶油（cool whip）則是已打發完成的植物性奶油，因為是冷凍的，必須解凍方能使用，適合用來做內餡或裝飾蛋糕表面等。

[25] 譯注：IMO全名為 Imitation Sour Cream，是一種酸奶油的替代用品。

[26] 譯注：又稱瑪琪琳或人造奶油，為植物油加氫化和奶油香後呈固體狀，不須冷藏，然口感及營養不若天然奶油。

[27] 譯注：原文為turtle。但十八世紀以降，英國人視海龜為高級食材，有錢人或上層社會的富有人家才有可能吃到。

[28] 譯注：Lager一字源自德文，有「窖藏」之意，拉格啤酒多為低溫發酵的啤酒，強調乾淨和清爽的口感。

在此之前，美國人只喝過英式黑麥芽酒（ale）[29]。之後由德國酒商低溫釀製的淡拉格啤酒品牌諸如美樂（Miller）、柏斯特（Pabst）、施麗茲（Schlitz）和雪山（Busch）在十九世紀廣受歡迎，許多餐廳便自稱其供應這類新產品；海龜湯亦是眾人趨之若鶩的每日佳肴，甚至出現以小牛的腦和頭部為食材所仿稱的海龜湯（或是其他不是海龜湯的湯，隨路易斯‧卡羅[30]要怎麼說吧），且成為普遍的海龜替代品。實際上，珍‧齊格曼（Jane Ziegelman）也曾在其著作《果園街97號：五個移民家庭的飲食史》（*97 Orchard, An Edible History of Five Immigrant Families*）中提到，[31]紐約餐廳「通常會在門廊上放上一隻真正的龜殼」，提醒顧客其所供應的，為貨真價實的海龜湯。

　　現今用以彰顯聲望的符號雖然並非如龜殼般顯眼，但仍舊出現在菜單用語上；當然，如今我們不再使用讓人混淆的法語，現代高級菜單大多精簡，不見任何顯得俗氣的填補用字，或企圖證明食材有多真實的多餘贅詞。在食物這方面，要想彰顯出其高級身價反而「簡單就是多」；若高級餐廳提供菜單，也是少見以謹慎挑選卻意義含糊的食物用字詞裝飾，或令人聯想到綠色草原或新鮮野蔬的圖片。

---

[29] 譯注：頂層發酵釀製的啤酒，發酵時的溫度比拉格啤酒高，時間卻比拉格啤酒短；口感濃烈，常帶有水果或果仁香。

[30] 譯注：作者所指的，是路易斯‧卡羅（Lewis Carroll）所創作的《愛麗絲夢遊仙境》裡的「牛頭海龜」，代表欺瞞的牛頭和象徵高級的海龜組合，意在諷刺當時社會上表面虛假高尚，實則放縱淫欲的社會價值觀。

[31] Ziegelman (2010).

　　你也應盡量避免以過多填補用語來形容餐點，諸如酥脆、脆口、味道強烈、多汁、令人振奮、大塊、煙燻或鬆軟等創作菜單的人極力想說服你的詞語。當你看到「異國」一詞，別因此而多付錢，學學崔林吧：直接走到大街上，供應真材實料且不過分張揚的餐廳才是最好的選擇。

# 第二章
# 前菜？主菜？Entrée 大解密

　　住在舊金山意味著會有朋友來訪，而友人來訪也意味著你有藉口漫步至伯諾丘（Bernal Hill），沿著密遜街（Mission Street）發掘出各式美味餐館。來我家的訪客對食物大多葷素不忌，但他們有時也會對某些獨特的飲食習慣抱怨連連。脾氣暴躁的英國友人保羅便對咖啡店店員的一長串問題深感不耐（「單份或雙份？小杯、中杯或大杯？內用或外帶？牛奶或豆漿？全脂或零脂？」）「給我該死的咖啡就好」認為美國人有控制欲的保羅只能如此回應。事實上，如同我們前一章所見，咖啡店、餐廳、速食店和其他暢貨中心所提供的大量選擇，僅在我們看到高級餐廳的美食菜單卻無法選擇時，才能感受得出。

　　保羅受不了美國人偏狹的文字用法，例如entrée在美國指主菜，但在法國和英國與appetizer一樣都是指開胃菜。一頓正式的法式料理，包括開胃菜（entrée）、主菜（the plat）和甜點；至於美式料理則是開胃菜（appetizer）、主菜（entrée）和甜點。entrée源於法語，原意為「入口」，保羅曾在某次晚餐時向我表示，美國人一定在過去不知何時起開始誤用。

　　保羅的假設似乎很合理，自從他抱怨我的刀叉禮儀（我沒能將刀叉正確擺出「我吃飽了」的樣子[1]）後，我便深感自己猶如西部荒野時代未受教化的人。

　　亞倫・戴維森（Alan Davidson）在其具影響力的著作《牛津美食指南》（*Oxford Companion to Food*）中曾指出，（即便保羅所說無誤）不用過於琢磨在 entrée 的真正意涵上：

> entrée、entrement：毫無疑問是在酒店或餐廳享用法式傳統料理時，為了保有一定樂趣而使用的法語詞彙，[2]但如今已不見如此用法，可能是大多數人記不得其真正意涵，也或許是原意早因地理、時空的不同而轉變。不如就忘了吧。

　　雖然戴維森的論點幾乎從未失誤，可惜這位令人敬畏的學者這次卻失算了，因為食物的語言本應有豐富內涵，方能訴說與歷史、社會和人類本身相關的故事。我反而支持歷史學家費爾南・布勞岱爾（Fernand Braudel）的觀點，他認為，藉由這些法語詞彙可以了解食物文化史：

> 我們或許……在依舊使用涵義曾多次改變過的詞彙裡，透過其背景歷史來了解食物文化的流變，例如 entrées、entrement、ragoûts 等。[3]

---

[1]　譯注：西餐禮儀中，用完餐點會將刀叉平行擺放在餐盤上，表示「用餐完畢」。

[2]　Davidson (1999), 281.

[3]　Braudel (1981), 189.

　　entrée之所以是我們的食物語言之旅接下來的目的地，當然還有其他原因：它屬於組織用字，描述的是正餐的架構而非食物本身，因此也能當成接續前一章菜單語言的討論，以及後續從主菜到甜點等章節之間的橋梁。

　　既然保羅假設entrée的現代法語意義和其原意一樣，那我們不如反其道而行[4]，從現代定義開始吧：

Mets qui se sert au début du repas, après le potage ou après les horsd'oeuvres.

（正餐開始前，於湯品或開胃菜之後上桌的餐點。）[5]

　　以下菜單內容分別節錄自巴黎里昂餐廳（Aux Lyonnais）和舊金山法蘭西餐廳（Frances）的菜單（兩家均為米其林一星餐廳），其用法顯然不同：法國人所指的entrée是開胃菜，而美國人的entrée（或entree）則是主菜。

里昂餐廳：
ENTRÉE
（開胃菜）
Planche de charcuterie lyonnaise
（里昂煙燻肉冷盤組）

---

[4]　譯注：此處為法文：au contraire，有恰恰相反、相對之意。
[5]　見Rey (2011)中關於entrée的說明。

Terrine de gibier, condiment coing/poivre

（野味肉凍佐榲桲／胡椒）

Jeunes poireaux servis tièdes, garniture mimosa

（烤嫩蔥配含羞草）

Fine crème de laitue, cuisses de grenouille dorées

（奶焗萵苣田雞）

PLATS

（當日特選主餐）

Saint-Jacques en coquille lutée, salade d'hiver

（聖賈克扇貝冬季沙拉）

Quenelles à la lyonnaise, sauce Nantua[6]

（里昂魚丸佐南迪亞龍蝦醬）

Vol-au-vent du dimanche en famille

（假日闔家歡法式奶油酥盒）

Notre boudin noir à la lyonnaise, oignons au vinaigre

（里昂黑布丁佐醃洋蔥）

法蘭西餐廳：

APPETIZERS

（開胃菜）

---

6　譯注：源於南迪亞地區的醬汁，由貝夏媚醬（Bechamel sauce）、奶油、淡水龍蝦奶油和高湯熬製而成。

Lacinato Kale Salad-Pecorino, Grilled Satsuma
（拉齊納多羽衣甘藍佐佩科里諾起司烤蜜柑）
Mandarin, Fennel, Medjool Date
（橘子、茴香和椰棗）
Squid Ink Pappardelle & Shellfish Ragout-Green Garlic,
Dungeness Crab, Gulf Prawn
（墨汁寬扁麵配大蒜燉鮮蔬貝類、黃金蟹和灣蝦）
Salad of Spring Greens-English Pea, Poached Farm Egg, Crisp
Shalloot and Potato
（春綠豌豆沙拉、水波牧場蛋、酥炸紅蔥頭和馬鈴薯）

ENTREES
（主餐）
Five-Dot Ranch Bavette Steak-Butter Bean Ragoût, Foraged
Mushrooms, Bloomsdale Spinach
（招牌鄉村牛排——燉皇帝豆、野菇、布倫岱爾波菜）
Sonoma Duck Breast-Charred Satsuma Madanrin, Lady Apple,
Cipollini Onion
（索諾瑪鴨胸——焦糖蜜柑、蘋果和義式洋蔥）
Market Fish-Green Garlic, Full Belly Potatoes, Salsify, Roasted
Fennel Puree
（鮮魚——蒜苗、馬鈴薯、洋牛蒡和炙燒茴香汁）

為何同一個字會出現如此明顯的差異？entrée一詞在1555年

首見於法國，到了十六世紀，在宴會上最先出餐的菜肴，稱為
entrée de table（「進入餐桌」），用餐完畢前的那道菜，則稱issue
de table（「離開餐桌」）。下方是料理史學家尚・路易・法蘭德
林（Jean-Louis Flandrin）在其著作《出餐安排：法國的餐桌服
務史》（*Arranging the Meal: A History of Table Service in France*）
中，提及1555年《獲益良多的廚房用書》（*Livre Fort Excellent de
Cuysine Tres-Utile et Profitable*）裡以中世紀法語（包含古文和多
種拼法）撰寫而成的兩種菜單：

Cest que fault pour faire ung banquet ou nopces après pasques
（復活節後舉辦宴會或婚宴所需餐點）

菜單1

Bon pain [Bread] 麵包

Bon vin [Wine] 葡萄酒

Entrée de table [Table entrée]
入桌菜

Portages [Soups] 湯

Rost [Roast] 烤肉

Second Rost [2nd Roast]
第二道烤肉

Tiers service de rost [3rd Rost]
第三道烤肉

Issue de Tables [Table exit]
離桌菜

菜單2

Bon pain [Bread] 麵包

Bon vin [Wine] 葡萄酒

Entrée de table [Table entrée]
入桌菜

Aultre entrée de table pour y ver
[Another table entrée for winter]
另一種冬季用的入桌菜

Potaiges [Soups] 湯

Rost [Roast] 烤肉

Issue de Tables [Table exit]
離桌菜

正如前列菜單上的菜色，[7]開胃菜（即入桌菜）是宴席的第一道菜，不限出餐次數；之後有湯品、一道或多道烤肉，接著是最後一道菜。十四至十六世紀的法國，開胃菜大多是豐盛的醬汁肉類料理（牛排搭醋栗、斑鳩配石榴、原汁燉雞肉塊佐酸葡萄汁、野牛腰肉、羊腿肉碎）、[8]鹹派（小牛肉派）或是內臟料理（烤小牛肝、鹽醃羊舌、烤小山羊頭）。

　　一百年後，湯品成為菜單上較先出餐的餐點，直到1650年，湯品已是第一道菜，之後才是開胃菜。1651年，拉瓦雷恩[9]著名的烹飪書《法國廚師》（Le Cuisinier François）中，開胃菜仍為熱食，且為和主餐烤肉料理不同的肉類菜肴。主餐中的烤肉通常以家禽類為主，有時可見兔肉或幼獸，但開胃菜是作法相對繁複精緻的餐點，大多搭配醬汁，準備工序也較繁瑣。該書詳細說明了十七世紀時的開胃菜色，例如燉鴨肉、鷸鴰肉腸、紅酒燉羊腿，以及燉雞汁肉塊；[10]一般來說，開胃菜並非冷食，也不全然是蔬菜或雞蛋料理，而由蔬菜或雞蛋製成的冷盤餐點當時稱為小菜（entremets）。由此可知，1651年時，開胃菜多以肉類為

---

[7]　Flandrin (2007), 182. 此菜單節錄自：Livre fort excellent de cuysine tres-utile & profitable contenant en soy la maniere dabiller toutes viandes. Avec la maniere deservir es banquets & festins. Le tout veu & corrige oultre la premiere impression par le grant Escuyer de Cuysine du Roy (Lyon: Olivier Arnoullet, 1555).

[8]　Flandrin (2007), 66–68.

[9]　譯注：此指勃艮第人馮索瓦‧皮耶‧拉瓦雷恩（François Pierre de la Varenne, 1615-1678），身為名廚，他所撰寫的《法國廚師》一書為現代法國菜帶來深遠影響。拉瓦雷恩廚藝學校（Ecola de Cuisine La Varenne）便是以他命名。

[10]　Scully (2006).

主，且是湯品後、主餐烤肉前享用的熱食。

　　再一百年後，十八世紀法國和英國（以及殖民時期的美國）的宴席餐點一律「法國化」或「英國化」（à la Française or à l'Anglaise），一頓飯分成兩個階段，每個階段桌上都擺滿各式餐點。所有餐點擺放在餐桌上，最重要的餐點放正中間，而湯品、魚肉則放在最前面，接著是分散擺盤的開胃菜，而桌邊（亦即在「主要菜色」之外）是份量最少的餐點（稱為 hors d'oeuvres，字面上的意思即「主菜之外」，也有開胃菜之意）。

　　席間一旦喝完湯品，餐盤便會被拿走，並換上另一道菜，此即「移菜」，法文為 relevé，英文則是 remove。「移菜」可能是魚肉、帶骨肉或小牛肉，此時其他菜肴（開胃菜和小菜）則留在桌上。有時一道魚肉料理如同湯品一樣屬於「移菜」，而帶骨肉會在每人互相傳遞開胃菜和小菜時被切好。這第一階段的餐點結束後，所有餐盤盡皆收走，第二階段的菜肴接續上桌，主要以烤肉料理為主，通常是野兔或各種禽類，如火雞、鷓鴣或雞肉等，並與其他餐點一同上桌。

　　下圖為兩階段餐點陳列的示意圖，可見於首度在美洲殖民地出版的法式料理烹飪書上。這本由愛莉莎．史密斯（Eliza Smith）於1727年在英國首次出版《絕妙主婦：有教養女性之最佳指南》（*The Compleat Housewife: or, Accomplished Gentlewoman's Companion*），[11] 在1742年於美洲殖民地發行。

---

[11] Smith (1758), appendix.

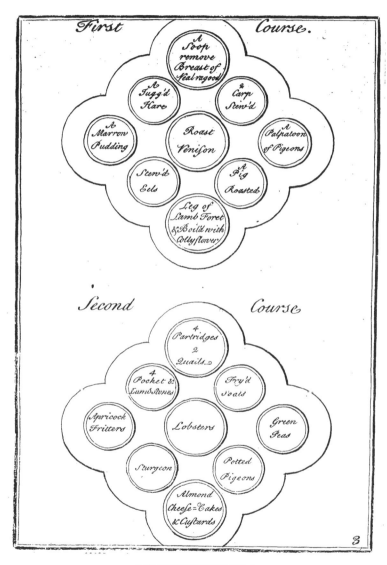

兩個階段的餐點陳列方式
節錄自愛莉莎・史密斯1758年出版的
《絕妙主婦：有教養女性之最佳指南》（第十六版）

　　留意圖中的小牛胸肉移菜，還有羊腿、燉雙份鯉魚以及烤豬等開胃菜。經典的法式烤肉菜會有烤禽肉，第二階段菜色便有四隻鷸鴣和兩隻鵪鶉，而烤牛肉和豬肉則在第一階段做為開胃菜或移菜。值得注意的是，entrée 這個字尚未通用在英語中，至少史密斯這本書內並未出現，根據《牛津英語辭典》（*Oxford English Dictionary*）記載，這個字在幾十年後才會出現在威廉·維拉爾（William Verral）於 1759 年完成的《完全烹飪之道》（*A Complete System of Cookery*），且以斜體字註記為全新的外來字。[12]

　　出餐順序下一階段的變化又是另一個百年後，在十九世紀「俄國料理」（à la Russe）烹飪方法才開始出現，這也是最接近現代餐宴的流程。比起所有餐點擺放在桌上任其變冷，改而將餐點一道接著一道送到客人面前，如此一來，原本應在桌邊或廚房的肉類料理會直接由僕人切好，而非由主人負責在桌邊服務。既然餐桌不再擺滿餐點，反而可以用花或其他物品加以裝飾。且由於不可能緊盯著餐桌來猜測接下來的餐點，每人座位旁因而都會放上一份列有所有菜色的清單，這份清單的名稱（首見於法語，後來才見於英語）借自拉丁語 minutus 的縮寫，原意是「小、區分清楚且詳細」，稱之為 menu。[13]

　　這類俄國料理在十九世紀期間席捲法國，英國和美國則是在 1850 年至 90 年代間深受影響，我們現今的用餐習慣也是源於俄

---

[12] 《牛津英語辭典》entrée 的說明，取自維拉爾曾說：「烤火腿，此開胃菜通常是指威斯特伐利亞火腿或是拜雍火腿。」

[13] 《牛津英語辭典》menu 的說明。

國料理。[14]然而美國至今仍保有舊式傳統，將所有餐點一次擺放在餐桌上，並由主人在桌邊為客人切肉，如感恩節晚餐大多如此（感恩節大致保留了所有的傳統習俗，我們之後會針對這部分進行探討）。

十九世紀期間，開胃菜逐漸演變成較先出餐的餐點，[15]甚至早於湯品，此時（指十九世紀後半葉和二十世紀上半葉）傳統宴席的出餐順序大致如下：

1. 開胃菜
2. 湯
3. 魚（可能之後會有「移菜」）
4. 主菜
5. 暫時停止供餐（雪泥、蘭姆酒、苦艾酒或潘趣酒）
6. 烤肉
7. 有時供應其他餐點（沙拉等）
8. 甜點

直到一次世界大戰之後，entrée 在英國、法國和美國依舊是湯／魚肉之後、烤肉之前上桌的熱食肉類餐點。下一頁所示，是1907年新開幕的布藍柯餐廳（Blanco）[16]的菜單。這間享譽盛名的

---

[14] Flandrin (2007), 94–95; Colquhoun (2007), 251–56.

[15] Flandrin (2007), 76, 101.

[16] Edwords (1914).

# ..Menu..

---

### Oysters

Toke Points, Half Shell

Blanco's
Sauterne

### Soup

Consommé Molière

### Relishes

Shrimp Saladé

Anchovies          Queen Olives          Celery en Branch

### Fish

Striped Bass à la Marguery

Blanco's
Zinfandel

### Entree

Filet de Boeuf à la Parissienne

---

PISCO PUNCH

---

### Roast

Teal Duck

Hominy                     Celery Salade

Champagne
White Seal

### Dessert

Bombe Flombiére

Fruits          Assorted Cakes          Cheese

1907年舊金山布藍柯餐廳的菜單[17]

傳奇餐廳位於歐飛洛街（O'Farrell Street）上，店內可見美麗大理石柱和洛可可風走廊，同時更是妓院。每天燈紅酒綠，酗酒、賭博、召妓以及各種惡名昭彰的的事物形塑了舊金山巴貝里岸（Barbary Coast）[18]最著名的風貌，也是1906年大地震過後舊金山重生的樣貌。布藍柯餐廳後來變成表演場地「音樂盒」（Music Box），即當時受舊金山人喜愛的扇舞舞者——莎莉・蘭德（Sally Rand）[19]經營的脫衣歌舞秀場，如今則是舊金山市內最出色的演奏廳之一——大美國音樂廳（Great American Music Hall），如果你到後巷看看，仍找得到磚塊上斑駁模糊的Blanco油漆字樣。請留意這份菜單有我們上一章討論過的假法語（如Celery en Branch、拼錯的Parisienne和其他根本不知如何發音的單字）。

　　菜單上主菜與烤肉之間可見皮斯可潘趣酒（Pisco punch）[20]，這是十九世紀舊金山最受歡迎的酒飲。皮斯可潘趣酒是由皮斯可白蘭地（Pisco Brandy）、檸檬汁和鳳梨糖漿調配而成，「此酒曾致使南美政府官員下台，女性也因此在諸多領域的活動上締造可觀有趣的紀錄。」[21]雞尾酒史學家大衛・汪德里奇（David

---

[17] 紐約公共圖書館提供，法蘭克・E・巴托夫女士捐獻。

[18] 譯注：十九世紀下半葉至二十世紀初期間，巴貝里岸是當時舊金山的紅燈區。地點大約是現今舊金山華阜、北岸和傑克森廣場交錯地帶；1906年後，政府為振興財力，此區改名為Terrific Street，並發展成為重要的舞蹈重鎮，許多經典舞步都於此發跡。

[19] Shteir (2004).

[20] 譯注：由純葡萄汁蒸餾釀造的烈酒，為祕魯國酒，酒精濃度約在百分之三十八至四十八之間。

[21] Wondrich (2007), 73.

Wondrich）回想道。皮斯可潘趣酒在舊金山發揚光大，說不定
還是在蒙哥馬利（Montgomery）和華盛頓區附近那家銀行匯率
（Bank Exchange）[22]老酒吧裡發明的。該間酒吧雖然撐過了1906
年的大地震，卻因建造泛美金字塔（Transamerica Pyramid）[23]而
結束營業。

　　三十年後，entrée一字逐漸發展出其他涵義，1930年的美國
菜單上，該字仍保有原意，亦即與烤肉不同的肉類餐點，卻也涵
蓋魚肉料理，並失去了原先的特定順序意義。

　　戰後，烤肉和魚肉菜色已不再依一般順序出菜，entrée又一
次擴延涵義用以稱呼所有主餐。聞名全球、坐落於舊金山海灣且
可瞭望太平洋的餐廳「懸崖屋」（Cliff House），在其1946年的
菜單中，可見「烤海鱸魚排配巴西利奶油」在內的所有主餐皆
稱為entrée。（「懸崖屋」至今仍屹立不搖，可惜長年海浪侵蝕，
早已破壞百萬富翁阿道夫・蘇特羅〔Adolf Sutro〕在1896年斥資
建造的蘇特羅游泳池（Sutro Baths）遺跡。小時候，我經常和三
五好友在午夜時分前往遺跡附近遊玩，甚至穿越又長又暗、連
接懸崖的地道。）到了1956年，即便沒有肉類料理，亦會使用
entrée。事實上，當年漁人碼頭上阿里歐多餐廳（Alioto）供應的
「鮮魚晚餐」餐點，便有蟹肉雞尾酒、湯或沙拉、主菜和甜點。[24]

　　1950年代以來，美式料理成為現今我們所知的三道菜──

---

[22] Toro-Lira (2010).

[23] 譯注：為美國舊金山最高的摩天大樓和後現代建築，位於歷史悠久的蒙哥馬
利區，一共四十八層樓高，主要用途為商務辦公。

[24] 紐約公共圖書館提供，法蘭克・E・巴托夫女士捐獻。

前菜、主餐和甜點，有時可能附帶沙拉或湯品。

那麼法國呢？法語entrée在1921年愛斯可菲[25]撰寫的《烹飪指南》（*La Guide Culinaire*）中，仍保有傳統涵義（在傳統出餐順序上，於烤肉之前上桌的肉類「熱」食）。愛斯可菲所指涉的entrée幾乎涵蓋任何我們現今認為是主餐的肉類或禽肉：牛肉（肋排肉或牛排、嫩牛肉片）、豆燜肉、羊肉或小牛排、火腿、肉腸、燉羊腿肉（羊腿）、燉菜或嫩煎雞肉、鴿肉或火雞肉、燉鵝肉、鵝肝醬。愛斯可菲在書中共列出超過五百頁的主餐食譜，僅一些烤禽肉和小隻的野味才被歸類在書中占十四頁篇幅的「烤肉」篇章。[26]

從傳統主要的肉食主餐到現代輕食的第一道菜，entrée一字的變化想必是發生在1921年至1962年間的法國。當時，茱莉雅·柴爾德[27]將entrée一詞歸為輕食類餐點，主要有法式鹹派、舒芙雷和肉丸。在有法國料理百科全書之稱的《法國烹飪百科全書》（*Larousse Gastronomique*）[28]中，也可見類似的輕食餐點被當作開胃菜。

---

[25] 譯注：喬治·奧古斯特·愛斯可菲（George Auguste Escoffier, 1846-1945）將傳統法式烹飪技術加以簡化和現代化，並建立廚房人員編制和職務內容體系，其1903年出版的著作《烹飪指南》至今仍被奉為法式廚藝教學的圭臬。

[26] Escoffier (1921), 257–456, 469–75.

[27] 譯注：茱莉雅·柴爾德（Julia Child, 1912 - 2004）是享譽全美的廚師、美食作家及電視節目主持人，曾登上1966年11月《時代》雜誌封面，曾出版知名著作《精通法式料理藝術》（*Mastering the Art of French Cooking*）。她的故事在2009年曾拍成熱門電影《美味關係》（*Julie & Julia*）。

[28] Larousse Gastronomique (2001).

事實上，《法國烹飪百科全書》較早的版本——1938年的初版，對於entrée一字的定義有較多見解：

> 此字並非一般人所認為的，[29]是正餐的第一道菜；在正餐的出餐順序上，「主餐」是指「移菜」之後，也就是魚肉料理之後（或是接替魚肉那一道菜之後）才上桌的菜肴，接著第三道菜才會上桌。

這簡直是「語法學者」在抱怨字詞的誤用了。（衝啊！[30]法國人都用錯entrée這個字！）他們可能老早因為有人抱怨某詞的用法、發音，甚至批判文法而滿腹怨懟，然而這些變化對歷史語言家而言非常受用，因為若非語言變化出現廣泛濫用的現象，文法學者根本不會多所抱怨；由此我們可以確定，1938年以前，大眾慣稱的entrée一詞正是指「第一道菜」。

至此，我們回顧一下：entrée最初（1555年）指正式餐宴的開席菜肴，主要是以肉類為主的熱食，通常搭配醬汁，後來演變成在湯品和魚肉料理之後、烤肉之前上桌的第三道菜。美國人沿用肉類料理的涵義，只是隨著不再用來區分烤肉和魚肉料理後，entrée在美式英語裡也不再限定為烤肉或是魚肉菜肴，而是直接變成單一的主餐。

---

[29] Montagné and Gottschalk (1938).
[30] 譯注：此處原文為法文Aux armes，意為「裝備好武器」，常用於軍隊或戰場上，可延伸為鼓舞士氣的語助詞。此處帶有揶揄意味。

　　反觀法語，1930年代，entrée專指以雞蛋或海鮮製成的輕食餐點，並採納早期開胃菜（hors d'oeuvres）或小菜（entremets）的意義。之所以會有如此變革，或許因為對大多數以法語為母語的人來說，其字義（「進入」、「入口」）終究直接明瞭。此外，愈來愈多人逐漸習慣供應多道菜肴的正餐，以致更彰顯該詞的第一道菜或入桌菜之意。所以，不論是法語或美式英語，均保留了這個詞的部分原始意涵：法國人保留「第一道」的之意（儘管早在1651年便未沿用此意了），而美國人則取其「主要的肉類料理」之意，這也是此詞彙自出現起五百年來主要的涵義。

　　這個語言變革其實隱含另一層更深遠的意義。一般來說，某種語言一旦出現不自然的用法，被無知的人當成笑話或惡意使用，我們大多會抗拒。然而語言學研究指出，隨著時間推演，變化過的語言會大幅改進，使其意義更加明確或更有效率，正如我們所討論的entrée。生活在法國和美國的人每天使用entrée時，該字詞逐漸從原本模糊、專為貴族社會所使用的古老詞彙，轉變為（法國）開胃菜，或（美國）主餐的實用詞語，如此一來，1938年《法國烹飪百科全書》編輯群的抱怨也就姑且不用理會。

　　那麼，現今entrée的使用情形呢？舊金山經常可見成排窄屋和密集聚落的鄰里，其優點之一便是各家餐廳距離非常近，只要走到密遜街上，就能回答這個問題。我調查了離我住處不遠的五十間餐廳菜單（包括墨西哥、泰國、中國、祕魯、日本、印度、薩爾瓦多、柬埔寨、薩丁尼亞、尼泊爾、義大利、約旦、黎巴嫩、燒烤、南方菜等各國風味料理，以及異國組合的中式祕魯烤雞、日式法國麵包店和印度披薩等），其中僅五間餐廳使用

entrée，且這些餐廳理所當然主要供應歐美料理而非亞洲或拉丁美洲餐點。

　　在美國，可見愈來愈多異國料理餐廳，而且entrée這類原本用以彰顯社會地位如今卻意義模糊的法語字詞，漸漸發展為一般飲食、音樂和藝術潮流的一部分，社會學家稱之為「文化雜食性」。[31] 起初高雅文化指限定「正統」的文化類型，諸如古典音樂或歌劇，或法國高級料理或葡萄酒；至今，即便是喜愛1920年代藍調、1950年古巴曼波，或是被崔林這類作家捧紅的異國或各地風味料理等，皆可列為現代高雅文化雜食者的範疇。所謂的「高級」地位，不再局限於知曉詞藻華美的法語字彙才足以彰顯，還包括能否列舉各種義大利麵，或是品嚐最道地的各國菜肴，或是清楚何處方能找到最經典的魚露等；[32] 就連洋芋片廣告也為了這股熱愛道地美食的風潮而推出不同的推銷手法。

　　雜食性概念解釋了高雅文化衰退的現象，在前一章以偽法語彰顯社會地位的菜單中亦有說明，此外，雜食性也可能是entrée愈來愈少在菜單、書籍和雜誌上出現的原因之一。Google Ngram corpus是非常好用的網路資源工具，可以計算某字詞在特定時間內於書本、雜誌和新聞上出現的頻率。[33] 於是，我們調查entrée，發現在1970與80年代之間出現的頻率激增，而1996年以降，次數漸漸減少：

---

[31] Peterson (1992); (2005). Haley (2011)指出此潮流最早是二十世紀初出現，由中產階級而非精英階級主導。

[32] Johnston and Bauman (2007).

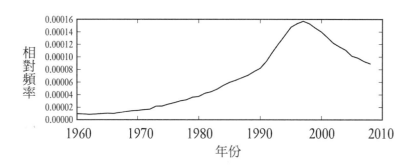

既然entrée愈來愈少見，那究竟是由哪些詞彙所取代呢？有些菜單會以main course表示主餐，義大利餐廳通常會使用第二主餐（secondi），法國餐廳則用plat。但近年，若是在新開幕的餐廳裡，最常出現的答案是：什麼詞都不用，不論是appetizer或entrée，完全未見任何標示，所有用餐的客人必須自行理解，正如我們先前在菜單詞彙上所見「簡單就是多」一樣，在高級餐廳裡，不論餐點是開胃菜或前菜大小的份量、口感如何脆口或鬆軟，甚至如何烹調則完全不會告知。

entrée的字義比戴維森所想的隱含更多意義，自文藝復興時期豪華的宴席架構、早期法語可表彰高級社會地位的角色，甚至是在現今法語中，逐漸不再是高雅語言，且因文化雜食而被潛移默化的階級符號所取代，entrée一字可說是精簡了整部食物烹調史。

只是，法語的高雅地位並未全然消失，保羅和我便曾假設，法語裡的entrée才是「正確」用法，而美國人不過是借用該詞在

---

[33] 此資料庫網址為http://books.google.com/ngrams，資料來源：Michel et al. (2011).

文藝復興時期的涵義——保留原本溫熱肉食餐點。

　　下一章，我們將探討食物名稱的變化如何在反映重大社會變革的同時，還能保留其千年以來的意涵。

# 第三章

# 從糖醋燉肉到炸魚薯條

　　自從奧隆尼（Ohlone）[1]人捕撈舊金山海灣附近的生蠔、鮑魚和螃蟹為食開始，這座城市便以海鮮聞名。起初出現於此的餐廳多為中式餐館，並由住在林岡山（Ricon Hill）南方的中國漁民[2]，搭乘紅杉木製成的舢舨捕魚，以提供新鮮的魚肉料理。塔迪奇燒烤餐廳（Tadich Grill，1848年由克羅埃西亞移民經營的餐廳）自二十世紀初期至今，仍以克羅埃西亞式[3]的豆科灌木（mesquite）火烤法料理魚肉；而1861年起，位於伯納丘山腳的老蚌屋餐廳（Old Clam House）即天天供應蛤蠣巧達湯，這間面海的小餐館在當時甚至得走木板路才能到達鎮上；另外自十九世紀起，鄧傑內斯蟹（Dungeness crab）便是舊金山義大利人在感恩節和聖誕

---

[1]　譯注：又可稱為科斯塔諾人（Costanoan），為分布於美國加州中部和北部的印地安人。十八世紀晚期西班牙人殖民加州時，這些印地安人便住在舊金山灣（San Francisco Bay）和蒙特雷灣（Monterey Bay）。

[2]　"Chinese Fisheries in California," Chamber's Journal of Popular Literature, *Science, and Arts,* Vol. I (January 21, 1954), 48.

[3]　Briscoe (2002), 65.

節前夕製作義式燉海鮮湯（cioppinos）的主要材料。

　　當時在舊金山還有檸汁醃生魚（ceviche，或稱為seviche或cebiche），這道以萊姆和洋蔥醃漬而成的魚肉或海鮮料理為祕魯國菜，也是當時祕魯人致贈舊金山的禮物。除此之外，祕魯人也帶來皮斯可潘趣酒的原料皮斯可酒。祕魯人自1850年代便來到舊金山，當時電報山（Telegraph Hill）南面山腳稱為「小智利」，而非如今的傑克森廣場（Jackson Square），居民全是受淘金熱吸引而來的智利人、祕魯人以及索諾拉州人（Sonarans）。由於當時尚未建造跨州鐵路，因此最早來到這座黃金礦場的人無不自瓦爾帕萊索（Valparaiso）和利馬搭船。智利和祕魯礦工引進[4]他們在安地斯山脈開挖銀礦時所學的「乾式挖礦」和「智利石磨」（Chili Mill）技術，這些銀礦正是製作世界第一種貨幣——西班牙銀幣或八片幣（piece of eight）[5]的原料。今日舊金山可見非常多提供檸汁醃生魚的餐廳，我自己甚至樂於比較哪一家最美味，不論是住家附近的家常餐館，甚或看得見海景的氣派餐廳都各有千秋。

　　到底什麼是檸汁醃生魚？西班牙皇家學院（Royal Spanish Academy）的《西班牙語辭典》（*Diccionario de la lengua española*）[6]

---

[4]　關於淘金時期的智利和祕魯人歷史，請見Chan (2000).

[5]　譯注：西班牙於十六世紀殖民中南美洲時發現大量銀礦，用以鑄造銀幣，稱為比索（Peso），一個比索相當於八個皇冠幣的價值，因此有「八片幣」之稱。自此之後四百年，皆以此為國際貿易通用貨幣。

[6]　譯注：西班牙皇家學院由西班牙皇室設立，與其他以西班牙語為母語的二十一國學術機構同隸屬於西班牙語言學會協會（Associations of Spanish Language

有此定義：

> 生魚或海鮮切丁，並以萊姆或酸橙汁、洋蔥丁、鹽巴和辣椒
> 醃漬的菜肴。

在祕魯，人們通常以黃辣椒（aji amarillo）料理這道菜，上桌時再搭配玉米、馬鈴薯或番薯。

檸汁醃生魚其實和許多國家的海鮮料理都有歷史淵源，包括英國的炸魚薯條、日本的天婦羅以及西班牙的油煎醃漬魚；這些餐點以及我們之後會討論到的菜色都屬於外來文化，且是超過一千五百年前波斯國王喜愛的某一道菜所發展並流傳到各國的菜色。

這段故事始於六世紀中葉的波斯，當時在位的霍斯勞一世[7]是薩珊王朝（Sassanid Persian empire）[8]最偉大的國王，其國土疆

---

Academies），《西班牙語辭典》為最重要的出版品。此為22版。

[7] 譯注：霍斯勞一世（Khosrau I Anushirvan, 501-579），伊朗和西亞通常以「阿努希爾萬」（Anushirvan）稱呼他，在位期間國運昌盛，注重文化與哲學的他曾引進不少印度寶貴的典籍，此外他也是著名的宗教寬容之君。在伊朗與穆斯林國家的中世紀史學文獻中，霍斯勞一世一直是正義的化身，理想的君主典範。

[8] 譯注：最後一個波斯帝國，國祚始於西元224年，651年亡國。薩珊王朝是伊朗或波斯最重要且最有影響力的時期，為伊斯蘭征服波斯且伊斯蘭教流行之前的最後一個伊朗大帝國，見證了古波斯文化的巔峰，深深影響了羅馬文化，與東羅馬帝國有科技和知識上的繁盛交流，藝術上也為日後的伊斯蘭書法與建築奠下雄厚基礎。

國王霍斯勞一世和學者博爾祖亞。本圖取自 1483 年出版的《所羅門智訓》（*Das buch der weißhait*），為卡普亞的約翰（John of Capua）譯自拉丁文版本《五卷書》（*Panchatantra*）的德語譯本。（美國國會圖書館，檔案編號LC-USZ62-58235）

域橫跨今日亞美尼亞、土耳其和敘利亞西部，涵蓋伊朗、伊拉克到部分巴基斯坦東部。此時期的波斯文明最為繁盛，首府泰西封（Ctesiphon）位在美索不達米亞的底格里斯河畔（約在今日伊拉克，即古代巴比倫尼亞一帶），可能是全世界最大的城市，並以壁畫和音樂、詩歌和藝術中心聞名於世。儘管當時王朝宗教重心是嚴謹的祆教，但也有猶太教學者在此撰寫了《塔木德經》（Talmud），柏拉圖和亞里斯多德的著作也被翻譯成波斯文，更首度記載了西洋雙陸棋（Backgammon）的規則。

　　肥沃月灣一帶是由霍斯勞一世下令擴建的龐大運河系統所灌溉[9]，此時的波斯正是世界經濟重鎮[10]，出口珍珠和織料，並將中國的造紙和絲綢、印度的香料和棋藝引進歐洲。

　　而霍斯勞於在位期間借鏡印度的另一項文化資產便是《五卷書》，其為西元前200年以梵文撰寫的動物寓言集，由波斯物理學家博爾祖亞（Borzūya）帶回波斯，並翻譯成波斯語版本，且是日後《一千零一夜》（One Thousand and One Nights）和西方童話如法國作家尚德拉‧封丹[11]的參考資料。而著名的波斯史詩《列王記》（The Shahnameh）[12]則記載了博爾祖亞獨自旅行的美麗

---

[9] Campopiano (2012) and Adams (1965)均描述巴格達著名的運河系統。

[10] 關於薩珊王朝的相關資料，可參考Yarshater (2000), Eilers (2000), and Watson (2000).

[11] 譯注：尚德拉‧封丹（Jean de La Fontaine, 1621-1695）為法國詩人，以《拉封丹寓言》聞名於後世，但該著作中的故事非原創，而是改編自古希臘、古羅馬及古印度的故事集。其筆觸靈活，擅長以動物比喻人，諷刺勢利小人與矯作的達官顯要。

[12] 譯注：為十世紀末至十一世紀初的波斯詩人菲爾多西（Hakim Abu l-Qasim

故事。博爾祖亞向霍斯勞一世請求允許他到印度旅行，他要前往魔山取得能讓亡者復活的神奇香料。當他抵達印度，一位賢人告訴他，亡者是「無知」，神奇香料是「文字」，而魔山則是「知識」，無知之病只能倚賴書中文字方能治癒，於是博爾祖亞便帶回《五卷書》。

泰西封早已不復見，然霍斯勞一世最喜愛的食物卻流傳於世。他喜歡一道稱為糖醋燉牛肉（sikbāj）的料理，sik在古波斯語指「醋酸」。既然這道糖醋燉牛肉是國王與妻妾最喜愛的菜色之一，且流傳至少三百年，且在各個傳說故事中不斷被稱頌，想必是道極其美味的菜肴。曾有故事描述霍斯勞一世下令讓一群廚師在不同的廚房裡做菜[13]，當時他說「每個人將自己最拿手的菜端上來」，結果可想而知——每名廚師端出來的，都是國王最愛的糖醋燉牛肉。

伊斯蘭擴張後，薩珊王朝逐漸式微，到了西元750年，伊斯蘭阿拔斯王朝哈里發在原美索不達米亞上的波斯領土成功建國，並在距離泰西封約二十哩遠、一個稱為巴格達的小鎮建造新城市——和平之城（Madinat al-Salam）。阿拔斯王朝深受薩珊王朝文化影響，雇用曾接受波斯人訓練且知曉如何烹調糖醋燉牛肉的廚師，這道珍饈遂成新統治者的最愛，包括哈倫・拉希德[14]。我很

---

Ferdowsi Tusi）所著，記載遠古神話至薩珊王朝滅亡為止期間四千多年的神話傳說和歷史故事，堪稱波斯古代社會的百科全書，對波斯文學及其他中亞民族文學有深遠影響。

[13] 此傳說在霍斯勞執政後400年出現於巴格達，請見Nasrallah (2007), chapter 49.

[14] 譯注：哈倫・拉希德（Harun al-Rashid, 786-809）為阿拔斯王朝第五代哈里

喜歡《一千零一夜》中關於哈倫哈里發的故事，包括他利用夜間
與大臣賈法變裝前往巴格達市中心聽取民怨的事，這些冒險想必
也曾在飽足一餐糖醋燉牛肉後發生吧。事實上，哈倫在位期間，
糖醋燉牛肉與其他菜肴皆收錄在最古老的阿拉伯語食譜書《烹
飪之書》（*Kitāb al-Tabīkh*）中，該書由伊本·薩亞爾·阿瓦拉克
（Ibn Sayyār al-Warrāq, 950-1000）所編纂。阿瓦拉克認為，西元
六世紀期間，霍斯勞統治時期的原始糖醋燉牛肉食譜如節錄自拿
瓦爾·納斯拉拉（Nawal Nasrallah）翻譯版本所示[15]：

## 糖醋燉牛肉[16]

　　4磅牛肉洗淨後放入鍋中以甜醋完全淹蓋，持續燉煮三
次直到牛肉接近軟爛的程度。

　　倒掉甜醋，再加入4磅羊肉，以新鮮純釀的酸醋淹蓋，
再次燉煮。

　　雞肉洗淨切塊後放入鍋中，添加新鮮水片、巴西利和芫
荽、少許芸香（rue）和20片香櫞葉。燉滾至所有肉塊近熟
成後，接著剔除綠葉蔬菜。

---

發，在位期間國運強盛，首都巴格達與唐朝的長安並列世界頂尖城市，也是
國際貿易中心，可惜哈倫·拉希德執政末期，王朝逐漸走向衰退。

[15] Nasrallah (2007).

[16] 阿瓦拉克記錄霍斯勞時期六世紀的波斯食譜；此處文字是我簡化節錄的部
分。取自：Nasrallah (2007), 248-49, Laudan (2013).

　　加入4隻洗淨的肥嫩雞隻並再次燉煮，加入3盎司碾碎的芫荽、百里香薄荷、1盎司整顆大蒜（串在牙籤上），燉煮至所有材料熟成。

　　最後加入蜂蜜或糖漿（大約是已用醋量的四分之一）、6克壓碎的番紅花、2克壓碎圓葉當歸（lovage）。此時，不用轉至大火，持續燜煮到鍋中不再冒泡。鍋子離開爐火後，再視情況，或以長柄勺舀取食用。

　　糖醋燉牛肉根據不同食譜而有不同作法，不論哪一種都是一道味道濃厚的燉牛肉，通常也有雞肉或羊肉，以多種香料增添香氣，並用木材燻製，同時加入大量醋汁。除了驚人的美味，糖醋自巴比倫尼亞時期以來，便是廣泛使用的醃漬原料（醋酸能有效抗菌[17]，並殺死沙門氏菌和大腸桿菌）首選。事實上，這種糖醋燉牛肉似乎與更早期的燉牛肉略有不同。1980年代，亞述學家（Assyriologist）讓‧蒲德侯（Jean Bottéro）曾翻譯全世界最早的食譜書——西元前1700年以阿卡德語（Akkadian）刻寫的幾組陶板，在距離巴格達南方約五十五哩遠的巴比倫（Babylon）出土。這些陶板——耶魯烹飪刻寫板（Yale Culinary Tablets）上的燉肉食譜[18]也使用了醋、木材煙燻和芸香等香料，由此看來，糖醋燉牛肉或許是當地燉肉的一種變化作法，並在美索不達米亞南方流傳千年之久。

---

[17] Entani et al. (1998).

[18] Bottéro (2004), 85–86; Zaouali (2007), 23.

　　未久，糖醋燉牛肉傳遍整個伊斯蘭世界，或許這道菜後來也成為水手最愛的料理之一，畢竟他們多數時候必須仰賴醃漬食物。曾經流傳這麼一個故事——九世紀時，有一天，哈里發穆塔瓦基勒（Caliph al-Mutawakkil）與朝臣、歌者一起坐在露天陽臺[19]，觀賞某條巴格達運河，附近一艘船經過時，他聞到糖醋燉牛肉的香味。於是，哈里發命令下人將整鍋料理帶下船，大啖之後，由於太過美味，他便在鍋裡裝滿錢，再還給水手。

　　這群水手很可能是率先將燉牛肉的主要食材換成魚肉的人，魚肉版本的糖醋燉肉首次記載於波斯船長布祖格·伊本·夏赫里亞（Buzurg Ibn Shahriyar）編纂的故事集《印度奇觀之書》[10]。該書內容多是穆斯林和猶太商人在（阿拔斯）穆斯林王朝、印度和中國進行貿易的迷人故事。在其中一則西元912年的故事裡，猶太商人伊薩克·賓·耶胡達（Issac bin Yehuda）帶了美麗的黑色瓷瓶回到阿曼，希望獻給統治者，「我帶了一份中國的糖醋燉肉給您。」耶胡達說。一開始，哈里發對於糖醋燉肉能否保存如此之久起了疑心，耶胡達打開瓷瓶後，只見裡面淨是黃金鑄造的魚，眼部皆鑲有紅寶石[20]，「包覆在最頂級的麝香之中。」

　　這則故事揭露出十世紀時，糖醋燉肉已使用魚肉。而我們

[19]　Waines (2003).

[20]　Freeman-Grenville (1981), story 41: The History of Ishaq, 62–64.

[21]　Freeman-Grenville (1981).譯注：《印度奇觀之書》（*The Book of the Wonders of India*）由布祖格船長搜集編纂，記載自西元900年至953年期間，其造訪之地的歷史故事和人文逸事，其中包括古城西拉夫（Siraf）、阿曼和其他地區，所到之處跨越印度、馬來西亞、印尼、中國，甚至東非。

已知的糖醋燉魚肉食譜出現時間則較晚，記載於十三世紀古埃及烹飪書《餐桌菜肴烹調集錦》（*Kanz Al-Fawa'id Fi Tanwi' Al-Mawa'id or The Treasury of Useful Advice for the Composition of a Varied Table*）中[22]。現今糖醋燉肉屬於一種魚肉裹麵粉油炸，再以醋、蜂蜜和香料調製的醬汁翻炒。以下便是由莉莉雅‧佐阿里（Lilia Zauali）在其知名著作《伊斯蘭世界的中世紀美食》（*Medieval Cuisine of the Islamic World*）[23]中所翻譯的食譜：

### 十三世紀／埃及／糖醋燉魚肉 [24]

準備新鮮魚肉、醋、蜂蜜、綜合香料（atrāf tib）、胡椒、洋蔥、番紅花粉、香油和麵粉。

洗淨魚肉後，切塊裹粉以香油炸，熟透後取出。

洋蔥切片後，同樣以香油炸至焦黃。

在研缽裡碾磨胡椒和綜合香料，用醋、蜂蜜與番紅花粉拌勻後加入缽中做為醬汁，均勻攪拌後，再倒入剛炸好的魚肉上。

這份食譜之後便沿著地中海四周海港西傳，在不同地區有了不同名稱和作法。十四世紀初期，可見加泰隆尼亞語（Catalan）

---

[22] Marin and Waines (1993). 譯自 Zaouali (2007).

[23] Zaouali (2007).

[24] Zaouali (2007), 98.

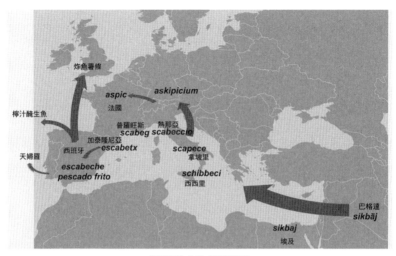

糖醋燉肉的傳播路線

中的escabetx，該語言屬羅馬語（Romance）[25]，分布於今日西班牙東北部；十四世紀晚期，法國西南方稱糖醋燉肉為scabeg[26]，並以南法普羅旺斯地區使用的中世紀語言奧克語（Occitan）[27]書寫；之後在義大利也有西西里語方言（schibbeci）、拿坡里方言

---

[25] 譯注：屬印歐語系，為義大利語的衍生語種。羅馬帝國瓦解後，原本統一的拉丁語在各個地區自然發展成各地方言，並成為今日羅馬語系的雛形。羅馬語系中使用最廣泛的依次為西班牙語、葡萄牙語、法語、義大利語和羅馬尼亞語。

[26] Lambert (2002).此食譜源於十四世紀最後十年，一本由奧克語和拉丁文編纂的《如何備料和製作醬汁》（*Modus Viaticorum Preparandarum et Salsarum*）。

[27] 譯注：亦可稱為歐西坦語，屬於羅馬語系的一支，主要通行於法國南部（特別是普羅旺斯地區）、義大利的奧克山谷、摩納哥和西班牙加泰隆尼亞地區的阿蘭山谷（Val d'Aran）。

（scapece）[28]，甚至是熱那亞方言（scabeccio）都可見到。

在這些地區，糖醋燉肉泛指炸魚肉，比如1300年代前期，加泰隆尼亞語烹飪書——《聖索菲雅之書》（*Book of Sent Sovi*）[29]中便有一道食譜稱為Si fols fer escabetx（如果你想做油煎醃漬魚），其作法是將炸魚做成魚丸以冷盤呈現，搭配洋蔥、醋和香料調成的醬汁。反觀在穆斯林地區如巴格達或西班牙[30]，其各種烹飪書如《料理之書》（*Book of Dishes*／*Kitab al-tabikh*）上的糖醋燉肉，仍以醋來燉製肉食。

為什麼在羅馬語系地區，一般燉肉的普及程度不若糖醋燉魚肉呢？其中一條線索與地理位置有關：不論是scapeces和scabegs，皆是出現在地中海沿岸港口（在法國南方而非北方，在義大利沿岸而非內陸），與水手傳播糖醋燉肉的說法吻合。

然而，在義大利和法國，其與西班牙和巴格達的主要差異在於，義大利和法國選擇食用糖醋燉肉的人大多是基督徒。中世紀時期，基督教飲食習慣非常嚴格[31]，不僅在大齋期（Lent）、星期五，有時甚至連星期六和星期三及其他齋戒日都禁止食用肉類、奶類和蛋。鑽研中世紀飲食的學者梅莉塔・亞當森（Melitta Adamson）指出[32]，中世紀基督徒一年的齋戒日就占全年三分之

---

[28] Michel (1996), 41; D'Ancoli (1972), 97; Aprosio (2003), 405.這些來源與其他資料均指出加泰隆尼亞語很有可能是源頭。

[29] Santanach (2008), 68-69.

[30] Perry (2005).

[31] Bynum (1987), 323; Albala (2011), 15–16.

[32] Adamson (2004), 188.

一，因此許多食譜書介紹齋戒日期間的菜色時，都以魚肉餐點為主。甚至到1651年，當時對後世影響深遠的廚師拉瓦雷恩的作品《法國廚師》出版，內容分成三大部分[33]：肉類食譜、大齋期食譜以及非齋戒日如星期五的「克己」[34]食譜。

　　當糖醋燉魚肉在各個港口不斷流傳之際，基督徒則又創新了另一種燉肉。十四世紀時，阿拉伯語的烹飪書和醫學相關文本紛紛被翻譯成拉丁語，按照義大利學者安娜‧馬爾特洛提（Anna Martellotti）所言，糖醋燉肉的全名在拉丁語為 assicpicium 和 askipicium[35]。此外，中世紀的醫學資料大多介紹高湯和其藥效，拉丁語版本就曾強調，糖醋燉肉的湯變冷時，醋湯會凝結成凍，因此 assicpicium 一字發展成為法語aspic，此字至今仍被用來指冷肉凍。

　　1492年，復國運動（Reconquista）[36]促使基督教的影響力橫跨到西班牙和葡萄牙，而鄰近加泰隆尼亞地區的烹飪書，例如羅伯特大師（Master Robert）的《1520烹飪之書》（1520 Llibre del Coch）[37]翻譯成西班牙語，許多海鮮和烹飪用字逐漸出現西

---

[33] Scully (2006).

[34] 譯注：原文使用lean一字，動詞有倚靠、倚賴、傾向之意，形容詞時則有瘦、無脂肪的意味。因為宗教齋戒本有自我反省、心靈修養，因此在此用「克己」一詞。

[35] Martellotti (2001).

[36] 譯注：亦稱收復失地運動或復地運動，指718至1492年期間，伊比利亞半島（the Iberian Peninsula）北部基督教各國戰勝南方穆斯林摩爾人（Moors）政權的運動。

[37] 譯注：為第一本記載加泰隆尼亞料理的烹飪專書。

班牙語的說法[38]，escabeche便是其中之一。同時，西班牙的阿拉伯語烹飪書亦記載許多糖醋燉肉的延伸版本，並有不同名稱，包括與十二世紀埃及糖醋燉肉相似的炸魚料理，稱為「裹粉魚」（dusted fish）[39]，作法是將魚肉裹滿辣味蛋糊後油炸，沾醋和油後食用。

　　1500年代初期，西班牙和葡萄牙可見許多類似菜肴，包括經常冷食的炸魚沾醋也是從不同版本的糖醋燉肉衍生而來。油煎醃漬魚的作法是，不論魚肉是否裹粉或麵糊都先油炸，之後便浸泡在滿是洋蔥的醋裡；而一般炸魚（pescado frito）則不加洋蔥，魚肉在入鍋油炸前也同樣裹上麵衣，待冷卻後再沾醋食用。

　　糖醋燉肉雖然此時已傳到西歐邊境，但顯然這道料理的旅途尚未終結。1532至33年，來自西班牙埃斯特馬杜拉（Estremedura）的征服者法蘭西斯克·皮薩羅[40]，帶領軍隊征服祕魯，同時傳入許多歐洲食物，包括洋蔥和柑橘類水果（萊姆、檸檬、酸橙子等），並發現諸多當地食物，例如馬鈴薯和玉米。這支軍隊也引進另一種版本的油煎醃漬魚，以酸橙子汁取代醋（早期的西班牙語辭典——西班牙皇家學院1732年版本的《卡斯蒂

---

[38] 範例可見Prat Sabater (2003).

[39] 原文為Mu'affar（裹粉魚），出現於十三世紀安達魯西亞的一本阿拉伯文烹飪書。Perry (2004).

[40] 譯注：法蘭西斯克·皮薩羅（Francisco Pizarro González, 1471或1476-1541），在征服祕魯後開啟了殖民南美洲的時代，是現代祕魯首都利馬的創建者；在歷史上與另一名征服墨西哥的埃爾南·柯爾提斯（Hernán Cortés, 1485-1547）齊名。

莉亞語辭典》〔*Diccionario de la lengua castellana*〕中，亦提及油煎醃漬魚以柑橘類替代醋的記載）：

> 油煎醃漬魚，其醬汁和醃料由白酒或醋、月桂葉、切半檸檬搭配其他材料製成，可用來保存魚肉和其他食材。

　　這群西班牙人後來遇到居住在沿海的原住民族，包括捕食魚類和軟體動物如蝸牛維生的莫切人[41]；其中，隸屬於皮薩羅軍隊的古提雷斯・聖塔克拉拉（Gutiérrez de Santa Clara, 1522-1603）曾指出[42]，「那些住在沿岸的印地安人……大多從河裡或海裡捕魚生吃。」

　　根據祕魯當地傳說，莫切人嗜吃生魚配辣椒，因此現代的檸汁醃生魚（原料有魚、萊姆汁、洋蔥、辣椒、鹽；詳見後列食譜）可能正是從莫切傳統文化融合辣椒和生魚，以及來自西班牙油煎醃漬魚的洋蔥、萊姆汁或酸橙子汁所製作出來的融合料理。多數學術界（如祕魯歷史學家胡安・荷塞・貝佳〔Juan Jose Vega〕[43]以及西班牙皇家學院的《西班牙語辭典》）[44]咸認為，ceviche 這個單字便是借自 escabeche。儘管我們可能無法證實

---

[41] 譯注：莫切人（Moche）為祕魯西北部沿岸發現的古代印第安文明，比印加文明早，大約是西元 100 年至 800 年，位於今天特魯希略（Trujillo）一帶。

[42] Santa Clara (1905).

[43] Vega (1993), 158.

[44] 第 22 版的《西班牙文辭典》中指出，檸汁醃生魚的詞源是 "Quizá del ár. Hisp. Assukkabáǧ, y este del ár. Sikbāǧ"。

這是否為真，但這個字從未有文字記載，直到三百年後的1820年，才在某首歌曲歌詞上出現，而當時的拼法為sebiche。

### 檸汁醃生魚

1磅魚肉（紅鯛或比目魚），切成½吋至¾吋的塊狀
½顆紅洋蔥，切細絲
⅓杯又1匙的新鮮墨西哥萊姆汁
¼杯魚高湯
2茶匙黃辣椒醬
2茶匙切碎的芫荽葉
1顆燈籠辣椒（habanero pepper）切碎
¼茶匙的鹽（調味試吃）

在中型碗裡以萊姆汁浸泡洋蔥再置入冰箱。同時將魚高湯、黃辣椒醬、切碎辣椒、鹽巴和芫荽葉拌勻放入小罐中靜置備用。上桌前十五分鐘，將切塊的生魚肉與萊姆汁、洋蔥拌勻，再放入冰箱靜置十至十五分鐘，接著將罐中拌料放入碗中拌勻。上桌前再配上熟番薯片、水煮祕魯大玉米或是稱為cancha的乾烤玉米。

正當皮薩羅率軍將油煎醃漬魚帶入祕魯，另一種炸魚版本的糖醋燉肉則在葡萄牙耶穌會傳教時，被引進日本。葡萄牙人於1543年首度抵達日本，並在長崎建立主要根據地，長崎自此成

為耶穌會傳教士居住的地方，而葡萄牙人與日本商人也在此相互
交易來自殖民地澳門的中國產品。1639年左右，以日語記載多
種葡萄牙和西班牙餐點食譜的《南蠻料理書》[45]中，出現將魚肉
裹麵衣油炸的餐點，此外還有糕點和烘烤的食物（日語裡稱麵包
為pan，而其他蛋糕或糖果的名稱則譯自葡萄牙語）。以下的食
譜即為炸魚料理：

## 魚肉料理[46]

任何種類的魚皆可，魚肉切成滾刀塊，沾上麵粉後入鍋油
炸。之後撒上丁香粉和蒜泥，選擇喜歡的高湯將炸好的魚肉
浸泡其中。

1750年左右，此道魚肉料理在日語便稱為「天婦羅」
（Tempura），研究日本飲食的學者艾力克・拉斯（Eric C. Rath）
提到，天婦羅源於tenporari [47]，亦即1639年《南蠻料理書》中某
道類似餐點，是搭配六種混合辛香料（黑胡椒、肉桂粉和丁香

---

[45] Rath (2010)的 The Barbarian Cookboook 第四章有詳細說明。譯注：《南蠻料理
　　書》（Southern Barbarian Cookbook）為記載十六、十七世紀期間，日本飲食
　　文化的出版品，最早於十七世紀寫成。由於內容多為西班牙和葡萄牙餐點，
　　在當時的日本是相當獨特的異國料理書。書中提及許多新的食材和烹飪方
　　法，重新形塑當時的日式菜肴。
[46] Rath (2010), 106.
[47] Rath (2010), 106.

粉、薑、大蒜、洋蔥）的炸雞，然後放入高湯內的一道菜；至
於這個字可能借自葡萄牙語的名詞「調味」（tempero）[48]和其動詞
「佐以調味」（temperar）。

　　如同西班牙和葡萄牙征戰南美洲，耶穌會傳教士和許多商人
逐步開拓亞洲和新世界，除了他們之外，另一民族也離開西班牙
和葡萄牙，他們正是被這兩國驅逐的猶太人。許多西班牙裔猶太
人遷居至荷蘭和英格蘭，1544年，隱匿猶太身分的葡萄牙籍醫
生曼努爾・布魯多（Manuel Brudo）[49]，曾撰文描述亨利八世執政
時期，被流放至倫敦的葡萄牙人所吃的炸魚。當英格蘭於十七、
十八世紀時正式撤銷對猶太人的禁令，猶太人民族便逐漸壯大了
起來，自此炸魚與猶太人息息相關。

　　1796年，英國開始出現一種將炸魚放涼，再搭配酸醋食用
的餐點。在漢娜・葛萊西斯所著的《烹飪的藝術》[50]中曾提到，
以下便是這道裹麵衣油炸後，泡醋放涼食用的魚肉料理作法[51]：

---

[48] Irwin (2011), 34-35. 以及《牛津英語辭典》tempurau的說明。

[49] 關於這位曾住英格蘭的猶太裔葡萄牙籍醫生布魯多，請參考Roth (1960). 各種
炸魚料理的最初源頭似乎是穆斯林西班牙時期的mu'affar，記載於十三世紀安
達魯西亞一本阿拉伯文烹飪書中。Charles Perry (2004)表示mu'affar本意是指
「裹粉魚」，更多相關的猶太食物介紹請見Marks (2010), "Peshkado Frito," 454-
56.

[50] 譯注：漢娜・葛萊西斯（Hannah Glasses, 1708 -1770）是十八世紀首位寫作
烹飪相關主題的英國作家，其最具代表性的作品《烹飪的藝術》（*The Art of
Cookery, Made Plain and Easy*）於1747年出版。

[51] Glasse (1774), 378.

### 猶太式存放鮭魚或其他魚種的方法[52]
#### *The Jews Way of preſerving Salmon, and all Sorts of Fiſh.*

將鮭魚、鱈魚或是任何大型魚類的魚頭切除，洗淨魚身後切片。用布擦乾後裹上麵粉、沾上蛋汁，入鍋油炸直到呈現金黃色全熟。取出炸好的魚片後，瀝乾油，靜置放涼……準備酸黃瓜，以及上等的白酒醋，魚一涼就直接淋上，另外再淋一點油。這道餐點可以存放十二個月，搭配油和醋涼拌食用：等你抵達東印度時，亦能安心食用。

　　葛萊西斯這份食譜的最後一句描述，提醒我們這道餐點之所以廣受水手喜愛，以及能快速流傳到地中海沿岸的原因。魚肉版本的糖醋燉肉及其他相關餐點都以從海裡直接取得的食材為主，且必須耐長時間保存不易腐壞，以類似抗生素的醋酸保存食物，對於那個沒冰箱的年代而言，絕對非常有效。我們將在下一章了解到，在亞洲，在鹹魚演變成番茄醬和壽司，甚至最後間接發明雞尾酒的過程中，水手及食物儲藏之必要性究竟扮演何種角色。

　　十九世紀初左右，猶太人在倫敦街頭販賣起冷炸魚餐點，大文豪狄更斯於1838年的首部連載小說《孤雛淚》（*Oliver Twist*）中也提到，倫敦東區有間炸魚店，「這裡與菲爾巷一樣狹窄擁擠，有理髮店、咖啡店、啤酒屋以及大間炸魚店，儼然是自成一

---

[52] 猶太式存放鮭魚或其他魚種的方法。

格的商業區——鼠竊狗偷之人經常流連的黑市。」[53]

　　1852年，一名《倫敦時報》（*Times of London*）的記者發表一篇文章，抱怨在經過倫敦的大猶太教堂（Great Synagogue）時，被迫得穿過一條莫名的巷弄，「到處充斥炸魚味道」[54]。1846年，第一本以英語撰寫的猶太料理書《猶太手工菜》（*A Jewish Manual*）[55]為茱蒂絲‧柯恩‧蒙特菲奧夫人[56]所著，書中明確記載類似葛萊西斯的炸魚食譜，並分別指出猶太炸魚與「英式炸魚」的差異。蒙特菲奧指出，「英式」版本的魚肉是裹麵包粉後以奶油煎（雖然蒙特菲奧並未多做說明，但可能也用豬油）後趁熱吃；「猶太」炸魚則是裹上蛋汁和麵衣，入鍋油炸後放涼食用。[57]

　　放涼配醋食用的炸魚料理作法，直到1855年晚期都被公認為是猶太式吃法，亞利西斯‧索耶爾的《人人都能掌握的料理》[58]一書中如此寫道：

---

[53] 《孤雛淚》第26章第二段「In which a mysterious character appears upon the scene」。

[54] Endelman (2002), 152.

[55] Montefiore (1846).

[56] 譯注：茱蒂絲‧柯恩‧蒙特菲奧（Judith Cohen Montefiore, 1782-1864）與其夫婿摩西斯‧蒙特菲奧（Moses Montefiore, 1784-1885）皆為英國猶太裔知名慈善家，對英國猶太族群貢獻良多，且深具影響力。

[57] 在「油煎醃漬魚」的食譜中，這道裹麵油炸放冷食用的魚是泡在有洋蔥和香料的醋裡。

[58] 譯注：亞利西斯‧索耶爾（Alexis Soyer, 1810-1858）是法國名廚，在維多利亞時期成為倫敦家喻戶曉的名廚。這位名廚寫有許多著作，其中《人人都能掌握的料理》（*Shilling Cookery for the People*）主要介紹法國一般家庭平日常見的烹飪技巧，描述方式為寄給友人的書信，因此筆觸親切又帶有浪漫詩意。

## 75. 猶太式炸魚

這是另一種呈現炸魚餐點的絕妙方式[59]，至今以色列人仍依循此作法，我也鄭重推崇，此烹飪方法足以促使許多人聞之色變的各式魚類完美料理……放涼後食用非常美味，也能搭配油、醋、小黃瓜一起品嚐，夏季時節吃這道餐點更有助於消暑。

十九世紀中葉，倫敦出現油炸馬鈴薯，這道餐點可能來自北英格蘭或愛爾蘭。現今的炸魚薯條則是1860年代晚期時出現，當時中歐猶太人正陸續遷居至倫敦，並漸漸融合西班牙猶太人的食物和風俗。最早的炸魚薯條店正是由中歐猶太人約瑟夫・麥林（Joseph Malin）開業，[60]他將剛推出不久的油炸馬鈴薯與猶太炸魚搭配，以熱騰騰而非冷盤的方式供餐。

上次我去倫敦時，美食作家安娜・柯宏（Anna Colquhoun）與語言學家麥特・波佛（Matt Purver）帶我去達爾斯頓（Dalston）一間傳統小吃店，在那裡，你可以吃到裹無酵餅麵衣油炸的炸鱈魚。以無酵餅（matzo）研磨的粉是許多猶太母親，包括我母親在內，至今仍用來製作麵衣的食材（直到二十幾歲，我才知道，原來其他人的母親製作帕瑪森烤羊肉時，並不會使用無酵餅）。

---

[59] Soyer (1855), 28.

[60] Shaftesley (1975), 393; Roden (1996), 113; Marks (2010), "Peshkado Frito," 454–56.

　　由此可見，並非只有大熔爐之稱的美國才有受眾人喜愛的世界美食。此道餐點在許多國家都受到熱烈歡迎，並視為文化之寶（祕魯、智利和厄瓜多爾的檸汁醃生魚、英國的炸魚薯條、日本的天婦羅、西班牙的油煎醃漬魚、法國的肉凍），然其家族譜系可追溯至巴比倫人對女神伊斯塔讚揚時準備的餐點，到祆教波斯人發明、由穆斯林阿拉伯人發展臻美，還經過基督徒調整作法、祕魯人融合莫切飲食文化，再由葡萄牙人流傳至亞洲，最後透過猶太人帶入英國。如今你也能在舊金山充滿各式異國餐廳的街區，以及全世界各大繁忙都城，找到所有糖醋燉牛肉的各國版本。

　　我認為，這道餐點告訴了我們，所有人皆是移民，沒有任何文化孤立於世，所謂的美，正是在不同文化、族群和宗教間困惑又令人苦痛的分際之中於焉誕生。我想，我們如今只能繼續往前看，期待我們彼此爭論該往何處尋找檸汁醃生魚時的那天吧。

# 第四章

# 番茄醬、雞尾酒和海盜

　　速食是美國最著名的出口品，而其最有效的擴散方式，便是每當歐洲或亞洲的新商場開幕，美式飲食文化就再一次推廣全球。諷刺的是，如同英國炸魚薯條、日本天婦羅、或是西班牙油煎醃漬魚──美國的漢堡、薯條和番茄醬其實並非源自美國。這些食物名稱來源我們稱之為：德語對美式料理的重大貢獻[1]，諸如漢堡（hamburger）、法蘭克福香腸（frankfurter）、熟食店（delicatessan），以及椒鹽脆餅（pretzel），而薯條（French Fries）則有法裔比利時血統。

　　至於番茄醬，理所當然是來自中文。

　　中式飲食向來是舊金山飲食文化的重要一環。十九世紀時，來自廣東南方海域漁村和捕蝦村落的廣東人，紛紛駐留於舊金山灣（San Francisco Bay），只是當時「番茄醬」一詞並未隨之來到舊金山。「番茄醬」原本是福建方言中的「魚露」，福建位於中國南方沿岸地區，多山環繞，也是tea（茶）這個字的源起（福建

---

[1]　關於德國料理對美國人的影響，請見Ziegelman (2010).

話 te）。近年來愈來愈多福建人移民美國[2]，因此在東岸各大華埠
經常吃得到福建料理，且多搭配手工釀製的紅麴米酒，是福建飲
食的一大特色。紅麴米酒與番茄醬的來源略有關係，不過米酒歷
經數個世紀後仍大致維持原味，反觀番茄醬，卻數度更迭。

　　這段故事起源於幾千年前，當時住在東南亞河邊沿岸的住
民，亦即現今中國南方海域的居民開始用鹽漬和發酵技術來儲藏
魚蝦，使其成為風味濃厚的鹹味醬料。這群人並未留下任何文
獻記載，但當時他們使用三種古老語言，語言學家稱之為孟—
高棉語系（Mon-Khmer，現代越南語和柬埔寨語的前身）、臺—
卡岱語系（Tai-kadai，現代泰語和寮語的前身）以及苗—瑤語系
（Hmong-Mien，現代苗語的前身）。這三種語言在許多中國南方
河流、山川，以及南方方言的用字語法中都留有蹤跡。[3]

　　特別的是住在更南方內陸的孟高棉語族和傣族，雨季時這些
民族居住地的稻田裡會有很多淡水魚。而為了度過乾季，他們發
展出精緻的食物儲藏技術：將捕獲的魚層層疊放在罐中，加入煮
熟的米和鹽巴後[4]，覆以竹葉靜置，接著任其發酵。魚肉裡的酵素
會將米飯的澱粉轉成醋酸，最後只要剝除外層沾黏的發酵米飯便
可享用鹽漬魚。中國歷史學家於西元五世紀時，曾記載這份食
譜。侗族（Kam）人也有類似作法，這群住在廣西省山區、使用

---

[2]　範例請見Keefe (2009).
[3]　Norman and Mei (1976), Bauer Matthews (2006).
[4]　此項假設認為，這些以米為基底的醃漬魚產品最初是在湄公河沿岸稻田發展
　　出來。石毛直道對此做了許多研究，其中也包含與Kennith Ruddle的共同研究
　　資料，可參考Ruddle and Ishige (2010) and Ishige (1986).

臺—卡岱語系民族稱此道魚肉料理為酸魚（ba som），我的岳父便是出身此地。曾與侗族人一同生活的人文學家克里斯・希爾頓（Chris Hilton）曾描述，吃了存放三十年之久的酸魚時，魚肉如何在口中化開，那種鹹香甘醇的味道彷若「特殊酸氣」的「帕瑪火腿」（Parma Ham）[5]。

　　沿著黃河南下的北方人多稱這些南方人為「夷」或「百越」，西元前200年左右，漢武帝逐漸往中國南方和東方拓展領土，入侵住在現今福建和廣東沿岸的孟—高棉族和臺—卡岱語系族居落，後來又有中國軍人和殖民者侵襲，迫使孟—高棉族人必須繼續往南遷移到今日的越南和柬埔寨一帶；而臺—卡岱語系族群則往西南方逃到泰國和寮國，至今仍有少數侗族留在廣西西部山區。早期的中國史料顯示，這段期間中國人開始採用這類魚露作法，下列便是五世紀時某份文字記載說明：

> 當漢武帝追擊夷人至海邊，他聞到一陣濃烈的香氣，只是不知這香氣究竟從何而來。於是，他派遣密使前去查證，一名漁民表示，香氣來自層層堆疊的魚內臟，即使用泥土覆蓋也無法阻擋其濃郁香味。武帝品嚐了一口後非常喜歡。[6]

---

[5] Hilton (1993).

[6] 此則關於魚醬源由的傳說出自西元544年的《齊民要術》。英文翻譯的部分還有其他相關資料可參考黃興宗參與李約瑟的《中國科學技術史》其中一卷（Huang〔2000〕, 82-3）。這本多達741頁篇幅的書籍，是中國飲食科學和食物歷史的重要專著，更是黃興宗一生對於飲食科學的研究彙集，他於1940年代在重慶擔任李約瑟的助理。關於黃興宗與李約瑟更多的詳細資料，請參考

　　隨著時間演變，留在福建和廣東一帶的孟—高棉語族和臺—卡岱語系族民相互通婚融合，大抵也成為中國民族之一，且持續製作在地的魚醬和蝦醬。這種發酵的海鮮食物不久便傳遍整個皇朝並發展出其他產物，包括發酵後的大豆醬料（日本味噌的前身），最終也發展出醬油，而利用釀酒剩餘的麥芽製成的醬料也流傳至鄰近國家，用以儲藏食物或是增添風味。

　　例如在西元700年左右，日本始見沿用東南亞作法，將發酵的魚與米飯包在一起，並稱這種新飲食為「壽司」（sushi）。這類早期發酵魚肉，在日語裡稱為「馴れ寿司」（narezushi），正是現今壽司的前身。直至十八世紀，魚肉發酵所產生的醋酸則由醋取代，到了十九世紀，由於人們開始吃新鮮魚肉，便不再等其發酵，才演變成今日所見新鮮壽司。

　　與此同時，福建和廣東沿岸居民製作的魚醬和蝦醬也變成當地獨有特產，正如另一種古老發酵醬料紅麴米（亦稱紅糟）一樣，是釀製紅麴米酒時所剩餘的沉澱物或米渣（發酵過的米）。此種釀酒技術流傳更廣、更遠，如酒糟（sake lees）、酒粕（sake kasu），均在日本被當成醃漬原料，為醃漬（kasuzuke）料理如漬魚等增添風味。福建紅麴米酒及其延伸出的料理，例如紅糟雞，便是將雞肉以麻油、薑和大蒜煎炒至金黃色後，加入酒糟燉煮，進而成為遍及中國的知名菜肴。我想你可能也會喜歡，以下便是食譜：

---

Winchester (2008).

## 紅糟雞[7]

2 湯匙麻油

1 大塊薑切片

3 瓣去皮大蒜壓泥

3 塊雞腿肉，每塊連骨各切成三塊

3 湯匙紅麴米酒糟

½ 杯福建紅麴米酒（或是紹興米酒）

2 湯匙醬油（調味用）

1 茶匙紅糖（或幾顆冰糖）

鹽巴（調味用）

4 朵乾香菇，以 ½ 杯滾水泡發後瀝乾切絲備用

燒熱麻油後，放入薑片和大蒜翻炒爆香。加入雞肉塊煎至焦黃後再翻面。雞肉煎好後先擺在鍋邊，倒入紅麴米酒酒糟翻炒至香氣散出，之後加入酒、醬油、香菇和香菇水，再持續翻炒至雞肉塊呈現紅色色澤。轉至小火，燜煮10分鐘或更久直到雞肉軟化，適度攪拌到醬汁收乾即可。

西元1200年，經常食用蝦醬和紅麴米的福建地區搖身一變成為中國繁忙的航海重鎮，泉州成為當時全世界最繁華富裕的港

---

[7] 取自Carolyn Philip知名的部落格「黃夫人的廚房」（Madame Huang's Kitchen）。

口城市之一，許多阿拉伯和波斯商人經常往返泉州，當地七座清真寺裡也常見朝拜人士。泉州是海上絲路（Maritime Silk Road）的起點，馬可波羅（Marco Polo）自中國前往波斯、途經泉州時，目睹了無數艘大型商船並感到驚歎。到了十五世紀，福建造船工為海軍將領鄭和打造巨大寶船，載著鄭和前進波斯，甚至遠征非洲的馬達加斯加，而福建人所打造的商船也將中國水兵和居民帶往東南亞各大港口。

　　相較於大豆發酵食品，魚肉發酵產品成為東南亞一帶最受歡迎的佐料，越南人、高棉人和泰國人紛紛發展出各種精緻的發酵海鮮調味料，例如越南魚露（nuoc mam）或泰國魚露（nam pla），兩者皆為呈現紅糖焦化色澤的辛香醬汁。歐洲和中東地區亦可見魚露，或許是源自亞洲魚露，其後又各自演變。古代巴比倫曾出現一種魚露稱為siqqu[8]，而古希臘的魚露garos可能源於其黑海沿岸的殖民地，該地區至今仍以鹽漬魚產品如魚子醬而聞名。Garos之後發展，進而成為羅馬魚露garum，且在羅馬帝國廣為接受並量產。西班牙語地區的魚露發展更驚人，你可以參加巴塞隆納地下街道觀光團，巡覽諸多舊時的魚露工廠遺跡。

　　知名的現代魚露之一來自暹羅灣（Gulf of Thailand）靠近柬埔寨沿岸的越南島嶼──富國島（Phu Quoc）[9]。潔娜和我曾在蜜月旅行時前往當地魚露工廠參觀，我們騎著摩托車橫跨全島，冒

---

[8]　Curtis (1991); Bottero (2004), 61.

[9]　譯注：又有「玉島」一稱，柬埔寨稱為「國多島」，目前行政區劃分隸屬於越南堅江省富國縣，然越南和柬埔寨長期以來為此地主權爭議不斷。富國島有兩項特產，即魚露和胡椒粉。此外，旅遊觀光業是富國島最主要的經濟來源。

順風航行的中國遠洋舢航船
1757年周煌所著之《琉球國志略》（*Liuqiu Guo Zhi Lue*）
（琉球群島的相關史料，取自 Nedham, 1971, 405）

著風雨來到河邊一整排的舊鐵皮屋，溫暖水氣中，瀰漫著魚肉發酵的酸味，非常寫意。十呎高的老舊大木桶裡，自暹羅灣捕獲的鯷魚，混合鹽巴攪拌[10]，木桶早已變成紅棕色，看起來猶如納帕酒莊的釀酒桶（至少對我們這對來自舊金山的夫妻來說是如

---

[10] 更多詳細的鹽漬魚產品介紹，可見 Ruddle 和 Ishige（2005）。

此），桶裡布滿許多閂塞和水管，以便魚肉發酵時，與醬汁均勻混合。

　　或許十六世紀之際，福建商人和水兵曾目睹類似的工廠[11]，自此愛上魚露，並稱之為「膎汁」（ke-tchup）[12]——福建話（福建南部和臺灣使用的臺語）的「醃魚汁」。（福建話、廣東話和中文是完全不同的語言[13]，好比義大利語跟法語不同。我曾經在臺灣上過烹飪課，中文是官方語言，臺語卻也非常普遍；上課時，老師只要說臺語，其他學生必須為我翻譯成中文，我才終於學會如何燉好一鍋滷肉，還能維持滷鍋不黏鍋。）

　　福建話當然無法以羅馬字母拼音，這也是為何「番茄醬」會出現這麼多拼法的原因：ke-tchup、catsup、catchup和katchup等，這些具是當時使用英語、德語或葡萄牙語的人，一聽到這個福建語彙時自行拼湊出來的。ke-tchup一詞雖然仍見於十九世紀傳教士記載的辭典裡[14]，但其實在現代福建話中已經沒有這個

---

[11] 石毛直道假設魚露是東南亞後期才有的發明，請參考Ishige (1993), 30. Huang (2000, 392, 297)則提供了魚露傳播路線最北曾抵達中國南方海岸的語法實證，顯示華語裡「魚露」是後來發明的產物，與任何中國傳統醃漬魚產品的名稱並無關係。

[12] 編注：臺語發音為kê tsiap。

[13] 福建話是中國方言閩南語下的次方言之一，使用者有4600萬人，主要分布在福建和廣東省、臺灣還有東南亞地區。閩南語下的次方言包括福建話、臺語、潮州話和廈門話等，雖然我隨傳統以「方言」一詞來統稱這些中國不同地區的語言，但實際上它們彼此各自不同。

[14] 《牛津英語辭典》的Penny Silva說這位傳教士就是指創建此部辭典的James Murray，1889年他在自家後院繕寫室中記錄此字說明時從其詞源發想，並根據1873年由傳教士編纂的福建話與英語辭典——《廈英大辭典》（*Dictionary*

字。其中tchup這音節的中文發音為「汁」，在福建話和廣東話裡，至今仍保留了「醬汁」之意；而ke類似廣東話的番茄（faan-ke），不過這只是恰巧同音罷了，因為中國各種方言中，本來就有許多類似於ke的發音，而番茄要到大約一個世紀後才添加進醬汁裡。

福建居民帶著ke-tchup、醬油和發酵的紅麴米酒前往印尼、馬來西亞和菲律賓，他們在印尼設置中國釀醬工廠[15]，並以家庭為單位經營起釀造醬油和魚露的小型商店。不久，印尼人便以kecap稱呼這類醬料，顯然是根據福建話中的「魚汁」，然而當其他醬料在後續四百年間漸趨普遍，kecap的意義卻也普及化，如今在印尼語——巴哈莎印尼話（Bahasa Indonesia）中，kecap指的是「醬汁」（甜醬油稱為kecap manis，魚露則是kecap ikan等）。語言學家稱這種詞彙普及化的現象為「語意虛化」（semantic bleaching），原意中有某部分（鹽漬魚）意思被虛化了。（英語中的sauce也有幾乎一模一樣的虛化過程，該字源為拉丁語salsus，原意為「鹹的」；而在印尼語例子中，則從特定醬汁演變成泛指所有醬料。）

紅麴酒糟也有變化，原本只是為了使陶鍋烹煮的食物能

---

of the Vernacular or Spoken Language of Amoy）中提到的「鮭汁」為「醃魚之汁」而推斷。現代的《普通話閩南方言辭典》則說，「鮭」本為古雅之字，現在這個字指的是完全不一樣的魚種。關於Murray的相關資料，推薦參考Winchester (1998; 2003).

[15] Anita van Velzen的民族誌研究指出，1950年代以前所有魚醬都由在地中國家族製作，請見Velzen (1990; 1992).

增加風味，變成更有利用價值的商品。然而，這群移民將紅麴米酒與發酵的米、糖蜜和棕櫚酒一起蒸餾為蒸餾酒，成為蘭姆酒的前身。蒸餾酒arrack的字源為阿拉伯語中的'araq（蒸餾），且與其他蒸餾性質的烈酒息息相關，例如茴香口味利凡丁酒（Levantine），以及克羅埃西亞的梅子白蘭地拉克酒（plum brandy rakia）。蒸餾酒酒性較烈，正好符合其古代風味。如今國內（指美國）進口的巴達維亞蒸餾酒（Batavia arrack），你可以品嚐看看。

　　中國工廠多坐落於爪哇島和蘇門答臘地區，並以傳統中國釀酒法製作蒸餾酒：在中式大鍋中，將麥芽汁（wort）和蒸餾出來的酒一同煮滾，再用管線蒐集蒸發的酒氣。蒸餾酒的買主多為當地人、當地的中國人和爪哇居民，或至少另外兩個遊盪到巴達維亞（Batavia）[16]和萬丹（Bantam）的族群：即來到南亞尋找香料、織料和瓷器的英國和荷蘭商人。此時，烈酒尚未在英格蘭盛行，也還沒釀造出琴酒，儘管當時愛爾蘭和蘇格蘭人已經喝起威士忌（usquebagh），然英格蘭人不過視白蘭地為能夠活絡精神的藥酒[17]。一名前往爪哇的英國商人艾德蒙德・史考特（Edmund

---

[16] 譯注：原是古羅馬時代生活在萊茵河區域的其中一支日耳曼民族，其生活的地方被羅馬人稱為「巴達維亞」。在文藝復興時期，該民族被視為荷蘭人的祖先，因此荷蘭人常自詡為巴達維亞人。之後荷蘭殖民地如荷屬東印度，亦被稱為「巴達維亞」；雅加達於1619年至1942年間也舊稱巴達維亞。

[17] 譯注：此處原文是spirits，有精神、心靈之意。西元十四世紀中期，歐洲正值黑死病肆虐，法國當時以蒸餾手法釀造出白蘭地。由於酒精成分高、易點燃，世人認為酒中有火精靈，有助於強健身心，因此蒸餾酒亦稱spirits。

A N

# ACCOUNT

OF THE

# TRADE in *INDIA:*

CONTAINING

RULES for good Government in
TRADE, Price Courants, and Tables:
With Defcriptions of *Fort St. George, A-
cheen, Malacca, Condore, Canton, Anjengo,
Muskat, Gombroon, Surat, Goa, Carwar,
Telichery, Panola, Calicut,* the Cape of
*Good-Hope,* and *St. Helena.*

THEIR
Inhabitants, Cuftoms, Religion, Govern-
ment, Animals, Fruits, *&c.*

To which is added,
An ACCOUNT of the Management
of the *DUTCH* in their Affairs in
*INDIA.*

By *CHARLES LOCKYER.*

*LONDON,*
Printed for the Author, and fold by SAMUEL
CROUCH, at the Corner of *Pope's-Head-Alley*
in *Cornbill.* 1711.

1711年，查爾斯・洛克耶旅遊亞洲紀實的書封。

Scott）[18]曾描述蒸餾酒是「除了酒之外，世界各地都在飲用的熱飲。」熱帶地區的英國水手為了抵禦酷熱，會飲用酸酒，甚至是酸啤酒（或是另外加啤酒花的印度淡色艾爾酒[19]，只是要等到幾百年後，才有了正式的名稱）。

　　1604年，史考特意外發現隔壁經營酒館的中國人在後院為顧客製作蒸餾酒，方才知道蒸餾酒的存在，而且蒸餾過的烈酒不易因熱帶高溫而腐敗，更不會氧化。儘管這種蒸餾酒對多數英國人來說，可謂驚人的發現，史考特卻不太開心。原來在熱水沸騰以及酒糟管線的噪音干擾之下，這名酒館老闆還偷偷挖了地道潛入史考特的倉庫，偷走史考特藏在罐中的寶物：來自玻利維亞礦坑的三千枚銀製西班牙八片幣。這個礦坑與兩百五十年後智利和祕魯礦工習得採礦技術的礦坑一模一樣，且後來在1849年將技術帶到加州金礦礦場，不過這是題外話。

　　過了不久，英國人不在乎蒸餾酒所費不貲，一律大肆收購，畢竟全由英國水手組成的海軍急需飲品，而當時也尚未發明蘭姆酒。遷居至爪哇的中國移民多集中在巴達維亞（現今雅加達），因而也是從此地發展出主要的工業產品。直到1610年，蒸餾酒便成為雞尾酒歷史學家汪德里奇口中的「混酒之王」[20]——潘趣酒的主要原料：將蒸餾酒、柑橘類水果、糖、水以及香料混合。

---

[18] 史考特的回憶錄讀來非常難熬，因為裡面充斥對外國人的仇視和暴力（包含凌虐），足以說明此人的邪惡殘暴，更多資料請參考 Scott (1606).

[19] 譯注：印度淡色艾爾酒（India Pale Ale），一種酒花氣味濃郁的艾爾酒，最早於十九世紀的英格蘭釀造而成。

[20] Wondrich (2010).

汪德里奇認為，這款最早的雞尾酒可能是英國水手發明，因為不久前研究發現，檸檬能有效治療壞血病（scurvy），自此檸檬被廣為利用，潘趣酒亦成為在亞洲的歐洲人最普遍的飲品。[21]

英國水手在嚐過蒸餾酒和潘趣酒之後，一心想向印尼中國商人購買魚露。當時船上的伙食——鹹豬肉和又稱硬麵包（blank）的餅乾口感太過平淡，加上魚露或許能讓船員比較有胃口，同時也因為商人發現，可將魚露帶回家鄉做為亞洲異國調味料販售。1690年代，英國在蘇門答臘的明古魯（Bengkulu）設置貿易站，而最早在1732年的魚露食譜上，是以「ketchup醬料，來自東印度的班庫林（Bencoulin）[22]」加以說明。由此，英文裡ketchup的魚露說法，可能是來自爪哇或東印度群島上的其中一處貿易站。

邁入十八世紀之際，魚露和蒸餾酒對英國和中國商人而言，已是足以賺取大筆財富的商品，這可從東印度公司商人查爾斯·洛克耶（Charles Lockyer）留下的報告得知。洛克耶在1703年曾走訪印尼、馬來西亞、越南、中國和印度，他所著作的《印度貿易紀實》（*An Account of the Trade in India*）可說是嚮往全球資本主義的人會隨身攜帶的作品，該書提到他如何在亞洲致富，以及如何與中國人或其他外國人議價之事：

　　來自日本的桶裝大豆，以及同坤（越南北部）最棒的魚醬；

---

[21] 1704年洛克耶稱潘趣酒為在亞洲的歐洲人「最常喝的飲料」。

[22] 譯注：1864年，英國在蘇門答臘駐紮的殖民地據點。

但最重要的是，這些食材皆在中國製造，且在當地的售價非常便宜……就我所知不僅是利潤很高的產品而已。[23]

洛克耶採買成桶的魚醬和大豆[24]，返鄉時把醬料放進瓶中，昂貴的瓶裝魚醬隨即成為英格蘭最負盛名的商品。由於這商品得花大筆費用自亞州進口，英國遂出現相關配方食譜，而美國烹飪書亦試圖製作魚醬，希望藉此仿製出與昂貴進口品一模一樣的味道[25]。魚醬並非唯一被外國人試圖仿製的奢侈亞洲進口食品，十九世紀時研發的伍斯特醬（Worcetershire sauce），也是試圖仿製來自孟加拉的醬料；原本購買蒸餾酒的預算逐漸成為製作預算，且使用來自加勒比地區的糖，你或許也猜到了，這類仿製蒸餾酒中最出名的正是「蘭姆酒」。

以下是1742年倫敦某烹飪書中的魚醬食譜，此時魚醬已有英國風格，添加了紅蔥頭[26]和蘑菇：

---

[23] Lockyer (1711).

[24] 洛克耶建議當時任何想藉由味噌或魚醬大賺一筆的人，在遠行亞洲時將所有能再利用的瓶罐帶上船；以當時安妮女王（Queen Anne）執政時期來說，這也算環保回收的活動。

[25] 購買魚醬的人都知道這種醬料來自亞洲，1785年第六版的《詹森辭典》稱魚醬是「以醃漬蘑菇仿造的一種印度醃菜」，而格萊西斯1774年《烹飪的藝術》一書中，第309頁的蘑菇醬食譜還保證製作成果「嚐起來就跟外國魚醬一樣」；伍斯特醬是一種添加糖蜜、大蒜和羅望子製成的醋味鯷魚醬，是1830年代化學家Lea和Perrin從他們自孟加拉帶回來的一種食譜，進而改良的產品。

[26] 編注：原文為eschallot，為紅蔥頭的一種，大多稱shallot。

## 製作可儲存 20 年的魚醬[27]

1加侖過期啤酒、1磅洗淨且已去除內臟的鯷魚、半盎司肉
豆蔻、半盎司丁香、¼盎司胡椒、3大根薑、1磅紅蔥頭以
及1夸脫清理挑揀完畢的扁蘑菇。將這些食材放入水中，
以慢火煮滾至僅剩一半水。然後利用法蘭絨布包（Flannel
Bag）過濾食材，放冷備用。之後裝填入罐，緊密壓實……
這作法會比原來印度的作法更好。

　　蘑菇在這道醬料食譜中原只是配角，不過很快便晉升為主
要原料，1750至80年間，ketchup一字開始指稱任何以蘑菇或甚
至核桃製成的深色醬料，且多用來增添奶油風味。珍・奧斯汀
（Jane Austin）的家人似乎非常喜愛這種核桃醬，其友人瑪莎・
洛伊德（Martha Lloyd）與奧斯汀一家人居住在喬頓（Chawton）
期間，她留存的家事紀錄即指出[28]，當時他們將新鮮核桃加入鹽
巴後搗碎，再添加醋、丁香、豆蔻、薑、肉豆蔻、胡椒、辣根和
紅蔥頭一起熬煮。
　　魚醬要到十九世紀才加入番茄，最早可能也是從英國開始流
行。以下這份一1817年的早期食譜仍可見鯷魚，但已與最初魚
醬的作法略為不同：

---

[27] Eales (1742).

[28] Hickman (1977).

## 番茄醬（Tomata Catsup）[29]

蒐集1加侖的熟透紅番茄，加入1磅鹽巴搗碎，靜置三天；
擠出所有汁液後，每1夸脫的番茄糊加入¼磅的鯷魚、2盎
司紅蔥頭，以及1盎司磨碎的黑胡椒。以水煮滾半小時後用
篩網過濾，加入以下混合調料：¼盎司的豆蔻、同樣份量的
辛香料和薑、半盎司的肉豆蔻、1打蘭（drachm）[30]的香菜籽
以及半打蘭的洋紅（cochineal）。將所有材料一併搗碎後，
慢慢燜煮二十分鐘，然後用布包過濾。冷卻後裝填入罐，每
罐加入1杯白蘭地。這道醬料可存放七年。

到了1850年代中期，大眾口味出現變化，食譜中不再有鯷
魚。美國南北戰爭結束後，美國製造廠商為了滿足國內需求的增
加，開始大量生產番茄醬，並隨著美國消費者好偏甜且較濃稠的
口味，調整原本英國番茄醬的作法。1910年左右，許多知名製
造商如亨氏（Heinz）等發現，添加愈多的糖和醋[31]，番茄醬可存
放愈久，進而發展出現今甜酸版本的番茄醬。番茄醬的拼法也是
另一個英國和美國用法有所差異之處，兩個國家可見兩種拼法，
但ketchup在英國比較常見，美國則是catsup，直到三十年前才
演變成普遍使用的ketchup。（亨氏一開始採用ketchup只是為了

---

[29] Kitchner (1817).中的第443號食譜。

[30] 譯注：英制單位詞，最初為古希臘的重量和硬幣單位，如今是用在藥劑學上
的質量和體積單位：1打蘭為1.77公克。

[31] Smith (1996); Wilson(2008), 204-10.

與競爭對手的catsup有所區分，然而當亨氏品牌主導市場後，其他番茄醬製造廠商便順熱將拼法改成ketchup。）[32]

美國經典醬料其實源自中國一事並非僅止於烹飪趣聞──番茄醬的歷史由來，促使我們得以用另一種視角來看待全球經濟史。若你了解的亞洲經濟史是傳統西方版本，那就大概知道，中國在1450年的明朝時期曾實行鎖國政策，在國際情勢和經濟上處於孤立，導致國內出現經濟停滯且生活水準偏低的情形，直到西方國家在十九和二十世紀時，強行將中國重新拉進世界經濟體系後才有所改變。

但是十八世紀量產的番茄醬和貿易（更不用說蒸餾酒或非食物商品，如織料和瓷器），卻道出截然不同的故事。近代經濟學家安德雷·法蘭克（Andre G. Frank）以及學者彭慕蘭（Kenneth Pomeranz）與羅伯特·艾倫（Robert C. Allen）相繼指出，中國官方雖禁止在海上從事私人貿易，可惜這些禁令未被嚴加遵守，許多福建水手經常無視法令[33]，持續進行違法貿易。舉例來說，洛克耶在其回憶錄中不時抱怨與中國商人間的強勁競爭，他指出，每到一個國家，港口都有裝滿貨物的中國商船，這些中國商船沿著各國海岸和島嶼進行貿易，最東到印尼，最西甚至抵達緬甸。

福建海盜在這些貿易上亦扮演重要角色，中國官員曾控訴整

---

[32] 請見Harris (2013).利用Google Ngram資料庫也能查詢近年ketchup拼法越來越多的趨勢，可以在上頭計算英式和美式用語在不同時間出現的頻率次數。

[33] 範例請見Frank (1998), Pomerantz (2000), Allen et al. (2011).

個廈門盡皆屈服於海盜之手。出身於福建的海軍將領鄭成功私自
率領的海軍，更是當時亞洲最強大的部軍。1662年，他率軍自
荷蘭東印度公司手中奪下臺灣，並開始與西方國家進行密集的絲
綢和瓷器貿易，藉此賺取大筆西班牙銀幣。

　　事實上，英國水手於十七世紀晚期將魚醬帶回英格蘭時，不
論從何種標準來看——如生活水準、平均壽命和平均收入等，全
世界最強大的國家非中國莫屬，且其國民生產總值（GNP）甚
至是最高的。中國以傑出的製造技術（織料、服裝、陶器和蒸餾
酒）掌握全亞洲貿易版圖，也就是說，直到工業革命以前，中國
確實主導全球經濟。[34]

　　這便足以說明為何葡萄牙人、英國人和荷蘭人無不渴望進軍
亞洲：因為全世界的貿易活動幾乎都發生在亞洲。然而，歐洲要
到1800年才擁有能與亞洲匹敵的製造技術基礎。那時所有歐洲
國家若想與亞洲交易奢侈品，就必須以新殖民地玻利維亞、祕魯
和墨西哥礦坑中挖到的金礦和銀礦進行交換。這些在十六世紀時
期發現的礦坑，由安地斯山住民與非洲奴隸負責挖鑿，以大量銀
礦產製出西班牙八片幣；而當時中國朝廷官員只肯收取銀幣，八
片幣順勢成為全世界第一種國際貨幣。這也正是1604年艾德蒙
德・史考特會將整罐銀幣埋在自家倉庫下的原因。

　　那名中國酒館老闆並非唯一覬覦銀幣的人，運載銀礦的大
型馬尼拉帆船在從阿卡普爾科（Acapulco）航向馬尼拉的路途上
經常遭到海盜洗劫，其中包括之前提到的福建海盜鄭成功（也被

---

[34] Frank (1998), 171-73.

稱為國姓爺），他率領的軍隊不僅讓他順利從荷蘭人手中拿下臺
灣，且幾乎攻克菲律賓。另外，英國和荷蘭海盜也對這些帆船虎
視眈眈，其中包括法蘭西斯‧德瑞克爵士（Sir Francis Drake）。
1579年，他曾在登陸舊金山北方德雷克灣為英國占領「新阿
爾比昂」[35]前，從西班牙寶船、祕魯和智利沿岸城市搶奪數噸銀
礦。此外，從委拉克魯斯返回西班牙的西班牙大型寶船不僅運載
銀幣，也有大量絲綢和瓷器，因而成為早期加勒比海海盜的目
標。我對此印象深刻，因為史蒂文生筆下的海盜史約翰（Long
John Silver）[36]在死前就曾大聲疾呼：「八片幣！八片幣！八片
幣！」

　　銀幣也是當時流通於英國殖民地之間的貨幣，甚至到了十九
世紀仍在美國廣泛使用。（1960年代，我閱讀《金銀島》時，當
年的二十五分錢仍稱為「兩角五分」〔two bits〕，這種用法便是
源自當時價值約為八分之一個西班牙銀幣的小銀幣。）

　　歐洲人載著大量八片幣前往亞洲購買其優質絲綢、棉花、瓷
器、蒸餾酒、大豆和有名的魚醬。根據查爾斯‧曼恩（Charles
Mann）《1493：物種大交換丈量的世界》（*1493: Uncovering the
New World Columbus Created*）指出，由於中國人希望獲得銀
幣，而歐洲人渴望亞洲的出口商品，這才促使歐洲積極往海外拓

---

[35] 譯注：阿爾比昂（New Albion）原是大不列顛島最古老的稱呼，德瑞克爵士一
　　五七九年所占領的區域至今仍有所爭議，然多數歷史學家咸認為，應該是現
　　今的加州北部。

[36] 譯注：指蘇格蘭小說家羅伯特‧路易斯‧史蒂文生（Robert Louis Stevenson,
　　1850-1894）作品《金銀島》（*Treasure Island*）中的海盜。

展，殖民新世界；西方的野心和東方製造的產品相遇，創造出曼恩所言——我們現代這種「全球不斷擴張又互相緊密結合的文明」。

　　番茄醬的故事——從中國和東南亞居民製作的發酵魚露，到日本的壽司，甚至是我們今天常享用的番茄甜酸醬（chutney），總歸就是世界強權數世紀以來主導經濟和全球化之下發展的故事。然而，這股世界強權力量並非美國，這裡所談的歷史背景也非我們所處的年代，想想車子座椅底下亂丟一地的番茄醬包，便能聯想起中國在上一輪的千年間曾對全球經濟造成的巨大風暴。

# 第五章

# 敬，吐司

　　就健康而言，舊金山算是適合飲酒的宜人城鎮。前面章節曾介紹過，用皮斯可白蘭地、檸檬汁和鳳梨糖漿調製而成的皮斯可潘趣酒是淘金熱時期，礦工工作後用來慶祝的酒。如今每當午後風和日麗，我喜歡和友人一起飲用Michelada，這是墨西哥的夏日啤酒雞尾酒，通常搭配新鮮萊姆汁、辣醬，幸運的話──也能喝到帶有萊姆酸味的辣味莎莎粉（salsa en polvo）：

### Michelada

1¼盎司的鮮榨墨西哥萊姆（Key lime）汁

½茶匙辣醬

½茶匙伍斯特醬

½茶匙chamoy醬（帶有水果風味的辣椒醬）

½茶匙美極鮮味露（Maggi）

1瓶Negro Modela黑啤酒（天氣太熱的話，可換成Pacifico）

適合長型酒杯的冰塊

墨西哥酸辣粉（例如 Tajin）（酌量撒在杯緣）

在酒杯杯緣用萊姆滾一圈，然後將杯緣沾上酸辣粉。在小罐子或調酒器中調合所有原料後倒入酒杯，加入冰塊再倒進啤酒即可。

近來，隨處可見以新鮮香草、水果、混酒所調製的雞尾酒，如下海特區（Lower Haight）的馬文餐廳（Maven）便提供「洋甘菊俱樂部」（Chamomile High Club），是用啤酒花含量較多的印度淡色艾爾酒搭配波旁酒（bourbon），加上檸檬、洋甘菊和杏桃風味的調酒。（啤酒花可以保存，而印度淡色艾爾多添加的啤酒花原本就能讓酒承受遠征印度的長途旅行，不因悶在貨櫃裡而變質。）或是綜合口味的「醒腦酒」（Fernet Blanca），此款具洋甘菊、接骨木花、南薑、蘆薈、沒藥和其他香草等風味的義大利苦味酒（bitters），可在任何一間酒吧品嚐到。

婚禮上的經典酒品則是香檳，但在我們克羅埃西亞友人瑪塔的婚禮上，潔娜和我向新人敬酒時所飲用的，則是拉克酒（rakia）[1]。拉克酒是歐洲東南地區，包括阿爾巴尼亞、保加利亞、克羅埃西亞、羅馬尼亞、塞爾維亞和斯洛維尼亞等，對於以水果為基底的白蘭地的統稱。其原料可以是杏桃、櫻桃或是葡萄，最普遍的則是李子，稱為李子白蘭地（šljivovica 或 slivovitz），釀造方式是將李子發酵成李子酒，再進一步蒸餾成烈酒。以拉克酒向

---

[1]　在每種語言裡有不同的拼法和唸法。

新人敬酒時，要說「živjeli！」（為生命而慶賀之意）；許多隱含「健康」或「生命祝福」的詞彙大多是歐洲各地敬酒時的用語，例如法語santé、愛爾蘭語slainte、波蘭語na zdrowie、西班牙語salud、匈牙利語egészségedre。（以上皆為祝福身體健康之意。）

　　在婚禮上向新人、其父母及祖父母或其他親友敬酒時，免不了得喝上很多杯。對新人而言，若要一一向各桌賓客敬酒，就必須喝更多了，而這種中國婚宴傳統如今在舊金山也相當普遍。一場邀請三十桌賓客的大型婚禮上，新郎可能還沒敬完，其中一半的客人便成為我賀比舅舅口中的shikker，也就是意第緒語[2]「喝醉的人」，更可能以此度過自己的新婚之夜。潔娜和我結婚那天，我那位熱愛威士忌的的小舅子約翰將我拉到一旁，建議我不著痕跡的將酒杯斟滿茶或西打酒（cider），不要用威士忌來向賓客敬酒，而正是這點家人的小智慧，我得以安然度過那一晚。

　　不過我猜，我們不是第一對利用這種偷渡方式的夫妻。由此衍生出一個問題：為什麼我們要用酒來祝賀他人身體健康？酒與慶賀他人或希望他人健康又有何關聯？而且，為什麼要稱之為「敬酒」（toast）呢？

　　接下來，我們將探討到「敬酒」、「西打酒」，甚至意第緒語shikker這三者之間的歷史淵源，這些詞彙與拉克酒也有點關聯；此外，那些混合美味香料的酒品竟然不是上世紀才發明的產物，而是人類文明出現之際便有的飲品文化。

---

[2]　編注：意第緒語（Yiddish），融合德語及希伯來言的語言。

　　「toast」原意指火烤的麵包[3]，是從拉丁語tostāre（火烤）演變
而來。我非常喜歡吃烤麵包，且我一成不變的早餐——烤貝果搭
配咖啡，是潔娜消遣的來源，然而她身上的廣東魂，總讓她以為
餐點再難吃，只要有培根就會加分。厚厚一塊烤手工麵包，搭配
南瓜奶油或自製果醬，是近來舊金山咖啡店比如磨坊（The Mill）
最流行的早餐吃法。烤麵包的歷史原本僅和早餐有關，如今卻是
相當現代的風潮。

　　比如說，十七世紀以前，飲用葡萄酒或艾爾酒時，酒裡會放
一片烤麵包。這是非常古老的傳統，英國女王伊莉莎白一世在位
時期，人們都是這麼喝酒，一如莎士比亞的《溫莎的風流婦人》
（*Merry Wives of Windsor*）一劇裡：「法斯塔夫，幫我拿一夸脫葡
萄酒，順便放片烤麵包。」雖然這種吃法如今看來太不尋常，但
麵包其實可為葡萄酒增添風味，通常會再加上琉璃苣（borage）
這種帶有甜味的香草，可惜現今不再普遍，且為糖所取代了。

　　十七世紀起，這種以麵包增添風味的飲酒習俗逐漸沒落，英
國發展出全桌賓客喝酒為他人祝賀身體健康的習俗，其他國家陸
續跟進。（我得再次強調，這種喝酒行為不太健康，但我的英國
友人則指出，那是因為我來自一個清教徒建立的國家，而清教徒
在當時確實認為這作法不好，對「喝酒強健身體」頗有微詞，並
認為「有罪，以基督徒來說，更是完全不正當的行為。」[4]）敬酒

---

[3] 《牛津英語辭典》toast的說明。

[4] Prynne (1628).

眾人為大酒杯（Wassail Bowl）讚揚高歌。
——維多利亞時期畫家邁爾斯・博奇・佛斯特（Myles Birket Foster）所繪[5]

通常多是為了祝賀某位女性的健康[6]，而那位受眾人喜愛的女性
便成為出席賓客「祝福的對象」（toast）。

---

[5] 圖片取自 page 67 in Henry Vizetelly, *Christmas with the Poets: A Collection of Songs, Carols, and Descriptive Verses*, 6th edition (London: Ward, Lock, & Tyler, 1872).

[6] Colquhoun (2007), 221.

當時某份文字史料指出[7]，「敬酒」一詞之所以出現，源於該女性的出現為宴會增添了樂趣，如同調味的烤麵包和香料能使葡萄酒更加美味一樣。當時受大眾歡迎的女性「遂如烤麵包般」，或是成為「鎮上最受歡迎的人」，以下便是某位人士針對1709年一份八卦報章上的評論（諷刺？）：

> 這位從海丁頓（Haddington）到欣克西（Hinksey）成為眾人敬以健康祝福之酒的美人……雖無貴族身分，收到的祝福卻不容置喙。[8]

伊莉莎白一世在位期間，人們搭配烤麵包時所飲用的酒稱為祝酒（Wassail）。祝酒是一種加熱的香料艾爾酒，其中最特別的是，聖誕節第十二夜所飲用的祝酒通常以大如碗的酒杯裝盛。1600年代初期，在聖誕節所唱誦的歌曲中，也有描述女性環抱大酒杯挨家挨戶唱歌祝賀，並募集捐贈物資的傳統。

另一種祝酒傳統則流傳於盛產蘋果的英格蘭西部[9]。人們會「向樹敬酒」（wassail the trees），並在樹上放一片泡過西打酒的

---

7　Richard Steele, *The Tatler 31* (1709): 8：「接著他說，為什麼要對活著的人說toast？我回答道，因為這是風趣之人對女性的新稱呼，好比男人喝酒時，在酒杯裡加入琉璃苣，能使之更有風味一樣。」

8　Richard Steele, *The Tatler 71* (1709).

9　Robert Herrick於1648年的《海絲佩拉蒂》（*Hesperides*）一詩中寫道：「向樹致敬，它們就能擔保你獲得李子和許多梨子。」

烤麵包[10]，然後圍著樹歌唱，藉此儀式期望好運降臨。因此調配祝酒時，人們會在加熱的艾爾酒內加入西打酒或蘋果，以下便是其一：

**祝酒**[11]

4 顆烤過且去核的蘋果

⅓ 杯紅糖

½ 杯蘋果汁


1½ 杯馬德拉葡萄酒（Madeira）

1 瓶艾爾酒（12 盎司）

1 瓶硬西打酒（hard cider）（22 盎司）

1 杯蘋果汁

10 顆丁香

10 顆多香果（allspice berries）

1 根肉桂

2 條兩吋大小的橘子皮

1 茶匙薑泥

1 茶匙壓碎的肉豆蔻

---

[10]　Brears (1993).

[11]　此篇食譜來自 Alton Brown 的詳細說明，還有《紐約時報》2012 年 12 月 12 日 Jenn Dowds, The Churchill, and Rosie Schaap 的資料。

　　以350度預熱烤箱，將去核蘋果放上玻璃烤盤，去核的部分均塞滿紅糖。將蘋果汁（½杯）倒入烤盤內，放進烤箱烤約一小時，直到蘋果軟化。

　　同時，將丁香、多香果、肉桂和橘子皮放入用來包乾酪的棉布包做成香料包或之後以篩網過濾。

　　將艾爾酒、西打酒、蘋果汁（1杯）以及馬德拉葡萄酒放入大鍋或燉鍋，加入香料包、薑泥和肉豆蔻。在烤蘋果期間慢慢熬煮（不能煮滾）。

　　將烤盤中的蘋果和醬汁倒入大鍋，即可用杓子盛杯品嚐。

　　Wassail一詞是在1494年，即亨利七世在位期間才被視為酒名，但是此款酒品其實源自中世紀英國某種甜味艾爾酒。當時葡萄酒、香料酒和西打酒廣受歡迎，當中最常見的便是一種添加蜂蜜的艾爾酒或蜂蜜酒（mead）。中世紀英格蘭的艾爾酒是以大麥和其他穀物製成的深色啤酒，不若現代啤酒或艾爾酒使用啤酒花。如我之前所提及，啤酒花便於保存，而未加啤酒花的艾爾酒（啤酒花是十五、十六世紀時，荷蘭人開始採用）短時間內便會腐壞，必須在製成後幾天內趁新鮮飲用。艾爾酒相對穩定，由於是以煮沸過後的水釀造，且多數艾爾酒的酒精成分較少，以致中世紀時期，人人無不盡情飲用，艾爾酒也因此成為民眾最重要的熱量及營養來源。

　　而艾爾酒內放烤麵包的習慣更是久遠。中世紀時期，人們將烤麵包切片浸泡在葡萄酒、水或高湯裡，且有特定稱法──「濕

麵包片」（sop）[12]，藉此為熱湯或葡萄酒增加溫度、香氣及熱量。而此時，最常見的餐點則是燉肉濃湯（pottage）[13]，食用時一般也會搭配幾片烤麵包片或一般麵包。

在《坎特伯里故事集》（*The Canterbury Tales*）中，喬叟筆下的法蘭克林是名精神奕奕的老饕，他的家裡「隨處可見各種肉食和美酒」，每天早上喝晨酒時，他總愛來上一份「濕麵包片」[14]。而在早期烤麵包的英文食譜裡，多見將麵包切片後再烘烤，一出爐，便浸至葡萄酒內或沾滿香料，一如1390年第一本由理查二世御廚撰寫的英文烹飪書《烹飪的形式》（*Forme of Cury*）中所描述的南薑浸食（sowpes in galyngale）[15]，或是十五世紀某烹飪書中的黃金浸食（soups dorye）[16]：

南薑浸食：將南薑粉、酒、糖和鹽混合並煮至沸騰，最後在烤好的麵包上淋上醬汁即可上桌。

黃金浸食⋯⋯將payndemayn（白麵包）切塊後烘烤，再浸入葡萄酒中。

[12] Hieatt and Butler (1985), 215：浸食就是「一般烤過的麵包」。
[13] Wilson (1993), 3-19.
[14] Chaucer's *Canterbury Tales*, "The Franklin's Tale."
[15] Recipe 133 in Hieatt and Butler (1985).
[16] Austin (1964), 11.

　　事實上，「濕麵包片」（sop）[17]這個字可能是來自六世紀的拉丁語suppa，直到十世紀古法語中，輾轉演變成「吃晚餐」（soper）以及「湯」（soupe），之後又演變成我們現今使用的「晚餐」（supper）和「湯」（soup）[18]。Soup起初意指浸軟的烤麵包片，後來遍指放入高湯一起享用的濕軟麵包片。而supper原指晚上先用來墊胃的浸食或湯品，與中午份量較多的dinner不同；這個單字仍保留在美國各地區方言裡，且涵義略有差異。我小時候住在紐約，supper對我來說是晚餐；在我四歲時，全家搬到加州，我仍記得當時其他小孩不斷嘲笑我使用這種老掉牙的詞，甚至向我的父母解釋，晚餐應是dinner。

　　wassail這個字最早於一千年前出現在英語裡。當你用葡萄酒或艾爾酒祝賀他人健康時，會說waes hael（身體健康）[19]；hael便是現今英語hale（健壯的）和healthy（健康的）的字源，自此英語有了如克羅埃西亞語ževijeli、法語santé或德語prost這類意指身體健康的單字。

　　而回敬waes hael的用語，正確來說是drink hael（喝得健康）。我們之所以知道這用法，是因為在1180年，英國修道士兼社會評論家奈傑勒斯・威爾克（Nigellus Wireker）曾描述，在巴黎新成立的「大學」[20]裡就讀的英國學生耗費太多時間在waes

[17] 《牛津英語辭典》sop的說明。

[18] 《牛津英語辭典》soup和supper的說明。

[19] 參考《牛津英語辭典》wassail、hale和healthy的說明。

[20] 我在此先用了「大學」一詞，因為此一詞彙要到幾十年後，1200年才出現。請見Mozely (1963) and Longchamps (1960).

hael和drink hael上，反而沒有認真學習。我想，大學生活的基本樣貌自過去九百年至今，是沒有太大變化的。

　　某些地區所奉行的敬酒儀式相對複雜，一如wael hael／drink hael（敬酒與回敬）深植於某些文化裡。例如在喬治亞這國家，只見宴會裡的人們永無止盡的敬酒，一個晚上可能巡迴二十次，甚至更多。而宴會上準備敬酒的人會起身，向尊貴的賓客、喬治亞這片土地、各個家庭、舉辦宴會的主人（亦稱為tamada）等，一一舉杯致敬。

　　我們暫且離題，探討一下葡萄酒的起源。就生物學、建築學和語言學的種種跡證顯示，率先以野生葡萄釀製葡萄酒的地區，其實是現今喬治亞共和國以及亞美尼亞所在的高加索地區[21]，而目前所知最早用來釀酒的葡萄種子在這一帶出土，時間約是西元前6000年。這個地區的野生葡萄品種多元，DNA分析同時顯示，用來釀酒的葡萄品種——歐亞釀酒葡萄亞種（vinis vinifera vinifera）是源自此地的野生亞種（vinis vinferia sylvestris），且在伊朗札格羅斯山區（Zagros Mountains）的哈吉非魯茲（Hajji Firuz）村落往東所尋得的某個罐子裡，發現最早的葡萄酒殘渣，約莫屬於西元前5000年的新石器時代。有些語言學家認為，*Ywino（「*」符號是假定此字為最原始的字）是古南高加索語（Kartvelian）[22]中的「酒」，這個語系包括喬治亞語在內，

---

[21] 此處是俄羅斯植物學家Nikolai Vavilov提出葡萄酒最先發展於高加索地區的假設。請見McGovern (2009), 19.

[22] 譯注：又稱卡特維爾語系，主要分布於喬治亞，也有少部分在土耳其、亞塞拜然、伊朗、俄羅斯和以色列。

為鄰近語系如印歐語系（英語的wine和vine、拉丁語的vinum、阿爾巴尼亞語的vere、希臘語的oinos、亞美尼亞語的gini、希泰語〔Hittite〕的wiyana），以及閃語族系（*wajn、阿拉伯語的wayn、希伯來語的yayin、阿卡德語〔Akkadian〕的inu）中，所出現「酒」這個單字的字源。賓州大學研究員派崔克‧麥葛文（Patrick McGovern）稱這種說法為「諾亞假說」（Noah Hypothesis）[23]，因為《聖經》裡諾亞曾在亞拉拉特山區（Mount Ararat，今日土耳其東邊靠近亞美尼亞邊境附近）種植一處葡萄園，「方舟在航行七個月後的第七天終於停泊在亞拉拉特山區上……而諾亞……種了一處葡萄園。」[24]

　　這些閃語和印歐語系文化或許曾借用「祭酒」（libation）一字來指稱葡萄酒，這也證明很早以前便有敬酒的概念。祭酒意指在飲酒前，將蜂蜜酒（一種摻有蜂蜜的發酵飲料）、葡萄酒，或油撒向神明以表致意，這是希臘宗教的核心，最早出現於荷馬的時代[25]。而之後，希臘人聚會飲酒時，在喝下第一杯斟滿酒的巨爵（krater）[26]之前，必須先將酒撒向宙斯，接著第二杯酒則撒向英雄以表達致敬之意，以此類推。[27]

---

[23] 相關論述參考McGovern (2003; 2009)。譯注：麥葛文是以「夏娃假說」（Eve Hypothesis）為靈感才稱之為「諾亞假說」。「夏娃假說」認為，人類起源來自同一名非洲裔母親，而麥葛文認為，葡萄酒源於同一處古老地區。

[24] King James翻譯的《創世紀》第8章和第9章。

[25] Burkert (1985), 374, note 37：「此配方記載於《伊利亞德》第9篇第177行，並在《奧德賽》中出現六次。」

[26] 編注：古希臘、羅馬時代，用來調製葡萄酒和水的器皿。

[27] Burkert (1985), 70–72.

　　祭酒其實可以回溯到希臘文化的始祖——印歐語族人——當時向神明祭酒是為了翻轉不幸的命運，這是我們從語法實證上推論出的結果。我們發現，在印歐語族裡，不同語系中表達「祭酒」的詞彙各異，且這些詞彙多半和健康、安定或保障相關。因此，希臘語的spendo和希泰語的spand都是指向神明祭酒，祈求神明保佑某人平安或安然返鄉，而拉丁語裡的spondeo則是「予以保障」的意思，我們也因而有spouse（配偶）的說法，這是源自於羅馬人婚禮上一方承諾保障其配偶人身安全而來。而字根*g'heu（倒、注入之意）則是拉丁語fundere的字源[28]（倒之意，由此衍生出英語借款〔fund〕、償還〔refund〕、成立〔found〕、混合〔fuse〕、充滿〔suffuse〕）；而梵語hav-指的是吠陀（vedic）儀式裡的祭酒，伊朗語zav-是獻供，zaotar則是指祭司。

　　獻酒似乎在中東地區亦是歷史悠久的傳統，大英博物館內一塊西元前2600至2400年的雕刻展品上[29]，呈現蘇美城市烏爾（Ur）的祭司正進行祭酒儀式，而類似儀式也出現在西元前3000年左右[30]，繼蘇美人之後占據美索不達米亞地區的閃語民族——阿卡德族生活中。

　　不論是蘇美人或阿卡德人，美索不達米亞地區的祭酒文化一概使用啤酒而非葡萄酒，因為在這偏南之地不利葡萄生長；阿卡

---

[28] Benveniste (1969), 470–80.

[29] http://www.britishmuseum.org/explore/highlights/highlight_objects/me/s/shell_plaque.aspx

[30] Matthews (1997).

德語的啤酒稱為shikaru，是當時常見的飲品，且此時的啤酒製作和現今一樣，是以大麥釀製，但通常會加入蜂蜜或是棕櫚酒而釀造出酒精濃度更高的啤酒（糖類愈多，發酵的酒精成分就愈高）。全世界目前最早的文字記載是西元前1800年的啤酒釀造技術，這款酒加了香草、蜂蜜和葡萄酒，用來歌頌蘇美啤酒之神寧卡西（Ninkasi）：

> **寧卡西之頌讚**[31]
> 寧卡西，正是您……混合……甜香的啤酒麵包。
> 正是您在爐前烘烤啤酒麵包，促使穀物去皮後成堆排列。
> 您為沾附大地之土的大麥灌溉澆水，
> 將大麥放入罐中浸泡；
> 您將翻炒過的麥渣均勻鋪在蘆葦草蓆上，
> 您親自料理這香甜植物，並與蜂蜜和酒一起釀煮。
> 您〔添加？〕……將甜麥裝入酒器。
> 發酵酒缸的聲響令人愉悅……上頭還有大型蒐集盆。
> 您將過濾後的啤酒倒入蒐集盆內，
> 一如底格里斯河與幼發拉底河
> 以大潮之勢灌溉土壤

　　之後的閃語系民族希伯來人也有祭酒文化的記載，在最早的《希伯來聖經》（*Hebrew Bible*）中，〈創世紀〉（Genesis）裡

---

[31] Civil (1964).

便即有雅各向神敬酒的描述，「雅各便在與神談話之處立了根石柱，倒了杯酒，澆上了油」（創世紀35：14）。這類祭酒活動大多用葡萄酒（希伯來語稱yayin）或油，但也可以使用一種稱為sheker的飲品，是源自阿卡德語shikaru所衍生的字彙。簡而言之，希伯來語sheker意指啤酒[32]，或添加蜂蜜或棕櫚酒發酵後，含較多酒精成分的啤酒，「在神聖之所，汝當撒烈酒〔啤酒〕予耶和華以奠祭。」（民數記[33] 28：7）

目前我們仍無法得知使用葡萄酒或啤酒的祭酒習俗是如何發展的。之所以使用葡萄酒，可能是因為其酒精濃度，或其內含的香草足以抵抗疾病，因而與健康有關。在黎凡特（Levant，現今巴勒斯坦或以色列）南方出土、約莫西元前3150年的陶罐中，考古所找到的葡萄酒似乎就摻有與抗生素作用相同的香草[34]，如香薄荷、芫荽、艾草或百里香。這些香草所混合的香料za'atar至今仍盛行於黎凡特地區。葡萄酒、啤酒、油和麵粉（另一種古時祭酒的食材）也是工業產物，由於製作需耗費龐大人力，具極高價值，足可用來做為祭酒之物。

與此同時，敬酒逐漸成為強化人們友誼的方式之一；早期中國文獻便指出，敬酒是社交禮儀的一部分。一些人類學家認為，敬酒和祭酒可能與印歐語以及閃語文化流傳的迷信——惡魔之眼

[32] Homan (2004).
[33] 譯注：〈民數記〉（*The Books of Numbers*）是《希伯來聖經》及《摩西五經》當中的一卷，為以色列第一次人口普查文獻（紀錄期間為西元前1512至1473年），記載了以色列人遷居的過程。
[34] McGovern et al. (2010); McGovern, Mirzoian, and Hall (2009).

（evil eye）有關[35]。據說，若過於誇耀自身的好運，反而可能招致禍患，樂極生悲，因為惡魔之眼具有讓生物死亡的力量（如致使果樹枯萎、或榨乾牛隻的牛乳）。酒相對而言，成為一種治療方法，或能夠用來安撫仇視人類的希臘神明。酒的治癒能力同時解釋古老傳說中，吐三次口水便可擊退惡魔的習俗（歌劇演員至今仍會在上臺前，仿效吐口水時的聲音，說toi、toi、toi）。

　　敬酒或許也與印歐語族、閃語族和其他文化民族飯前祈禱身體健康或有好食欲有關，諸如法文bon appetite、黎凡特阿拉伯文sahtein（祝健康）、意第緒語ess qezunterheit（吃得健康）或希臘文laki orexi（祝你胃口好）。

　　無論如何，希伯來語sheker一字衍生出「酒精濃度增加的啤酒」之意，如今則用以稱之任何烈酒。聖傑若姆（Saint Jerome）於西元四世紀時所翻譯的《拉丁通俗譯本》（*Vulgate*）中，便曾借用sheker並衍生出拉丁語sicera一字以指稱啤酒、蜂蜜酒[36]、棕櫚酒或水果酒。中世紀初期，意第緒語亦從sheker衍生出shikker，意思為「喝醉」，到了法國則有sicera，今日讀音為sidre[37]——一種常見的發酵蘋果汁，在諾曼第和布列塔尼地區尤其盛行。1066年以後，諾曼人將這種飲品以及全新的英語字彙cider（蘋果酒）帶入英國。

---

[35]　Dundes (1981), Foster (1972).

[36]　St. Jerome的第52封書信〈To Nepotian: Ep. 52, Ad Nepotianum de vita clericorum et monachorum.〉網址：http://www.synaxis.org/cf/volume29/ECF00005.htm

[37]　《牛津英語辭典》cider的說明。

　　此時，也正是波斯和阿拉伯鍊金術師將蒸餾技術發展至完臻的時期[38]，他們改良早期由埃及、希臘和拜占庭鍊金術師所發明的蒸餾技術。蒸餾瓶[39]是一種燒瓶，上頭的蓋子有另外延伸的管子，當瓶內液體沸騰之際，蒸氣便順勢進入管內，其後冷卻凝結成水。

　　文藝復興初期，蒸餾酒的技術逐漸往西傳至歐洲，往東則傳至中亞。在西歐地區，西打酒和葡萄酒被蒸餾製成蒸餾水果酒（eau-de-vie）或白蘭地，祕魯人和智利人則以蒸餾技術製作出皮斯可，而歐洲東南方，李子酒蒸餾製成拉克酒後，成為我們在瑪塔婚禮上用來敬酒的飲品。

　　這一切的歷史故事當然都圍繞在文字上，rakia（拉克酒）來自 'araq，是阿拉伯文「水珠」之意，生動地表達了蒸餾瓶中凝結滴漏下來的酒精；其他來自 'araq 的產物[40]，如今在全世界均用來指稱在地的蒸餾烈酒，比如我們前一章曾介紹過的印尼紅米酒 arrack，還有像是黎巴嫩、以色列、敘利亞和約旦等地區帶有茴香香氣的黎凡特拉克酒，或是土耳其的 raki、波斯的 aragh 以及衣索比亞帶有沙棘葉香氣的 araki，斯里蘭卡的椰子酒也稱為 arrack，而蒙古 arkhi 則是從馬奶發酵蒸餾而出的酒。不論是西方曾受鄂圖曼帝國控制的歐洲東南地區，或是受波斯文化影響的蒙

---

[38] Wilson (2006).

[39] 譯注：蒸餾瓶，即 alembic，字源為阿拉伯文 al-anbiq、希臘文 ambyx，也是比利時發酵啤酒（lambic）的前身。

[40] Arajhi 是借來指涉蒸餾酒的突厥詞語，可能是從阿拉伯經由波斯傳來，最早出現在1330年的華語資料中，請見 Buell and Anderson (2010), 109, 115.

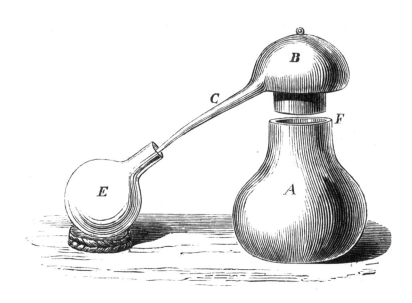

中世紀蒸餾瓶。要蒸餾的液體會裝在葫蘆狀的A瓶，以小火慢慢加熱。因為酒精沸點比水低，所以蒸發時，酒精會上升至蒸餾蓋B。與此同時，外部漸漸冷卻（如同浸泡冷水的衣服一樣），酒（或其他蒸餾物）會凝結成液體，而後順著管子C滴入蒐集瓶E。圖片取自：Louis Figuier, *Les Merveilles de l'inddstrie. Volume 4: Industries agricoles et almentaires* (Paris, France: Furne Jouvet, C.1880).

古，到東方受穆斯林文化影響的印尼，都曾有穆斯林人、與穆斯林接觸，或受穆斯林影響。（雖然酒精飲料在伊斯蘭教是禁止之物，但如今不同地區亦可見允許穆斯林居民飲用不同濃度的酒精飲料。）這些詞彙（以及其他來自阿拉伯語的字彙，如alcohol）無不提醒著我們，蒸餾酒和相關技術的發展傳播上，阿拉伯和穆斯林科學家確實扮演重要角色。

　　提到cider和shikker，這兩個字彙的發音皆可溯源至shikaru，亦即阿卡德人的蜂蜜啤酒以及全世界最古老的釀酒文字

紀錄。這種提高酒精濃度的古老方法，是以蜂蜜或水果當作材料來釀製啤酒。事實上，據世人所知，最早的手工酒精飲料出土於中國河南省境內，約西元前7000年至6600年的陶罐中所發現[41]，其類似啤酒、西打酒的飲品，混合了發酵的蜂蜜、稻米、葡萄或山楂果。

換句話說，現代雞尾酒以及夏天飲用的michelada，其中所含的洋甘菊、百里香和水果也不算創新發明，只是把九千年前第一種綜合飲品的古老傳統增添些許現代元素而已；這種傳統隨著歷史演變，自西元前2000年黎凡特的百里香酒和美索不達米亞區的蜂蜜啤酒，成為後來亨利七世時期的祝酒文化，到了十八世紀，英格蘭人將烤麵包加香料，再放入酒內飲用，直到今日所飲用的熱香料水果酒。而現代印度淡色艾爾酒中啤酒花的強烈香味，也會令人想起東印度商船上的印度淡色艾爾酒桶，跨越赤道航行到孟買、馬德拉斯（Madras）和加爾各答地區的遙遠旅程。

祭酒文化至今依舊可見，現代的嘻哈流行文化中便保留了與祭酒相關的傳統元素——「倒酒致意」（pouring one out），飲用麥酒前，先倒一些在地上，以向逝世的親友致敬，這在吐派克‧夏庫爾（Tupac Shakur）的歌曲〈Pour Out a Little Liquor〉中可見一斑。（最好是麥芽酒，此款酒精濃度較高的酒是在發酵前添加糖分，正好也是另一個自shikaru延伸出來的酒類。）

現代雞尾酒名稱也愈來愈有趣，密遜區的「特技犬」（Trick Dog）酒吧就有以紅寶石顏色或是四十五轉黑膠單曲命名的酒

[41] McGovern (2009), 28-59.

款，而金門公園旁邊的「蒸餾器」酒吧，則有提供花椒香味的「九伏特」（Nine Volt），下海特區的「馬文餐廳」甚至可見「寡婦之吻」（Widow's Kiss）以及「娜烏提美人魚」（Nauti' Mermaid）的雞尾酒，這也讓我們聯想到，十八世紀時為了祝賀「以酒致敬的女士」健康而率先使用toast的酒客，不過現在正式場合中，多是女性在敬酒。

　　無論如何，我們的潘趣酒時間到此結束，接下來，我們將討論火雞。

# 第六章

# 你說的火雞是誰？

我很享受感恩節，因為這時舊金山正值雨季，我們也因此能多少感覺到季節之分。街道上到處是購買家傳火雞填料食材、墨西哥玉米粽（tamale）或是甜點原料的人，更重要的是，我最喜歡的合唱團會在此時舉辦冬季音樂會。去年感恩節我錯過許多朋友的表演，讓我深感自己像是對音樂過度吹毛求疵的愛倫坡一樣，他曾說：

> 我從未在雅典以外的地方聆賞一群人邊唱著歌，並以充滿肢體語言的演出義大利歌劇，更遑論是索福克勒斯（Sophocles）[1]所寫悲劇中，那群為梅利埃格（Meleager）之死而悲痛不已的火雞合唱團了。[2]

---

[1] 譯注：索福克勒斯（Sophocles, 496-405 BC）是古希臘劇作家，與埃斯庫羅斯（Aeschylus）和歐里庇德斯（Euripides）並列古希臘三大悲劇詩人。

[2] Edgar Allan Poe, *The Works of Edgar Allan Poe in Eight Volumes. Vol. VI. Miscellaneous Essays, Marginalia, etc.* (Philadelphia: J. B. Lippincott, 1895), 162.

　　愛倫坡所提到的梅利埃格，是索福克勒斯所著然已遺失的悲劇故事，不過你或許也猜到，劇裡其實沒有火雞合唱團，這說法只是想詆毀那些演員的歌唱技巧。事實上，直到1511年，火雞才出現在歐洲──亦即在這位古希臘悲劇詩人於雅典完成此創作的兩千年後才出現。既然如此為何火雞會提早兩千年出現在希臘的競技露天劇場（amphitheater）呢？為何經常可見以這種禽類為名的國家？除了土耳其（Turkey）之外，還有印度，有些則是語源來自十幾種語言，如法語的dinde便是縮寫自原本的d'Inde（of India）、土耳其語的hindi，以及波蘭語的indik；另外還有祕魯（Peru一字分別來自北印度語和葡萄牙語），甚至是衣索比亞一字（在黎凡特阿拉伯語中，火雞稱為dik habash，意思為「衣索比亞之鳥」〔Ethiopian bird〕）。

　　我們稍後將會談到，這些問題的答案與阿茲特克的廚師，以及兩種被葡萄牙政府官員混淆的鳥類有關，此外，也間接與現代貨幣交換有關。正如番茄醬，火雞和其他眾人喜愛的食物都是環遊世界後才來到美國，不同的是，火雞的旅途是從西半球的印第安人啟程的。

　　這趟旅程始於數千年前中南美洲的墨西哥。當時自美國東部到南部，甚至墨西哥有不同品種的火雞，但美國原生火雞僅源於其中一種──野生北美火雞（Meleagris gallopavo gallopavo），這是印第安人在西元前800年至西元100年間，於米卻肯州（Michoacan）或普埃布拉州（Puebla）馴化而來。[3]

---

[3]　Thornton et al. (2012); Schorger (1966); Smith (2006), 8. 不同品種的野生火雞分

　　我們還不知道究竟是誰馴化了這些野生火雞，但他們的確在阿茲特克人從墨西哥北部遷移到谷地時，將這些火雞輾轉傳給這個外來民族。火雞就此在阿茲特克人的神話故事中，扮演極其重要的角色，珍珠火雞（jeweled turkey）更是惡作劇之神「泰茲卡特里波卡」（Tezcatlipoca）的象徵。

　　十五世紀，阿茲特克人的世界常見這種馴化火雞，柯爾提斯曾描述過特諾奇提特蘭（Tenochtitlán，當時的墨西哥市）裡的雞禽市場[4]，光是該城郊區德佩亞（Tepeyac）的其中一個市場，一年內，每五天便能賣出約八千隻火雞。[5]

　　阿茲特克人的語言納瓦特爾語（Nahuatl）中，母火雞稱為totolin，而公火雞為huexolotl，後者演變成現代墨西哥—西班牙語中的火雞一詞guajolote。（英語裡源自納瓦特爾語的詞彙有酪梨〔avocado〕、番茄〔tomato〕、巧克力〔chocolate〕和紅番椒〔chile〕。）

　　阿茲特克人和鄰近民族利用火雞製作各種不同的辣醬[6]。納瓦特爾語的醬汁或燉菜稱為molli，正是現代墨西哥—西班牙語中mole（墨蕾醬）的原型。墨蕾醬被製作各種不同風味，有濃稠的醬汁如番茄醬一般，也有稀薄茨汁如湯品，食材包括辣椒醬、鹿肉、兔肉、蠑蜥、犰狳、青蛙、綠番茄（tomatillo）或番

---

別在美國南方建造壁屋（cliff dwelling）的古老普埃布拉印第安人加以馴化（Speller et al. 2010).

[4]　Schorger (1966), 12.

[5]　Coe (1994), 96，節錄自 *Motolinía, Memorales*, (Mexico City, 1903) 332.

[6]　Sahagún (1954), 37; Barros (2004), 20.

阿茲特克宴席上以燉火雞肉和玉米粽祝賀新生兒。[7]
出自十六世紀《新西班牙全史》的插圖。

茄，還有包括莧菜、墨西哥胡椒葉或酪梨葉等香草。

　　然而，墨蕾醬裡最常見的原料之一是火雞。貝納迪諾・薩哈坤（Bernadino de Sahagún）於十六世紀所完成的《新西班牙全史》（*General History of the Things of New Spain*）便提到，阿茲特克的統治者會吃由辣椒、番茄和南瓜籽泥製成的火雞墨蕾醬（totolin patzcalmolli），還有分別由黃辣椒、綠辣椒燉煮的火雞[8]，

[7]　Sahagún (1957), 121-25.
[8]　Barros (2004), 22.

以及火雞肉玉米粽。1650年出現一種瓦哈卡式的火雞墨蕾醬稱為totolmole（totolin〔母火雞〕加上mole），其作法是將火雞放入調有壓碎的乾辣椒chilhuaucle（深色帶有熏製香氣的辣椒，至今瓦哈卡式墨蕾醬仍常使用）、南瓜籽和墨西哥胡椒葉或酪梨葉的高湯中燉煮而成。

西班牙人來到新大陸後，新舊世界開始有大量的美洲食物交流，舉凡像是稻米、豬肉（以及豬油）、乳酪、洋蔥、大蒜、胡椒、肉桂和糖等，紛紛跨越大西洋來到墨西哥，或是西班牙燉湯，如燉雞肉（chicken guisos），便是加入翻炒過的洋蔥和大蒜，以及摩爾人的香料如肉桂、蒔蘿、丁香、大茴香和芝麻等。未久，便出現早期墨西哥燉湯和墨蕾醬的食譜手稿[9]，混合當地辣椒和歐洲香料調配出來的墨蕾醬和辣醬、南瓜醬（pipian）遂成為現代墨西哥料理的基礎。

十八世紀或十九世紀初，出現了火雞食譜，諸如最出名的普埃布拉墨蕾醬火雞（mole poblano de guajolote），當時普埃布拉州每位廚師甚至都有自己的獨家祕方。這道菜最知名的食材是巧克力，為納瓦特爾人的主要飲品之一，然直到1817年的烹飪書中才出現將巧克力放入墨蕾醬裡的作法，書中其中一道mole de guajolote（以辣椒、大蒜、洋蔥、醋、糖、蒔蘿、丁香、胡椒和肉桂調味）很快發展出加入巧克力和烤杏仁的mole de monjas（修女之醬）[10]。現代版本更加獨特，食材包含丁香、大茴香、肉

---

[9]　Monteagudo (2004), Laudan and Pilcher (1999).

[10]　此份1817年的食譜出現在佚名的 *Libro de Cocina de la Gesta de Independencia*:

桂、芫荽、芝麻、辣椒、大蒜、葡萄乾、杏仁、番茄或綠番茄，以及南瓜籽和巧克力。[11]

　　普埃布拉墨蕾醬火雞豐富的食材及其神奇的美味，也引發相關食譜的神祕傳說。傳言風無意間將香料吹進碗裡，或是一盒巧克力一不留神的掉進鍋中，或是修女為了迎接從西班牙遠道而來的賓客，匆忙之間做出的料理；所有故事都極具戲劇化，可惜皆非事實。此外，所有食譜也非無意間的創作，而是隨時間逐漸演進，每位獨具匠心的廚師各自增添食材，或是調整烹飪順序。唯一可能真實的部分是修道院的修女，不論在歐洲或墨西哥，修女在流傳、保留食譜上，扮演著重要角色。[12]

　　無論如何，現代的火雞墨蕾醬，從密遜街上的墨西哥餐廳（La Oaxaqueña）所提供的香蕉葉蒸煮火雞肉玉米粽，到製作工序繁複的經典普埃布拉墨蕾醬火雞，無不體現出拉丁民族與印第安民族融合歷史的現代美味符碼，結合了基督教徒和摩爾西班牙人的食材與火雞、巧克力，以及新大陸的辣椒，在新舊世界兩種文化間創造出傳統古老的混搭美食。以下是名廚瑞克・貝里斯（Rick Bayless）的食譜：

---

Monteagudo (2002), 58. See also Coe and Coe (1996), 214–16, and Monteagudo (2004), 34.

[11] Berdan and Anawalt (1997),169.

[12] Monteagudo (2004).

## 瑞克・貝里斯的普埃布拉墨蕾醬火雞[13]

所需食材
一大塊約10磅至12磅重的火雞肉，切塊備用

辣椒醬：
16顆中型乾穆拉托辣椒（mulato）
5顆中型乾安可辣椒（anchos）
6顆乾帕希刺斯辣椒
1罐去籽煙熏辣椒（chipotle）

堅果和種籽：
¼杯芝麻
½茶匙芫荽籽
½杯豬油或植物油
⅓杯滿的未去皮杏仁

調味和濃度：
⅓杯葡萄乾
½顆中型洋蔥切片
2瓣去皮大蒜
1片放久或乾掉的墨西哥薄玉米餅

---

13　Bayless (2007), 198.

2 片放太久或乾掉的白土司

1 大顆熟透的番茄，烤熟後去籽去皮備用

香料：

⅔ 個 3.3 盎司重的墨西哥巧克力磚，隨意切碎備用

10 顆黑胡椒粒

4 顆丁香

½ 茶匙大茴香籽

1 吋寬的肉桂條

鹽巴約 2 茶匙

糖約 ¼ 杯

¼ 杯豬油或植物油

2½ 夸脫雞湯

　　這份食譜非常費工，還要烘烤種籽、炒辣椒後再放入滾水裡浸泡；炸杏仁、葡萄乾、洋蔥和大蒜；煎玉米薄餅和土司，將所有食材，包括辣椒均搗成泥，煎火雞肉、醬料入鍋翻炒，最後把醬料與火雞肉拌勻再入烤箱烘烤。

　　普埃布拉墨蕾醬火雞是美洲食物東西交流下的產物，而火雞此時則朝反方向被引進歐洲（與幾千年前已在新大陸種植成功的原生玉米、奶油瓜[14]、南瓜、豆子、馬鈴薯、番薯、番茄、辣椒

---

[14] 譯注：原文是 squash，品種不同的南瓜。

一起流傳）。[15]

火雞傳入歐洲的速度非常快[16]，大約是哥倫布於1502年在宏都拉斯海岸邊享用到可能是火雞肉的料理後不久。這些來自西班牙的探險家稱這種禽鳥為gallopavo（意為像雞的孔雀），隨後便在1512年將這些禽鳥帶回西班牙。火雞以驚人的速度傳遍歐洲，1500年代中期，在英國、法國、德國和斯堪地那維亞半島已可見火雞蹤影。

一開始是由西班牙人帶回幾隻火雞進入歐洲，但事實上，真正向歐洲各地區引薦火雞的是葡萄牙人，更是由於葡萄牙政府的政策，致使火雞被誤稱為turkey，並沿用至今。

一切都是源自於香料，當時全世界的香料重鎮是印度喀拉拉的卡利卡特（Calicut），來自南印度山區的黑胡椒，以及香料之島的香料多半被賣給穆斯林商人，再透過他們將香料經由葉門或霍爾木茲海峽（Hormuz）運送到黎凡特（地中海東部）。之後鄂圖曼土耳其人和威尼斯人接續掌管此地，並控制轉運香料和來自非洲的珍奇異獸的商船前往歐洲其他地區。

葡萄牙人企圖打破被鄂圖曼土耳其人和威尼斯人壟斷的貿易市場，因此從1497年起，葡萄牙水手便自達伽瑪（Vasco da Gama）啟程，繞著非洲航行，經由水路直接來到卡利卡特。這一路上，葡萄牙人先在維德角島（Cape Verde Island）建立殖民

---

[15] Smith (1997), Matsuoka et al. (2002), Austin (1988). 豆類很有可能分別在安地斯山區與中美洲有原生品種：Pickersgill and Debouck (2005).

[16] Schorger (1966), 4.

地，並沿著西非海岸抵達一處他們稱之為「幾內亞」（Guinea）
的地方，開始搶奪奴隸，以象牙、黃金和當地禽類，如「珠雞」
（guinea fowl）進行貿易；而1502年當葡萄牙人終於抵卡利卡特
時，便迅速進口香料。

　　與此同時，葡萄牙人透過西班牙人而接觸火雞。葡萄牙文
的火雞名稱仍保留原來的西班牙文名稱galinha do Peru（祕魯的
雞），至於Virreinato del Perú（祕魯總督區）則是當時全南美，
亦即現今祕魯、智利、哥倫比亞、巴拿馬、厄瓜多爾、玻利維
亞、巴拉圭、烏拉圭和阿根廷對西班牙帝國的總稱。葡萄牙人最
有可能是在大西洋貿易路線的中繼島嶼上（加納利群島或維德角
島）得到火雞[17]，因為多數往返於美洲、非洲和歐洲之間的商船
會在此地停留補給。

　　葡萄牙商船會載運三處殖民地的商品返回里斯本[18]：來自
卡利卡特的香料和織品、西非地區的象牙、黃金、鳥羽和異
國禽鳥，以及美洲的火雞和玉米。關稅一律在里斯本交付，
之後再度運送商品出境，抵達當時北歐的貿易之都安特衛普
（Antewerp）。十六世紀正值安特衛普最繁華的黃金時代，是非
常熱鬧的商業都會，各國貿易商人聚集於此：葡萄牙人帶來從殖
民地搜刮的產品、德國人帶著銅製品和銀製品、荷蘭人帶著鯡
魚、而當時最大的貿易商團——英國人則帶來織品。

---

[17] 其他來自新世界的產物如馬鈴薯，據說也是從加納利群島而非直接從美洲傳
　　入歐洲。Ríos et al. (2007), Heywood (2012).
[18] Gelderblom (2004).

Anvers, Intérieur de la Bourse.

十九世紀一張明信片上，以法語Anvers註記的安特衛普交易所。

　　葡萄牙人在安特衛普設有貿易站，以及稱之為feitoria（這
也是英文factory一字的由來）的倉庫，用以儲藏貨物。商人會
將貨物帶到安特衛普的廣場上，而所有來自歐洲主要商業國的批
發商聚集在各個露天市場，與葡萄牙商人彼此討價還價，以購買
其帶來的胡椒、象牙、穀物和異國禽鳥，或德國銀製品、英國織
品、荷蘭鯡魚等，想必在這喧鬧吵雜聲中，聽聞得到嘎嘎叫的火
雞和其他成堆的貨物或食物。

　　十六世紀中葉，各國間的貨物交流貿易轉移陣地，來到新
建造的安特衛普交易所（Antwerp Bourse）──全世界第一座專
事金融和貨貿交易的大樓，由此法國人和英國人開始使用Bourse
（交易所）這個單字，意為貿易交換。而交易所亦促使商業往來

有了一般定價[19]，也由於可以藉由樣品，甚至不用看到貨物本體便能成功交易，商人因而得以避免沾到一大堆鳥屎。

　　法國和英國此時逐漸進口一種全身長滿光滑黑色羽毛的非洲禽類，外觀與小隻的母火雞非常相像，這就是今日我們所知的珠雞（guinea fowl），為土耳其馬穆魯克蘇丹於1400年代左右成功向歐洲人販售的第一隻珠雞[20]，法國人和英國人就此稱這種禽類為galine de Turquie（意為土耳其雞）[21]或土耳其公雞（Turkey cock）；此種禽類也因為進口自衣索比亞（十五世紀時，「印度」可以是指衣索比亞或印度），而被稱為poule d'Inde（印度母雞）。

　　1550年，葡萄牙人重新自西非（當時曼丁哥族〔Mandinka〕與豪薩族〔Hausa〕有傳承培育珠雞知識的口語傳統）進口這種非洲的「土耳其雞」，同時也從新大陸轉運火雞，這兩種禽類不久便成為熱門的貿易商品。

　　在此時期，葡萄牙政府為保障其在國際貿易上的優勢，逐步對所有海上探險隊實施嚴格法令。不僅不得出版任何標明探險結果的刊物，任何地圖或圖表也都被政府嚴格監管。葡萄牙人的地

---

[19] Kohn (2003), 55.

[20] 文藝復興時期，好人國王勒內（Good King Rene of Provence）便買下這些珍奇鳥類，帶到自家公園和動物園裡。1491年，法國查理國王八世的姊姊兼攝政官安妮公主，在馬賽獲贈珠雞。請見 Antoine (1917), 35-50.

[21] 有錢的法國商人兼財務官Jacques Coeur與黎凡特人交易，於1447年派姪子Jean de Village到亞歷山大港擔任馬穆魯克蘇丹的檢查員，最後帶回了gallinas turcicas（土耳其的雞）。Clément (1863), 141 (footnote).

球儀和航海圖也不得標示出西非沿岸[22]，所有探險員必須立誓保持靜默，如果有人私下販售航海圖給外國人則處以死刑。在這種情況下，難以得知哪種禽類來自美洲或非洲。由於葡萄牙的貨物都是抵達里斯本後才交付關稅，這兩種品種的禽類可能坐同一艘船抵達安特衛普，並在未親眼檢查貨物的情形下，由英國人或德國人在交易所購得。不論是在安特衛普或歐洲各地，這兩種外觀類似的禽類經常發生混淆。

其結果致使英語的turkey cock或cocks of Inde，以及法語的poules d'Inde，有時用來指稱火雞，有時又可稱珠雞，並就此沿用了數百年。這兩種禽類在荷蘭語中也容易混淆，甚至莎士比亞偶爾也分不清楚，他在《亨利四世》（*Henry IV*）第一部（第三幕第三景）中提到的「火雞」，事實上應該是珠雞。

英語裡，分不清這兩種禽類的情形要到英國可分別復育後才終於解決。無論如何，我們現今所說的turkey，直到文藝復興時期才為民眾食用，這也足以解釋今日「文藝復興園遊會（Renaissance Faires）」[23]上之所以常見巨大火雞腿的疑問。

其他語言也有類似的混淆現象[24]，例如來自d'Inde的法語

---

[22] Harley (1988), Kimble (1933).

[23] 譯注：每年四、五月在美國各地會舉辦以文藝復興為主題的園遊會，工作人員（有時包括遊客）會穿著文藝復興時期的服裝，而烤火雞腿是會場上常見的食物。

[24] J. Reygersbergen, *Dye chronijcke van Zeelandt*, 1551: "Dese schipper... hadde in een nieu Landt gheweest in Africa, ghenaemt caput Viride, daer noyt eenighe schepen uyt dese Landen inne geweest hadden... Dit schip brochte [1528] die eerste Kalkoensche hoenderen in Zeelandt."

dinde、荷蘭語kalkeon，許多名稱（如波蘭語indik）都可回溯至當時被稱為西印度的美洲，而黎凡特阿拉伯語的dik habash仍然是指珠雞的原生地衣索比亞；德語也有很多指稱火雞的單字（如Truthahn、Puter、Indianisch、Janisch、Bubelhahn、Welscher Guli等）。

另一個關於早期易混淆火雞及珠雞的紀錄來自瑞典動物學家，即現代生物分類學（taxonomy）之父林奈烏斯（Linnaeus），他誤用希臘語meleagris稱呼珠雞，也就是索福克勒斯筆下的那群「火雞」。奧維德（Ovid）[25]曾告訴我們，珠雞稱為meleagris的典故源自希臘英雄梅利埃格（Meleager），他一出生便被預言，未來將在母親所升的火中，與一塊原木一起燃燒致死。儘管後來其母親救回這塊木頭，可惜梅利埃格仍遭逢悲劇性的死亡，而為他身穿喪服的姊妹在墳前不斷哭泣，阿提米斯（Artemis）便將她們變成珠雞（Meleagrides）[26]，她們流下的眼淚則化為羽毛上的白色斑點。

火雞後來在英國尤其受到歡迎，到了1560年代，更被廣為食用，並於1573年成為聖誕節和其他盛典必備的烤雞，且有一

---

[25] 譯注：此指奧維德（Publius Ovidius Naso, 43-17 BC），是古羅馬詩人，著名的作品有《變形記》（*Metamorphoseon libri*）。

[26] 阿提米斯便將她們變成珠雞Meleagrides：關於meleagris一詞，較可行的詞源說是源自腓尼基語裡的Melqart（美克特神，源自閃語melek，「國王」之意），因為早期腓尼基人會帶著橄欖和葡萄酒進行貿易，交換珍鳥，同時也將字母傳播到地中海地區；不過這也只是其中一種說法。請見Thompson (1936), 114.

法國自然學家皮耶·貝隆（Pierre Belon）在其1555年著作
《鳥類的自然歷史》（*L'Histoire de la Nature des Oyseaux*／
*The Natural History of Birds*）中所描繪的火雞（Cocs d'Inde）。

首詩如此描述道：「聖誕節的全家伙食……最棒的派……還有
美味的火雞。」[27]

　也正是此時火雞終於返回美國，1607年，英國殖民者將火
雞帶往詹姆斯鎮（Jamestown），並於1629年帶到馬塞諸薩灣殖
民地（Massachusetts Bay Colony），自此這兩個地區便有了「野
生火雞」和「英國火雞」之分。[28]

　你可能已經知道，普利茅茲殖民區（Plymouth Colony）的
英國清教徒其實並未在「第一個感恩節」享用火雞大餐（雖然他

---

[27] Tusser (1573).

[28] Smith and Bradley (1910), 60; Forbush and Job (1912), 489.

們肯定曾吃過許多野生火雞）。當時各個美國殖民地在不同時間慶祝感恩節，但對這些狂熱的宗教分離者來說，感恩節應當是在教堂內慶祝的宗教節日，而非和鄰居們一同慶賀的晚餐宴會。然而，在1621年某名清教徒的書信中，曾描述鄰里同樂的餐會，「馬薩索伊特（Massasoit）與九十位族人」帶著五頭鹿前來拜訪，一起慶賀「我們的農耕有了成果」，信中並提到英國本應多舉辦慶祝秋季豐收的活動。[29]

　　既然英國人和萬帕諾亞格（Wampanoag）族人確實曾在餐宴上一起享用火雞（我們可能無法得知真相），那麼感恩節吃火雞可能就不是新興的美洲儀式，而是延伸自英國聖誕節，以及在節慶烤火雞慶祝的古老傳統。

　　感恩節之所以能夠延續，多半起因於十九世紀知名的雜誌編輯莎拉‧喬瑟法‧海爾（Sarah Josepha Hale），她除了是反奴隸制度的小說家，更是鼓勵女性受教育的支持者（同時也是兒歌〈瑪莉有隻小綿羊〉〔Mary Had a Little Lamb〕的作詞者）；她積極的提出將感恩節訂定為國定假日，藉以統整國家，並於1863年說服了時任總統的亞伯拉罕‧林肯（Abraham Lincoln）。接下來二十年內，感恩節便透過學校和報章媒體，傳達給清教徒以及1880至1910年間的移民潮時期的學童（包括我的奶奶安娜），並深入家庭，成為新的國定假日，象徵這一路安然抵達新國土的感恩之情。[30]

---

[29] Baker (2009), Chapter 1; Smith (2006), 73; Ott (2012), ix.

[30] Smith (2006), 67-82.

　　或者，這群人至少也將許多甜點帶回其原生地。諸如梅斯蒂索墨蕾醬便是一道結合新世界食材（蔓越梅、番薯、南瓜和胡桃）及中世紀香料的感恩節象徵甜點，滋味甜中帶酸，又或是最初由阿拉伯影響安達魯西亞（Andalusia）和義大利時期所生產的卡士達醬。1658年，英國出現一種加上雞蛋和奶油，並以糖、肉桂、肉豆蔻和丁香、蘋果片及辛香料如胡椒、百里香和迷迭香等調味的南瓜派食譜[31]；而美國現今南瓜派的作法，則出現在第一位美國人所撰寫的食譜──亞美麗雅・塞蒙斯（Amelia Simons）於1796年著作的《美國烹飪之道》（*American Cookery*）中：

### 南瓜

燉煮¼個南瓜後瀝乾，加入3品脫奶油、9顆打散的蛋、糖、豆蔻、肉豆蔻和薑，攪拌均勻至呈膏狀……放入烤盤中烘烤45分鐘。[32]

　　胡桃派出現的時間距今較近，就我所知，最先出現的，是稱之為「德州胡桃派」（Texas Pecan Pie）的食譜，刊登在1898年《婦女家庭雜誌》（*The Ladies Home Journal*）上（胡桃派可說是德州州派）：

---

[31] Brook (1658).
[32] Simmons (1796), 28. 更多南瓜詳細的歷史，請見Ott (2012).

### 德州胡桃派

1杯糖、1杯全脂鮮奶[33]、半杯胡桃仁切碎、3顆蛋及1大匙麵粉。將兩顆蛋的蛋白均勻打發後鋪在派皮上烤至金黃，之後撒上切碎的胡桃仁。[34]

　　早期食譜中出現的鮮奶、雞蛋和糖（後期才出現玉米糖漿）提醒了我們，原本的胡桃派如同南瓜派，其實是早期歐洲卡士達派的延伸版本。而在派皮中加入蛋黃、奶油、香料的糕點食譜[35]，都曾在十五世紀的英國和葡萄牙烹飪書中出現。至今，你仍可在葡萄牙的麵包店裡看到稱之為pastel de nata（蛋塔）的甜點，且葡萄牙人將pastel de nata傳至澳門，並以其廣東話「蛋塔」或「egg tarts」而廣為接受。蛋塔現今則是港式點心中的重要主角之一，而許多中式麵包店也會販賣葡式和中式蛋塔，甚至澳門的肯德基也買得到。在舊金山都板街（Grant Avenue）「金門餅家」的蛋塔，則為美國華人的感恩節提供另一種美味甜點的選擇。

　　與其他感恩節食物的名稱不同，胡桃（pecan）一字本身便是美洲印第安語，為英國人借用朋伊利諾斯州阿崗昆族

---

[33] 譯注：此處原文是sweet milk。早期的糕點食譜上多以sweet milk來指稱尚未去除奶油成分的鮮奶，即全脂鮮奶。

[34] Ladies Home Journal 15, no. 8(July 1898), http://books.google.com/books?id=LKwi AQAAMAAJ&pg=PA36-IA36.。

[35] Newman(1964), 16; Austin (1964), 53.中的牛奶餅乾食譜。

兩份胡桃分布圖。左：以pickAHN為主要念法的地理位置劃分
（根據伯特‧瓦克斯〔Bert Vaux〕和約叔華‧卡茲〔Joshua Katz〕的研究）；
右：胡桃樹自然產地的地理位置圖（資料來源：美國林務局）。

（Algonquin）所使用的語言。雖然我們現今對這個字也有不同念法，但原來的拼法是pakani。自幼稚園起便是我的好友的詹姆斯，他在某個溫暖夏日傍晚舉行婚禮，地點在德州東部的布拉索斯河（Brazos Rier）河畔，人們清楚告訴我，這個地方有很多pickAHN（重音在後）樹，只是新英格蘭和東部沿岸地區的人都說PEE-can（重音在前），而威斯康辛州和密西根州的人則說pee-CAN，西部和美國其他地區的稱法則類似於peeKAHN。

　　為什麼會有如此差異？發音為pickAHN的地區，其實是根據當地種植的胡桃樹來稱呼，且這念法與原本伊利諾斯語（pakani念成/paka:ni/）最為接近；換句話說，儘管遙遠的其他地區早已因胡桃一字有不同拼法而衍生出不同的發音，現今居住在當初借用伊利諾斯語地區的居民仍沿用傳統發音。[36]

---

[36]　Katz (2013), Vaux (2003).

　　雖然絕大多數的人並不知道這件事，然珠雞其實也隨著奴隸貿易而輾轉來到美洲。在前往美洲的奴隸船上，人們將這來自西非的禽類當成食物，黑奴也會在自己僅有的小塊土地上飼養珠雞。近期非裔美國廚師兼美食作家埃德娜‧路易斯（Edna Lewis）[37]，其祖父母便是被解放的奴隸，她曾提過自小在維吉尼亞福里敦（Freetown）成長期間，珠雞便是重要的食物之一，而這種飲食文化是「由非裔美國人一代接一代傳承下來的習俗。」她的烹飪著作——《鄉村風味菜餚烹飪法》（The Taste of Country Cooking）便描述了以陶鍋燉煮珠雞的傳統料理方法，而根據考古發現，早期黑奴住家中真的留有陶片，這道菜可能得以回推至幾百年前西非非裔曼丁哥民族的燉雞食譜。[38]

　　因此火雞所代表的真正意義，並非葡萄牙官員在貿易事務上致使十六世紀歐洲人分不清楚兩種品種的禽類，雖然牠們的確被混淆了；其意義也非指火雞是歐洲第一棟商貿交易大樓裡的交易品之一，儘管這可能是真的；更不是十七世紀時，風將香料吹進普埃布拉某只鍋內、梅埃利格姊妹被神祇變成珠雞、或是清教徒邀請馬薩索伊特一同共進感恩節火雞大餐等傳奇故事。

　　這一種感恩節主食所代表的真正意義在於，儘管揹負了殘忍的奴隸制度和駭人的驅逐故事，非洲人和英國人終究順利帶來來自家鄉的食物，並為美國這個新興國家創造出全新的料理，正如印第安人和西班牙人，儘管他們歷經各種鬥爭、屠殺和痛苦，他

---

[37] Lewis (1976), 159.
[38] Yentsch (1994; 1995).

們總算將家鄉的美食元素結合，創造出梅斯蒂索式的普埃布拉墨蕾醬火雞，繼續保留祖先傳承的飲食文化。

　　火雞的故事是美洲大陸另一則美麗傳說，或許也是我們最終能夠信以為真的故事：我們確實在這鍋梅斯蒂索美洲的「石頭湯」（stone-soup）裡，放入許多祖父母等傳承給我們每一個人的優秀傳統食材，並熬製出非凡的湯頭。

# 第七章

# 情色、藥癮以及壽司卷

　　如果在舊金山街頭詢問路人，他們最喜愛哪家店販售的炸玉米卷（taqueria），你會獲得非常多的回饋。我喜歡密遜區La Taqueria餐廳的豬肉絲（carnitas）口味，而我的朋友卡文則對二十四街Taqueria Vallarta的沙威瑪烤肉（al pastor）念念不忘。同樣的，舊金山人對港式點心也各有所好，而自1880年起，每到傍晚，攤販各自推著大桶辣雞肉玉米粽[1]沿街叫賣成為舊金山聞名的街景，人們也對玉米粽各持己見。（當然，有些餐點根本不需再詢問任何人的意見——吃烤鴨最棒的地點當然是日落大道上的祥興，不過千萬別跟其他人說，排隊的人夠多了。）

　　這種現象並非僅發生在舊金山。如今只要上網查關於餐廳、葡萄酒、啤酒、書、電影或牙線品牌，也不免得瀏覽一番無數網民留下的各種評論。美國就是一個由不同言論觀點的人民組成的國家。或許我們擁有托克維爾（Alexis de Tocqueville）在1835年的《民主在美國》（*Democracy in America*）中所預測的美國人特

---

[1] Peters (2013), 32.

質，他曾指出，在美國「公眾意見會因人民對極小事物有數千種細微差異而分歧。」

　　而網路上的餐廳評論則是群眾的智慧，如今儼然是眾人皆知、發掘新餐廳的途徑。舉以下在 Yelp[2] 上某間餐廳的正面評論（獲滿分五分）為例（以匿名形式摘錄）[3]：

> **我超愛**這裡！！！新鮮、簡潔、優質又傳統的小型壽司店……每道餐點的製作都能感受到廚師的用心……廚師對於自己的作品相當自豪……點的任何一道菜都**非常美味**！！！

再來看看負面評論（五分只獲得一分）：

> 服務生若非新人，那就是服務非常糟……我們等了十分鐘她才注意到我們……點完開胃菜後竟然得等上四十五分鐘──四、十、五分鐘！甜點則是又等了四十五分鐘，最後我們甚至得自己去找服務生要帳單……他看都沒看我們，甚至不等我們回應便大步走開……巧克力舒芙蕾令人失望……絕對不會再來這家店。

---

[2]　譯注：2004年從美國舊金山發跡的美食評論網站。只要加入會員，任何人都能在其網站上對任何店家留言或撰寫文章加以評論，目前已經能在臺灣使用。

[3]　此處列出的兩份評論均已調整部分文字，以保其匿名性。

　　身為食客，我們會利用這些評論來決定前往哪家餐廳用餐
（前面所談的第二間就算了吧）、買哪一本新書或看哪一部電
影。然而身為語言學家，我們會用不同的角度來看待這些評論以
有助於了解人性。這些評論顯示，人類會以武斷且直率的方式表
達，而字裡行間的比喻、情緒和感性，正是用來了解人類心理學
的重要線索。

　　在一系列的研究過程中，同事和我採用了計算語言學
（computational linguistics）技術來分析這些網路評論。卡內基梅
隆大學的維克多・查胡奴（Victor Chahuneau）、諾亞・史密斯
（Noah Smith）和布萊恩・路里居（Bryan Routledge），以及曾一
起研究本書〈第一章〉的同事[4]，我們合力調查了 Yelp 網站上，人
們在 2005 年至 2011 年期間，對位於七座城市（舊金山、紐約、
芝加哥、波士頓、洛杉磯、費城、華盛頓）裡的餐廳所留下的印
象，共計一百萬筆評論，而這些城市和餐廳，與研究〈菜單〉時
的樣本一樣。在電腦科學家朱利安・麥可奧里（Julian McAuley）
和朱爾・萊斯柯維克（Jure Leskovec）的協助下[5]，我得以目睹論
壇網站 BeerAdvocate 上，數千名網友於 2003 年至 2011 年間，對
於其所喝過的啤酒，所留下的五百萬筆評論。

　　稍後我們將得知，人們在評論聞起來很臭的啤酒、失望至極
的服務或是絕佳美味的餐點時，正是足以了解人類語言普及化
（如人類偏好樂觀主義和正向情緒，以及很難找出確切字眼描述

---

[4]　Jurafsky et al. (2014).

[5]　McAuley, Leskovec, and Jurafsky (2012).

氣味等）、日常生活中所用的比喻（如為什麼用藥癮指稱某些食物，色欲卻暗指其他事物），以及人類易受創的日常生活面向的關鍵線索。

我們就從簡單的問題著手：最容易聯想到正面或負面評論的字彙有哪些？要找出答案，我們必須計算某字彙出現在正面而非負面評論中的頻率（以此類推，找出最常出現在負面而非正面評論中的字彙）[6]。

正面評論（不論是餐廳或啤酒）一般來說，都會與所謂「正向感情詞語」（positive emotional words）或是「正向情緒詞語」（positive sentiment words）有關，如下列詞語：

love, delicious, best, amazing, great, favorite, perfect, excellent, awesome, wonderful, fantastic, incredible
（愛、美味、超棒、驚人的、好的、最喜歡、完美、太好了、絕佳、美好、極佳、難以置信）

負面評論（以下簡稱負評）多使用「負面感情詞語」或「負面情緒詞語」：

horrible, bad, worst, terrible, awful, disgusting, bland, gross,

---

[6] 我們採取的方法是在已有相關資訊的狄利克雷事前分布下，計算加權對數勝算比（Monroe, Colaresi, and Quinn [2008]），也包含其他統計技巧，例如計算變異數，以及針對目標字詞在英文出現的一般頻率，進而控制我們期望該字詞出現的次數。

mediocre, tasteless, sucks, nasty, dirty, inedible, yuck, stale

（可怕、不好、最糟、糟糕、差勁、噁心、乏味、作噁、普
通、毫無特色、爛、亂、髒、難以入口、討厭、不新鮮）

　　可怕（horrible）或糟糕（terrible）這類詞語多指令人感到
恐懼或覺得糟糕，反觀美好（awesome）或極佳（wonderful）則
是指令人敬佩，或是感受很好之意。然而，人類天性易於誇大其
詞，所以隨著時間過去，即便實際經驗並不覺得可怕或是感到不
可思議，也會使用這些詞彙。

　　如此一來，便產生我們所謂的「語意虛化」現象，比如awe
的本意（產生敬畏之意）在awesome之下淡化。所謂語意虛化
正是這類情緒性或感性字詞被普及化，love這個動詞亦可見虛化
現象。語言學家兼辭典編纂者愛琳・麥肯（Erin McKean）曾指
出[7]，1800年代晚期以來，love一詞從原先充滿浪漫情意的核心概
念，被年輕女性普遍用來討論自己與喜愛之物，如飲食之間的
關係。1915年，露西・蒙德・蒙哥馬利（L.M. Mongomery）的
《安妮的愛情》（*Anne of the Island*）中，一名年紀較長的女性曾
抱怨，年輕女孩誇大使用「愛」這個字來描述食物的情節：

　　現在的女孩談吐相當華而不實，根本沒人知道她們**到底**想表
　　達什麼。我年輕時才不會這樣。**那時**的女孩不會說**愛**防風草

---

[7]　麥肯引用2013年3月22日Teddy Wayne在《紐約時報》發表的〈Obsessed?
　　You're Not Alone〉。

根，一如她愛母親或崇愛救世者的口吻談及這些事。[8]

　　語意虛化亦能解釋醬料（sauce）或莎莎醬（salsa）這類從原本加鹽、鹹的（salted）一字出現變革的原因，但是現在談這個進度太超前。目前對於評論仍有許多待了解的部分。

　　首先，從負評開始。下方說明是摘錄自BeerAdvocate網站上某筆語意強烈的負評，看看用了哪些特別或新穎的字彙來形容厭惡的感覺：蘇打水般（sodalike）、金屬的味道（metallic）、像濕掉的狗一樣臭（wet dog）、如白開水一般（water）、人工碳酸化（force-carbonated）、微薄的（razor thin）：

> 這杯清澈的琥珀色飲料一入口，像蘇打水，但那感覺很快就消失了。從外觀看來非常像蘇打水，甜味香氣如同很膩的糖漬杏桃，微微帶點金屬氣味的麥香；味道嚐起來有狗臭味，甚至帶有人工杏桃的味道。糟糕、糟透了、差到不行。喝進嘴裡沒什麼感覺，就只是灌了很多二氧化碳的普通開水而已。這能喝嗎？去問問我家廚房水槽！

　　同事和我不加思索的挑出評論中的正面和負面詞彙。網友對於不喜歡的啤酒一般都會以「像白開水」或「淡而無味」（bland）來表達，他們傾向於使用不同負面詞彙來描述感覺，以表示這款飲品有多「差」，例如聞起來或嚐起來很

---

8　Montgomery (1915), 95.

糟（乏味〔corny〕、臭〔skunky〕、有金屬味〔metallic〕、不新鮮〔stale〕、有化學味〔chemical〕）、外觀看起來很差（像尿〔piss〕、太黃〔yellow〕、令人想吐的〔disgusting〕、單調〔colorless〕、倒胃口的〔skanky〕）、或是口感不好（太淡〔thin〕、單調〔flat〕、泡泡太多〔fizzy〕、二氧化碳過多〔overcarbonated〕）等。

與之相比，若是喜歡的啤酒，不論是評估其口感、香氣、感覺或外觀，網友會以本章一開始提到的模糊正向詞彙加以敘述——驚人的、完美、美好、極佳、太好了、難以置信、好的。

在許多語言和詞彙上，通常描述負面觀點的形容詞會比正向觀點的還多[9]，這種現象稱為「負面分化」（negative differentiation）。人類在負面感受或情境上會出現極大的差異，因此需要不同詞彙來區別；反之在快樂或好的情境下，人類感受較類似，僅需少數幾個詞就夠了。

負面分化會出現在各個層面上，舉例來說，各種語言在描述痛苦而非快樂時會有較多形容詞。與喜歡的人相比，我們會用更多詞彙來描述不喜歡的人[10]。人們會用類似的語彙來形容面容姣好的人，但若是長相較差的人，反而會用更多不同的詞彙來描述。負面敘述普遍比正面敘述還多的情況，在托爾斯泰的《安娜卡列尼娜》（*Anna Karenina*）中可見鮮明的描述，「幸福的家庭都是相似的，而不幸的家庭卻各有其不幸。」

---

[9] Rozin and Royzman (2001), 311.

[10] Leising, Ostrovski, and Borkenau (2012).

　　嗅覺的相關詞彙特別容易出現負面傾向，以英語來說，食物好吃，可用delicious形容，或是好看的事物，可用beautiful，卻沒有其他常用的正向詞彙形容聞起來很香（smell good）。語言上能運用嗅覺詞彙一般來說較少[11]，形容味覺（比如甜或鹹）或是象徵物（例如野味、麝香味、臭或金屬味）的反而較多。

　　有些語言會有較多嗅覺方面的詞彙[12]，例如潔娜的母語廣東話。廣東話和英語不同，常見以普遍的詞語來形容聞起來不錯，也就是「香」，譯成英語為「香氣」（fragrant）之意。「香氣」在英語中相對罕見且詩意，但廣東話平日所說的「香」，其實是描述對於正在烹調的食物有多喜歡的說法，是常見的描述詞語，而「香」（heung）正是香港（Heung Gong，「香港」字面上的意思是「香之港」）這個詞的前半部。

　　廣東話有特別多描述味道難聞的詞彙，例如以下：[13]

餿（suk1）：米飯或豆腐放太久後，孳生細菌的酸臭味。

胺（ngaat3）：尿液的阿摩尼亞氣味、氨水味。

膉（yik1）：油或花生出現油耗味或鐵鏽味。

粠（hong2）：穀物（未烹煮過的米、麵粉或餅乾）腐敗產生的酸臭味。

---

[11]　Ankerstein and Pereira (2013).

[12]　另一種較多嗅覺詞彙的語言是亞斯里語（Aslian），使用人口多分布在馬來半島：Majid and Burenhult (2014).

[13]　此處列出的字和定義節錄自 de Sousa (2011).

腥（seng1）：魚腥味、血味。

臊（sou1）：麝香味、羊羶味、野羶味、體臭。

燶（lou3）：輪胎過熱或頭髮燒焦的味道。

　　請留意每個拼音旁的數字。廣東話有六種音調，有些語調上揚，有的往下，且每個字根據不同音調而有不同意涵。因此這個語言之豐富，不僅止於具備各種不同表達「臭」的詞彙。

　　前述列出的幾個字亦出現在中國其他方言，有些字甚至已非常古老。西元前三世紀，在某本中國百科全書裡曾收錄一篇關於烹飪的文章（研究中國飲食的學者扶霞・鄧洛普〔Fuchsia Dunlop〕指稱，該文章「可能是全世界現存最古老的飲饌著作」）[14]，文中曾提到，西元前十六世紀名廚伊尹（Yi Yin）曾詳述如何消除腥味和臊味。[15]

　　可惜的是，這類用來描述氣味、富含深意的古老字詞，如今在廣東話卻逐漸消失。研究指出，說廣東話的年輕人所知道的詞彙量，遠比老一輩的人少，由於被過度保護，因此失去許多機會體會如語言學家席拉瑞奧・德蘇薩（Hilario de Sousa）所言，「祖先那一輩才能感受的文詞多元性」。[16]

---

[14] Dunlop (2008), 106; Knoblock and Riegel (2000), 308-9.

[15] 編注：這裡所指的中國百科全書，即《呂氏春秋》。該篇關於烹飪的文章，為商湯延攬伊尹入朝後，某次兩人的對話。原文出自《呂氏春秋・覽部》卷十四〈孝行覽・本〉。

[16] De Sousa (2011).

　　許多語言少見詞彙形容氣味或許是近幾年的現象，可能起因於都市化（保留下來的詞彙通常在城市之外的地區較常使用）、過時和遺傳（人類身上原本感知特殊氣味的幾種基因編碼已經失能[17]，這可能與靈長類三色視覺〔tricolor〕發展相關），或是與各人對嗅覺的感知不同。比如說，基因組成不同會使每個人對白蘇維翁酒（sauvignon blanc）的草根香有不同感覺[18]，特別是葉醇（cis-3-hexen-ol）的味道。而能從尿液中聞到蘆筍特有的硫磺味[19]，這也同樣與人體基因組成有關；根據最近一項實驗指出，有百分之八的人不會在吃完蘆筍後產生帶有味道的尿液，而百分之六的人則是根本聞不到。（我太太是生物學家，當她看完那篇文章後，立刻煮了一大盤蘆筍直接進行實驗。）由於每個人聞到不同氣味的能力不一，這可能也是單一語言難以順利發展出氣味相關詞彙的原因。

　　氣味難聞所引起的語言分化其實正是「負面偏差」（negativity bias）的一個面向，亦即人類本來在感知負面情境上易有偏差的概念[20]。本章一開始的負評便是一例，要深入了解這部分，需要調查負面的情緒詞彙如可怕的（horrible）、糟糕的（terrible）、嚇人的（awful）和令人作嘔的（nasty）等字，並研究其背後的發展淵源；沒錯，正是這些字背後的故事。

---

[17] Gilad, Przeworski, and Lancet (2004).

[18] McRae et al. (2012).

[19] Pelchat et al. (2011).

[20] Rozin and Royzman (2001), 311.

　　語言學家道格拉斯‧拜伯（Douglas Biber）曾指出[21]，說故事時多使用過去式動詞、溝通類動詞（said、told）以及情境用字（接著〔then〕、在……之後〔after〕），而負評也有這些特質。以下是最容易聯想到負面詞彙的一般名詞：

manager, customer, minutes, money, waitress, waiter, bill, attitude, management, business, apology, mistake, table, charge, order, hostess, tip
經理、顧客、幾分鐘、錢、女服務生、男服務生、帳單、態度、管理、份內的事、道歉、錯誤、餐桌、索價、點餐、帶位者、小費

　　前述詞彙沒有一個與食物有關！此外，負評多講述他人做了不好的事，如服務生犯了什麼錯、弄錯點餐順序或帳單，或者服務態度不好、主管沒有當場處理、帶位者讓客人等很久，諸如此類。

　　除此之外，負評經常是以「我們」開頭的描述語句（「我們等了」、「我們的開胃菜」、「我們必須」）。雖然其他類別的評論亦可見這類描述句，但負評中，「我們」開頭的句子出現頻率非常高。糟糕的（terrible）、可怕的（horrible）這類的負面情緒詞彙、描述他人行為的負面故事、以及大量使用「我們」開頭的句子等三種負評特徵的緣由是什麼？難道都與星級評論（I-star

----

[21]　Biber (1988; 1995).

review）有關嗎？

　　答案來自德州的心理學教授詹姆斯・潘尼貝克（James Pennebaker）的開創性研究[22]，他花了數十年想找出功能性詞彙如何成為研究個人特質、態度和感受的線索。潘尼貝克特別研究人類受創後的影響，他提出的「情緒處理的社會階段模式」（social stage model of coping）指出，人類受創後會需要說故事，藉以表達自身的負面情緒，他同時指出，受創過的人透過強調歸屬感、經常使用「我們」一詞，藉以在群體中尋求心理上的慰藉。

　　無論是部落客在網誌上抒發他們2001年9月11日之後的心情、粉絲陳述黛安娜王妃之死，以及校園慘案後的學生刊物上，潘尼貝克與其同事再再發現這種傾向[23]。每一篇文章都和餐廳的負評類似：敘事體、發生在主角人物上的負面事件、使用「我們」來捍衛這些負面情緒。換句話說，負評其實顯示出，經歷小規模創傷事件後的所有語言徵狀。

　　我們只要挑選幾則評論來閱讀，便能直接證實這種現象。從描述氣味難聞的啤酒，到餐廳很糟糕的故事描述，這些負面分化的語句都趨向負面偏差。

　　比起正面事物，為什麼我們較容易感知負面事物，且容易產生分化現象呢？第一個可能是相對於正面事物，世界上負面事物都有其不同之處，而邪惡、暴力、悲傷、厭煩或酸臭等詞語間的

---

[22] 請見Pennebaker (2011) and Pennebaker, Booth, and Francis (2007).

[23] Stone and Pennebaker (2002); Gortner and Pennebaker (2003); Cohn, Mehl, and Pennebaker (2004).

歧異性，或許的確比好、溫柔、快樂、健全或親和等詞語明顯得多；另一個可能性是，負面事物可能並非真的比正面事物不一樣或更有影響力，然隨時間演變，認定負面事物的確如此發生，對我們反而有幫助。人類需要擔憂，並精準感知負面事件的存在。此論述的建立基礎在於，生活中有難以掌控的事[24]，即便再怎麼罕見也有可能發生（例如老虎攻擊、地震、被蜜蜂螫），且需要有不同對應方式。至於如何避免這類事情發生，若有不同詞彙可以用來討論，便能幫助我們的祖先免於老虎和地震的危機。

　　當然不是所有評論都是負面，那麼在食物或酒類的正面評論上，又出現什麼譬喻和其他語法架構呢？

　　不如從「情色」這件事談起吧。

　　亞利桑納大學的語言學教授亞德莉安・雷赫若（Adrienne Lehrer），研究了1975年至2000年間的葡萄酒評論變化。她發現在1980年代，酒評家逐漸以身體做譬喻，如豐腴的（fleshy）、強健的（muscular）、有力的（sinewy）、粗獷的（big-boned）或魁梧的（broad-shouldered）等詞彙；而知名的酒評家羅伯特・帕克（Robert Parker），也在此時開始強調品酒時的感官享受[25]，並重複使用性感（sexy）和感性（sensual）等字彙來描述紅酒不僅「溫順且能蠱惑人」，「提供豔麗的口感，喝下恍如達到極樂」，甚至是「液體的威而鋼」。文學教授尚恩・薛斯格林

---

[24]　Peeters (1971); Unkelbach et al. (2008).

[25]　McCoy (2005).

（Sean Shesgreen）認為[26]，這些帶有色情涵義、形容紅酒是「美麗又值得撫愛」、「令人陶醉」、「柔軟似枕」且「得天獨厚」的話語，證明了「美國人縱情於千變萬化的事物之際，美食佳饌已使性愛相形失色。」

　　以色情做譬喻的方法也適用在昂貴食物上。於是，我們從一百萬筆餐廳評論中檢視任何提到性的部分（或相關字彙，如性感〔sexy〕、誘惑〔seductive〕、高潮〔orgasms〕或性欲〔lust〕等）。在統計學的回歸分析中，我們得以提出這個問題：在控制料理類型和城市兩個因素下，這些與色情相關的詞彙究竟如何與餐廳評比相關。

　　喜歡某間餐廳的評論者的確傾向使用與性有關的譬喻，但我們也發現，其中有經濟上的交互影響——色情相關字詞大多在高級餐廳的評論上出現：

　　蘋果冰淇淋派上的焦糖讓人**極致愉悅**

　　豪奢又美味、**性感**到讓你下巴掉下來的美食

　　充滿肉汁的五花肉搭配**誘人**的煎鵝肝

　　兩者間的關聯相當強烈：餐廳評論若有愈多的色情相關字詞，其價位就愈高。

　　若是在廉價餐廳吃到喜歡的美食，人們會以截然不同的譬喻來描述。評比廉價餐廳時，多數會以藥癮或藥物而非情色相關語

---

[26] Shesgreen (2003).

彙來描述他們對薯條或大蒜麵條的喜好：

> 大蒜麵條……就是**我想嗑的藥**
> 這些杯子蛋糕就像**古柯鹼**
> 留意那些令人容易**上癮**的雞翅
> ……讓我**想打上一劑**，那炸雞真是該死的美味！
> 那些薯條肯定放了**古柯鹼**，不然就是含有**令人上癮的藥**

　　前述例子顯示，我們「迫切渴望」或「上了癮」的，是雞翅和炸雞、杯子蛋糕、大蒜麵條、薯條以及漢堡。這些食物都算是點心，或酒吧裡常見餐點，由於其本身的油脂、糖分和油炸的美妙滋味，吃完會有罪惡的快感，因而得以與「藥物」相提並論。研究人員目前仍無法確定垃圾食物和藥物上癮之間是否有任何生化上的關聯[27]，但人類的確對脂肪和糖分有強烈的渴望。在一份巧克力奶昔含不同比例的脂肪和糖分的研究指出，糖分比脂肪更能激發大腦的獎勵中樞（reward center）。而作家亞當‧戈普尼克（Adam Gopnik）則描述[28]，自己曾進行夜晚醒來時不吃甜點的實驗──結果他像聽到命令就會動作的石像，睡眼惺忪的直往冷凍庫拿冰淇淋。

　　無論如何，這類到處以藥物為比喻的現象，顯示出眾人對垃

---

[27] Rozin and Stoess (1993); Rozin, Levine, and Stoess (1991); Hormes and Rozin (2010); Johnson and Kenny (2010); Ziauddeen, Farooqi, and Fletcher (2012); Stice et al. (2013).

[28] Gopnik (2011), 254.

圾食物和甜點難以自拔，且這顯然深植於我們的文化中。只要將
所有責任怪罪於食物，便能讓我們免於因為熱愛油炸食物或重度
甜點的嗜吃之「罪」：「這又不是我的錯，是那杯子蛋糕逼我不
得不吃。」我們的研究也發現，女性比男性更容易在評比時留下
與藥物相關的譬喻，這意味著她們更容易因為遵守健康或低熱量
的飲食習慣而感到壓力。

　　那麼評論裡談到情色時，評論者究竟吃了什麼？我們只要從
情色關鍵字前後經常出現的食物便能找出答案[29]。有兩種食物與
性相關。一是壽司，因為現今流行以性感的字眼為壽司命名，例
如：

海灘性愛卷　　　　性感媽媽卷
前戲卷　　　　　　性感女人卷
甜美誘惑卷　　　　熱辣鮮蝦卷
激情辣鮪卷　　　　性感麗茲卷

另一種經常與性有關的食物則是甜點：

巧克力熔岩蛋糕……光擺盤就令人**愉悅**
我**還想要**絲滑綿密的義式奶酪和**撩人**的雪酪
棉花糖……是……黏滑香甜，彷彿觀賞了**春宮圖**
栗子麻糬巧克力熱蛋糕……內餡**誘人**黏軟

---

[29] 經統計計算有較高的對數勝算比。

　　前述例子亦衍生出另一種與甜點、情色相關的詞彙類型，亦即描述質地口感的字，如黏滑（sticky）、絲滑（silky）、黏軟（gooey）。以下是一百萬筆評論中最常用來描述甜點的感官用字：

rich, moist, warm, sweet, dense, hot, creamy, flaky, light, fluffy, sticky, dry, gooey, smooth, crisp, oozing, satin, soft, velvety, thick, melty, silky, oozing, thin, crunchy, spongy

（豐富、濕潤、溫暖、甜美、緊實、熱、奶滑、瘋狂、飄飄然、鬆軟、黏滑、乾澀、黏軟、滑順、焦脆、分泌、絲滑、軟、光滑、濃稠、熔化、流出、單薄、脆口、鬆綿）

　　前述詞彙都是感受質地和溫度的感覺。當我們提及甜點，大多是討論在嘴裡的感覺而非其外觀、氣味、口感或聲音。美國人通常會形容甜點是鬆軟或濕軟到快滴下來，這便是語言學家蘇珊・史特勞斯（Susan Strauss）比較美國、日本和韓國的電視廣告時[30]，發現美式英語常見的現象。美國的廣告多會強調食物的鬆軟、黏軟、味道豐富、奶香滑順，且同時使用鬆軟、香甜欲滴與感官、愉悅等字彙。

　　但鬆軟、黏滑的物品和愉悅並非必然有關，例如史特勞斯發現，韓國食品廣告多半強調食物有多扎實，亦即質地上會刺激味蕾的食物，並以硬實且多重口感、強烈且刺激味蕾、口感鮮明以

---

[30]　Strauss (2005).

及辣到嘴裡發麻來形容。

甜點與情色之間的關聯常見於美國文化[31]，從女性取向的誘人巧克力廣告（如吉爾德利〔Ghirardelli〕巧克力的標語「恆久幸福的時光」（〔Moments of Timeless Pleasure〕）到現代配樂都有，我的學生黛博拉・帕西歐（Debra Pacio）和游琳達（Linda Yu）則發現，酷莉絲（Kelis）的〈Milkshake〉或是小韋恩（Li'l Wayne）的〈Lollipop〉這兩首近來的熱門歌曲中，都將甜點入詞，更以糖果比喻性。甜點也有性別效應。我們的研究顯示，女性比男性更常在評論時提及甜點。

甜點也是一種很難說出什麼壞話的稀有事物。以下是二十種最常與甜點聯想到的正向情緒用詞：

delicious, amazing, yummy, decadent, divine, yum, good, OK, wow, fabulous, scrumptious, delectable, wonderful, delish, refreshing, awesome, perfect, incredible, fantastic, heavenly
（美味、驚人的、好吃、令人想墮落、神聖、美味、好、OK、哇、超讚、可口、甘美、美好、美味、清爽、絕佳、完美、難以置信、棒呆了、恍如置身天堂）

事實上，在 Yelp 網站上，舉凡愈多人談到甜點，就有愈多人喜歡該餐廳。評論者若沒有提到甜點，通常該餐廳的分數便稍顯普通，平均約 5 分給 3.6 分；若評論者提及甜點，就有高一點

---

[31] 範例請見 Hines (1999).

的分數，5分給了3.9分。當人們討論到甜點，而評論裡提及甜
點的次數愈多，他們給予餐廳的分數則會更高。

在這些評論中所揭示的正向觀點雖然多數充斥情色譬喻和甜
點，卻確實達到非常驚人的效果。儘管負面偏差可能導致我們對
負面情境更加敏感，實際上持正向觀點的人仍比負面的人多。

人類天性中，正向的特色顯現在用字頻率上。正向字彙雖然
種類較少，卻較負面用詞更常出現在評論中。餐廳評論者使用的
字包括「好」、「美味」以及「驚人的」在內，會比「乏味」、
「差」或「可怕的」要多上三至十次。

評論分數其實也多偏正向，大部分網站上的評比分數為1
至5分，因此中間值應當是3，但不管中間值是多少，不論是餐
廳或啤酒，分數多是4分。我的同事克里斯‧帕茲（Chris Potts）
已經證明[32]，人們在網路上無論為何而評分──書、電影、照相
等，任何你能說出來的事物，都有這種偏向。

這種偏向正面評價的趨勢，並非近年來網路興起才造成，而
是早在幾千年前便如此形塑我們的語言。語言學家對於所有語
言的語法現象都非常感興趣，因為這是我們得以真正了解人類
普遍性的關鍵。其中用字遣詞偏正向便是我們發現最明顯的普
遍性。而這種人類樂觀的論點稱為「波麗安娜效應」（Pollyanna
effect）[33]，源於愛蓮娜‧波特（Eleanor Porter）於1909年創作的
童書《少女波麗安娜》（*Pollyanna*）中，那位凡事都以樂觀積極

---

[32] Potts (2011), Pang and Lee (2008).

[33] Boucher and Osgood (1969).

態度面對的孤兒波麗安娜。一般來說,「波麗安娜」(Pollyanna-ish)泛指天真或盲目的樂觀主義,反之波麗安娜效應則是針對人類獨特樂觀主義的客觀觀察。

波麗安娜效應並非僅適用在觀察評論上。倘使你在Google上搜尋最常出現的單字為何(或在書寫架構嚴謹的學術資料庫中,搜尋某字詞的使用頻率),結果會是正面用詞(平均來說)比負面用詞更常見[34]。英語中「好的」(good)會比「壞的」(bad)常見,「快樂的」(happy)會比「悲傷的」(sad)常見;中文裡「開心」會比「難過」多;而西班牙語裡「快樂的」(feliz)出現的次數會比「悲傷的」(triste)多。

更微妙的是,正向詞語都有一種特殊的語法特質——「無標性」(unmarked)。有標性(markedness)多半與相對字有關,例如快樂/不快樂(happy/unhappy)、好/壞(good/bad)、能/不能(capable/incapable),誠實/不誠實(honest/dishonest),每對詞組的第一個詞多是無標詞或中性詞,第二個詞則「有標」(marked)詞,因此每對詞組中,無標詞通常包含許多語法線索。無標詞形式較簡短(有標字如unhappy和dishonest與無標字happy和honest相比,便多了un-和dis-),且在「X/Y」的相對模式中,如同善良/邪惡(good/evil)或正確/錯誤(right/wrong)一樣,無標詞多半是前者,且是較易引起討論的中性詞[35],例如「你的會計師誠實嗎?」便是一個想知道會計師誠實

---

[34] Rozin, Berman, and Royzman (2010); Augustine, Mehl, and Larsen (2011).

[35] Zimmer (1964), 83.

與否的中性詢問方法，如果我換另一種問法，「你的會計師是不誠實的人嗎？」這意味著我已經有充分理由認為，該會計師做了不光彩的事。因此在各種語言中，無標詞通常是正面用詞（快樂、誠實）而非負面用詞（不快樂、不誠實）；各種語言中，少見像sad這個負面用詞是以基本形式存在，或以unsad表達快樂之意。因此英語會以unhappy、incapable、uncomfortable來表達，而非unsad、un-itchy（不會癢的）、unklutzy（不笨拙的）。

　　波麗安娜效應已被證實適用於數十種語言和文化，且可運用在非語言學上。當心理學家要求人們思考某個事物，或回想某份清單，其所得到正向積極的答案多於而負面，當人們敘述新故事時，也多轉達正向而非負面的故事。[36]

　　換句話說，儘管人類談論負面事件的方式多元，且在他人未善待自己或無禮時受創；雖然每個人在各方面上皆有所不同，感受不同口味或氣味的程度也不一，個性上更是大相逕庭，但這些差異性再再彰顯出人類最基本的共通點：我們是積極正向、樂觀的種族。我們傾向關注且討論生活的美好事物，例如甜點，或者性。

　　所有的歡樂與哀愁皆能從網路評論中略知一二，除了提供去哪裡享用晚餐的建議之外，這些評論同時為人類心理提供另一種切入觀點。

　　但無論如何，別忘了來一道甜點。

---

[36] Berger and Milkman (2012).

# 第八章

# 洋芋片和自我特質

　　舊金山人大多樂於享受慶典活動，儘管有時我們很疑惑到底在慶祝什麼。中國新年遊行其實不是在中國新年期間舉辦，而嘉年華則是在五月舉辦而非二月；先前還有在貝克海灘（Baker Beach）舉辦的「火人祭」[1]，然如今加州幾乎未再舉辦。此外，「碎浪馬拉松」（Bay to Breakers）則是多數參賽者喝得酩酊大醉的大型化妝移動派對，而非運動賽事。

　　不過，我最喜歡的則是「不完全藍草音樂節」（Hardly Strictly Bluegrass festival）。這個音樂節囊括各種類型的音樂表演，不局限於藍草音樂[2]。這項秋季的免費音樂節（以及廣納各式音樂風格的型式）是由當地傳奇人物華倫・海爾曼（Warren Hellman）創立；這位出身於加州猶太移民家庭的男人，終其一

---

[1]　編注：1986年，賴瑞・哈維（Larry Harvey）、傑瑞・詹姆士（Jerry James）及其幾位好友在舊金山貝克海灘即興創作木作藝術品，而後再燒掉，意為揮別過去。此即火人祭（Burning Man）。

[2]　譯注：藍草音樂（bluegrass）為美國民俗音樂的一種，算是鄉村音樂的分支。源於英國和愛爾蘭，與爵士樂類似，每種樂器都有機會獨奏，或是即興演奏。

生為共和黨黨員，也是億萬富翁兼私募基金投資家，且長期支助勞工聯盟，並經常在所屬藍草曲風的樂團中，以樂曲為勞工發聲，由於他捐贈自己的財富，提供人們免費音樂，因而受到舊金山人的愛戴。參與不完全藍草的聽眾共計六十萬（這城市居民也才八十萬！），只為觀賞愛美蘿・哈里斯（Emmy Lou Harris）和道克・華森、史提夫・厄爾（Steve Earle）以及潔娜最愛的歌手——艾維斯・卡斯提洛（Elvis Castello）。你無法抗拒在晴朗的週六前往金門公園聆聽卡斯提洛表演，然而更棒的是會場中，在大鍋上以大杓拌炒的爆米花（kettle corn）。爆米花或是任何甜味爆米花零食，舉凡花生爆米花（Cracker Jack）到糖衣爆米花（Fiddle Faddle），甚至是我小時候嗜吃的黃色糖衣爆米花（Screamy Yellow Zonkers!），那甜中帶鹹的平衡口感，是零食才有的終極美味。

　　每人都有自己喜愛的垃圾食物，不論是薯條（當然要搭配番茄醬），或是每當我拜訪住在加州的妻舅瑞奇時，潔娜一定要吃的辣起司熱狗，或者我的跑友認定絕非垃圾食物的「點心棒」（snack bar）、又或是我姪子喜歡的「奇多」（Cheetos）——食品科學家史提芬・威瑟里（Steven Witherly）在邁可・莫斯（Michael Moss）的《糖、脂肪、鹽：食品工業誘人上癮的三詭計》（*Salt Sugar Fat*）一書中，將其貼上「這星球上最令人稱奇的食物」標籤。[3]

　　我在史丹佛大學開設的「食物的語言」研討課程中，垃圾

---

[3]　Moss (2013).

食物一直是熱門主題，如果你曾是青少年，應該也不會覺得意外。在零食製造商如何不擇手段設計出滿足「極樂點」（bliss point），又令顧客上癮的產品上，莫斯的著作及其他相關研究不約而同皆有精闢的研究結果。然而這堂課，不只討論這種浪費營養的惡質產品，我們也關注在如何說服人們購買產品背後所產生的道德憂慮——這些零食廣告業者究竟使用了哪些幽微的語法技巧？

喬許‧弗利曼（Josh Freedman）是華盛頓特區的政治研究員，2008年，仍是大一新生的他，曾是我課堂上的學生。當時，我們便對研究食物廣告的語言運用非常感興趣。只是到底要針對何種食物研究？我們所需要的，是容易取得且人人都愛的食物，卻又必須有許多類似品牌和充分的廣告語言。由此，舉凡爆米花、辣味起司熱狗或香蕉都不在研究的範疇裡。

一天，弗利曼在超市得到明確的解答——洋芋片，這種美國最具代表性的零食，想當然耳，包裝上印有諸多誘人的廣告用語。聰明的弗利曼為剛起步的社會科學家，但他也是平凡的大學生，這意味著他沒有閒錢買下所有洋芋片。他索性坐在超市走道上，用手機拍下各種洋芋片的外包裝。之後我們申請到史丹佛大學的經費支助，並精心挑選買了十二包洋芋片。其中六包比較貴（包括Boulder Canyon、Dirty、Kettle Brand、Popchips、Terra、Michael Season's，每盎司平均六十八分錢），以及六包價格相對低廉（包括Hawaiian、Herr's、Lay's、Tim's、Utz、Wise，每盎司平均四十分錢）的品牌。

接著，我們將所有包裝背後的廣告文案輸入電腦，以各種方

法加以分析，檢驗這兩組不同價位的洋芋片廣告文字到底有何差
異。

　　為了了解我們的研究發現，請務必多花一點時間看看下列摘
錄自其中一包較貴的洋芋片（已匿名）包裝上的文字：

「匿名品牌」洋芋片——
● 全天然
● 無膽固醇
● 花生油烘烤
● 符合檢測標準


並包含
● 無MSG
● 無人工色素
● 無人工加味
● 無防腐劑
● 無麩質
● 無氫化植物油
● 無反式脂肪
● 無人工甘味劑


在我們的「匿名品牌」洋芋片製程中，我們並未刻意去除馬
鈴薯的天然風味，因此口感更加酥脆、美味。

　　由前述例子，你或許猜想得到洋芋片廣告普遍的特質之一：洋芋片搖身一變成為健康食品，至少在廣告文案所建構的特殊世界裡如此。所有包裝無不強調洋芋片健康、對人體有益的語言，並使用了「更健康」、「反式脂肪為0」、「低脂」、「無氫化劑」、「低鈉」等詞彙。

　　如今，你我都清楚洋芋片並非真的如此健康，而前一章中，隨意以「渴望」、「癖好」或「藥劑」形容油炸零食令人上癮的餐廳評論者也心知肚明。這些語法實證顯示，洋芋片廣告業者大多清楚產品有多不健康，更明白消費者亦相當了解。在第一章裡，我們曾以哲學家格萊西的論點來說明，當菜單過度宣稱其食物的新鮮或爽脆時，意味著菜單設計者認為有必要說服顧客，同樣的說法也適用於洋芋片：過分強調健康，正意味著製造商非常清楚消費者或許懷疑其產品的營養價值。

　　在這些關於健康的討論上，我們發現，昂貴洋芋片和廉價洋芋片使用的描述性詞彙差異性極高。前者與後者相較，與健康相關的詞語被提及的次數多出六遍，且每一包都是！

　　就目前而言，我們知道，是否使用和健康相關的語言，和洋芋片的實質差異無關。比如說，這十二包洋芋片均不含反式脂肪，反觀廉價洋芋片並未在包裝上提到這點──六包廉價洋芋片中，僅兩包有標示；相較之下，昂貴的六包洋芋片上，無不註明不含反式脂肪。換言之，廣告業者企圖將洋芋片賣給更有錢的人，亦即有健康意識的人，或是主張「洋芋片對身體有益」的人，抑或是身心健全並足以克制罪惡感的人。

　　這絕非唯一一種以有錢人為銷售目標的行銷手法。還有一種

使用更多複雜字彙和詞句的方式。最簡單的辨識方式是計算各單字的平均字母個數，而我們更進一步統計每個句子平均使用多少單字。這種廣泛用以衡量語言複雜性的佛列希金卡德學級指數（Flesch-Kincaid），是將前述兩種數字加以平均，計算出目標文本概括的「學級」（grade level）。因此我們發現，廉價洋芋片的廣告使用簡單易懂的句子和詞彙，平均而言，約為八年級學生的程度，下方是從某包廉價洋芋片包裝上節錄的字句，由簡單的文法和單字組成：

> 是什麼讓我們的洋芋片具特殊風味？這不是祕密。答案是製作的方法！
>
> （What gives our chips their exceptional great taste? It's no secret. It's the way they're made!）

反之，昂貴洋芋片的廣告文宣大約是十年級至十一年級生的程度，下列例子便是相對複雜的字句（「製作過程」相對於前述「製作的方法」）和句型結構：

> 我們使用全天然食材，人工採收量產，並在製作過程的每個階段予以測試，確保成品品質及風味。
>
> （We use totally natural ingredients, hand-rake every batch, and test chips at every stage of preparation to ensure quality and taste.）

　　由此看來，廣告業者不僅想讓你相信洋芋片對身體有益，他們和設計菜單的人一樣，認為你錢愈多，以複雜語句組成的廣告話術就更能取悅你；或許昂貴的學生貸款也是如此操弄。

　　與高級餐廳菜單有異曲同工之妙的是，昂貴洋芋片所使用的描述文字多與真材實料有關，如「天然的」，並強調沒有任何人工或不實成分，全程手工製作。研究者稱這種現象是「行業真實性」（craft authenticity）[4]，像是「海鹽」、「毫無虛假或欺瞞」、「真材實料」、「只用最棒的馬鈴薯」或是「人工採收」等這類詞語便是。

　　此外，我們發現昂貴洋芋片的廣告特徵之一是，這類廣告充斥著分化和對比的語言。昂貴洋芋片會用「更多」或「更少」，字尾是比較級 -er 或最高級，如最多、至少、最棒、最好（most, least, best, finest）等字彙。用句方面如「獨一無二」或「迥然不同的美味」，或描述句如「酥脆口感是你從其他洋芋片中無法感受到的」、「脂肪低於市面上的領導品牌」等，再再強調，昂貴洋芋片的品質或原料（口味或脂肪）明顯與他牌洋芋片有所差異。

　　同時，昂貴的洋芋片有多上許多的否定註記，例如單字「無」或片語「從未油炸」，以及「我們並未刻意除去馬鈴薯的天然風味」中的「並未」等。透過負面強調劣質洋芋片所欠缺的，巧妙暗示他牌洋芋片可能品質較差，他牌洋芋片不健康、非

---

[4]　Carroll and Wheaton (2009). 請參考Beverland (2006); Beverland, Lindgreen, and Vink (2008); and Johnston and Bauman, (2007).

天然或是不足以令人上癮（如前一章藥癮譬喻）的訊息，以下是
我們摘錄自其中一包洋芋片的說明：

> 絕無虛假或欺瞞。
> 無人工色素、無人工調味料，
> 不會讓你的手指變亮橘色，
> 不用擦拭油膩膩的手，
> 更不用搓洗你的牛仔褲。

　　為了更進一步分析，我們一併做了迴歸統計，即前幾章分析
菜單和評論的統計工具，藉以測試負面文字與價格之間的關聯
性。我們發現，一包洋芋片的外包裝上每出現一個負面字彙，每
盎司就能多賣四分錢，但這並不表示廣告業者一增加負面詞彙，
售價便隨之調漲，我們並未在這兩者之間找到確實相關的證據。
我們的研究結果僅與統計上有關，表示這些因素可能彼此相關，
但並不等同於看到一包洋芋片上有六個負面詞彙，你就得多付約
二十五分錢。

　　為什麼出現與產品無關的相關字詞，或是讓該產品和其他
產品區分的詞彙時，與價格有所關聯？答案來自法國社會學家
皮耶‧布赫迪厄（Pierre Bourdieu）於1960年代所撰寫的《區
隔》（*Distinction*）[5] 中。他調查當時的法國社會，並檢視上流社會
和勞工階級每日生活習慣和品味。布赫迪厄指出，我們所處的

---

[5]　Bourdieu (1984).

社會階級地位深深影響我們的品味，勞工階級展露「大眾」品味，喜歡《藍色多瑙河圓舞曲》（*Blue Danube Waltz*），而上流社會則喜歡《平均律鋼琴曲集》（*Well-Tempered Clavier*）或布勒哲爾（Brueghel）的作品。飲食方面，下層階級偏好傳統豐盛的餐點，澱粉含量較高、油脂豐厚且份量夠大；反之，上流社會則樂於享受異國風味的菜色，例如咖哩或其他當時剛引進法國的民族料理，或如糙米之類的健康食品。

布赫迪厄認為，咖哩和白豆燉肉（cassoulet）之間本來就沒有優劣之分，那種時尚或趕流行的品味只是上流社會人士展現社會地位的一種方法，藉以**區隔**自己和其他階級的人。布赫迪厄說道，「首要且是最主要的……否定……他人品味」的，便是個人品味。上流社會族群合理化某些特定品味，但此品味絕非與藝術價值優劣無關的一般品味，他們會將特定品味視為文化偏好，加以傳承以維持自身階級象徵。

布赫迪厄對品味的分析模型解釋了昂貴洋芋片廣告文中強調的獨特性時，所使用的大量對比（脂肪較少、品質最好的馬鈴薯）以及否定用詞（沒有、未曾）。食品廣告中，上流社會的品味是在和其他階級相較後才被定義，凡屬於上流社會的事物**絕非**勞工階級所有。

但是廣告文案撰寫者的目標並非僅止於富人，廉價洋芋片的廣告文案亦有特定對象。弗利曼和我在研究時發現，廉價洋芋片品牌多強調家傳配方，或其在美國歷史、地理上的重要基礎。這些廣告業者會使用「打造這間公司的洋芋片」、「流傳八十五年的配方」、「歷久不衰的傳統」、「經典美國零食」或「〔來自〕

1954年大衛‧奧格威在曼哈頓
© Bettmann／CORBIS

偉大太平洋西北區」等詞句，以回應**傳統真實性**（traditional authenicity）[6]。廣告業者假設，廉價洋芋片的消費族群比較重視家庭和傳統，而非分化、獨特性以及健康。

　　利用不同語言機制來鎖定不同群眾的概念是來自廣告教皇，亦即廣告業巨擘大衛‧奧格威（David Ogilvy）。他於1948年創立奧美廣告（Ogilvy and Mather），也是影集《廣告狂人》（*Mad Men*）主角的靈感來源。奧格威是有名的怪人，曾穿著黑斗篷上班，或點一盤番茄醬當作一餐。[7] 1936年，這名年僅二十五歲的業務員為知名的英國烤爐品牌Aga撰寫銷售教戰手冊，《財星》（*Fortune*）雜誌甚至稱之為「或許是有史以來，最佳銷售教戰手冊」，以下摘錄自該手冊，說明他如何客製銷售話術：

[6]　2010年6月30日《紐約時報》的〈Design Notebook: Peter Buchanan-Smith and the Urban Ax〉，還可參考Gilmore and Pine (2007) and Potter (2010).

[7]　Roman (2010), 6.

有幾項一般規範必須遵守：衣著穩重，且鬍子要刮乾淨，千萬別戴圓頂禮帽……最重要的是，別讓銷售話術制式化。萬一哪天你發現自己對主教或馬戲團空中飛人講了一樣的話，你註定失敗了。

對於不同（且難纏）的對象，奧格威具非常豐富的經驗。他年輕時在巴黎擔任廚師，且曾為法國總統下廚，也曾遇過名廚愛斯可菲（Escoffier），但他永遠記得，「那天晚上，負責濃湯的主廚將四十七顆雞蛋往我頭上砸，其中九顆打中了我。」[8]他甚至高談闊論何時該（或不該）說誇張的言詞。1963年他在《廣告人的自白》（*Confessions of an Advertising Man*）中提到，面對毫不矯情的對象時，「禁用浮誇的語言」。[9]

奧格威的見解至少區隔出兩種不同群眾，不矯揉造作的群眾重視家庭和傳統，而富有的中產階級或上流社會則關心教育、健康，並渴望成為獨一無二的、特別的人，如同穿戴斗篷、點番茄醬大餐的奧格威本人。費茲傑羅（Fitzgerald）曾說，「有錢人跟你我不一樣」，這說法或許為真，也或許不對，然而洋芋片廣告商肯定認為，有錢人想跟你我有所區別，這同時呼應了食物歷史學家艾莉卡・彼得（Erica J. Peter）的名言，人類的食物「不只反映身分，更顯現出他們想成為什麼樣的人。」[10]

---

[8] Ogilvy (1963), 35-38.
[9] Ogilvy (1963), 141.
[10] Peters (2012), xiv.

　　政治人物向全國或勞工階級群眾喊話時，大多利用民眾渴望傳統真實性和相互依賴而使用相關譬喻，並強調傳統的美國食物、在地文化和價值，他們也會使用與國家相關的語言機制，如抵抗（strugglin）、準備行動（rollin' up our sleeves）等全國多數群眾或勞工階級會使用的 -in' 結尾的字[11]；而面對受過教育或中上階級民眾演講時，則是使用 -ing 的字或詞藻相對文雅的字，且談話多偏向健康和自然的主題，這也是政客為了吸引關心在地食物資源、天然或非人工食材，以及健康飲食的中上階級投票者所慣用的政治手法。[12]

　　不論政治人物做出何種聲明，他們的飲食習慣不可能有多健康，因為他們必須在費城吃起司牛排、在水牛城大啖雞翅、或到各地享用甜甜圈或熱狗好向民眾證實自己可被信賴；而在舊金山，則意味著政治人物得在中國新年遊行上大吃中國菜、亡靈節大遊行上吃玉米粽，並在經典的舊金山活動同志大遊行（Gay Pride Parade）開始前享用港式點心。

　　然而，不是只有政治人物會在面對不同群眾時展現出不同自我，這種兩面手法和收入差異毫無關聯。文化心理學家海柔爾・蘿斯・馬克斯（Hazel Rose Markus）和艾蘭娜・康納（Alana Conner）在《碰撞！》（*Clash!*）一書中指出，兩種類型的群眾和每個人兩種面向的個性相關，亦即人們在不同時間點觀察世界

---

[11]　Labov (1966).

[12]　Lisa Miller 於 2010 年 11 月 22 日《新聞週刊》刊登的〈Divided We Eat〉，http://www.newsweek.com/2010/11/22/what-food-says-about-class-in-america.html；Torjusen et al. (2001).

時所使用的兩種方法及其所得到的結果。所謂的**相互依賴的自我**（interdependent self）[13]便是我們關心家庭、傳統以及自身與他人間的關係；而**獨立的自我**（independent self）則是指我們重視自己想變得獨特、獨立的需求。每個人都兼具相互依賴的自我和獨立的自我，有時希望更真實、獨特、不矯情，有時則渴望和家人、文化和傳統之間有更深的關係。

　　換言之，我們和海爾曼一樣，不會執著於單一形式，更是民族和自我的混合體，如同每包洋芋片包裝背後的文字範本一樣。

---

[13] Markus and Conner (2013).

# 第九章

# 沙拉、莎莎醬與騎士精神

　　麵粉和鹽是古老的組合，混合後加水揉和，即是古時製作麵包最基本的原料。舊金山人使用這三種原料製作麵包由來已久，再加上適應多霧環境的野生酵母（wild yeast），以及天然菌種如舊金山乳酸菌（lactobacillus sanfranciscensis），而非一般烘焙用的酵母。這種「自然發酵」或使用野生酵母菌的傳統（以及知名的「酸麵包」〔sourdough〕）至今仍透過頂點麵包店（Acme）的知名烘焙師史蒂夫・蘇利文（Steve Sullivan）和塔庭麵包店（Tartine）的查德・羅伯森（Chad Robertson）等人而流傳於世。舊金山藝術家莎拉・克萊恩（Sarah Klein）甚至將麵包變成表演藝術，她在城內某棟挑高辦公大樓的一樓設置迷你廚房，就地攪拌麵粉、水、鹽，而後發酵，隨意經過的路人大可加入揉麵、發酵、切片、享用熱騰騰的酸麵包。

　　在討論諸多文化時，就必須談到鹽，「麵包和鹽」（Khubz wa-milh）是阿拉伯語，意指藉由分享食物所締結的關係；俄語裡「好客」與khleb-sol（麵包─鹽）的意思類似[1]，而麵包、鹽

---

[1]　Smith and Christian (1984).

（和蠟燭）則是我母親承習猶太人傳統習俗，在我搬家時交給我的。

　　然而，麵粉與鹽之間的關係不只延續在麵包上，這兩種古老的白色粉狀物同時是最早出現加工、精製食品的例證，更可回溯至古時人類從打獵、採集的社會過渡到定居的農耕生活。當人類以打獵和採集為主要生活方式時，我們可從肉類獲得足夠的鹽分，一旦生活模式轉變，就需要尋找新的鹽源。基於這項需求，世界最終發展出鹽礦和海水蒸發工業，更不用說歷史上人類必須繳納數千年的鹽稅。[2] 生活型態過渡至農業，也表示人類將麥磨製成麵粉的需求，這技術在新石器時代便已開發。大英博物館內一個來自敘利亞的石磨，[3] 即可追溯至西元前9500年至9000年間。

　　至今，我們依舊耗費很多時間努力克制自己對於精緻、重口味食品的熱愛，即使洋芋片廣告業者清楚這些產品不健康，他們向民眾宣導這些「比較健康」、「低脂」又「低鈉」的食物時，反而矯枉過正；網路評論者同樣了解這種情形，卻也寫下「令人上癮的雞翅」和「像毒藥般的杯子蛋糕」的留言。在這一章節，我們將檢視這些古老工業食品背後的語言歷史，其實我們對重口味、精緻食品的愛好亙古不變──只是這些食品現今大多包裝成便利的零食袋而已。我們會從麵粉（flour）的語言學歷史，亦即盎格魯·薩克遜人（Anglo Saxon）自諾曼人入侵時習得的大量

---

[2]　Kurlansky (2002).

[3]　大英博物館所藏，Abu Hureyra的手搖石磨：http://www.britishmuseum.org/explore/highlights/highlight_objects/pe/q/quern_stone_for_making_flour.aspx

法語詞彙講起。

麵包在中世紀時期對英國飲食如此重要，甚至以「保管麵包之人」（hlaf-weard，即 loaf-keeper）一字指稱在宴會廳裡的盎格魯・薩克遜統治者，因此當時的統治者不僅掌管研磨穀物成麵粉的磨坊，還要負責發放麵包給下屬。這個字後來演變的現代用語我們或許比較熟悉：君主（lord），而我們現今使用的女士（lady）一字，也是源自盎格魯・薩克遜人所說的「揉麵之人」（hlaf-dige，即 loaf-kneader）。[4]

諾曼人於 1066 年入侵英格蘭，所幸這些領主階級的食物仍延續下來，盎格魯・薩克遜人學習使用新統治民族使用的法語，某些字詞甚至沿用至現代英語：豬肉（pork）、小牛肉（veal）、羊肉（mutton）、牛肉（beef）、鹿肉（venison）、培根（bacon）等，它們分別來自古法語 porc、veal、mouton、boeuf 等）。然而當時僅有諾曼國王才能經常吃到肉，肉源則來自盎格魯・薩克遜農奴飼養的牛和豬。即便我們以法語 pork 來指稱豬肉，但仍舊以古老的盎格魯・薩克遜用語 pig（以及 hog 和 sow）來稱豬這種動物，同樣的，我們使用盎格魯・薩克遜語的 cow、calf 和 ox 指稱牛隻，然牛肉則用法語 beef 和 veal 來表達。

這群法國人入侵後，十三世紀左右，英語開始出現 flure、floure、flower、flour 或 flowre 等有多種拼法的字彙，這些都來自法文的 fleur，意思為「植物開花」，延伸成「某事物最棒、最令人滿意或最上乘的部分」，後者仍可見於現代法語 fleur de sel

---

[4] 《牛津英語辭典》lord 和 lady 的說明。

中，亦即海鹽最精華的部分──海水蒸發時，自表面蒐集到的細緻鹽晶。

而新英語flur則包含法語fleur的兩種意涵，卻忽略古老盎格魯・薩克遜語的blossom，用來描述所有時髦高級事物中最精華的部分。因此我們發現，喬叟以「騎士精神中的菁英」（flower of chivalry或flower of knighthood）來描述貴族階級中的騎士。

十三世紀也開始出現以「小麥精華」（flower of wheat）或是「麵粉精華」（flower of meal）的說法來描述小麥粉（wheat meal）中最好、最精選的部分，也就是用小麥胚乳（endosperm）製成的食品。一顆麥粒可分成三個部分：含醣和蛋白質的胚乳、含有脂肪和豐富維他命的胚芽，以及纖維豐富的穀皮。中世紀時期，多數麵包以整顆麥粒製作，有些則在製程中去除穀皮。相對而言，flower of wheat（或當時拼法為flure of huete）便是指重複以絲軟網布反覆篩選小麥製作成的精緻白麵粉，每次篩網就會去除更多的穀皮或胚芽，最後產出最精華、最潔白的麵粉。如此以布篩選的過程稱為過篩，過篩用的布料都是由帆布、羊毛、亞麻布製作，更晚期甚至以絲綢精心織成。[5]

最早以精緻麵粉製作而成的麵包，稱為payndemayn或paindemain，是由拉丁語panis dominicus（尊貴麵包之意）演變而來。這種新的精緻麵包被喬叟用來在《坎特伯里故事集》中比喻俊美的托帕斯爵士（Sir Thopas）：「他的面容白如麵包

---

[5]    David (1977).

（payndemayn），嘴唇紅如玫瑰。」[6]

Payndemayn正是前面所說「浸食」食譜的原料，許多早期法式土司食譜也使用這類麵包。英國烹飪書中經常出現法式土司，首次出現約是1420年，並以payn per-dew稱之，此字源來自法語pain perdu（遺失的麵包），可能是指麵包放太久不新鮮（「法式土司」之稱直到十七世紀才出現，美國則晚至十九世紀）。以下

中世紀一名婦女正販售麵包

便是摘錄自十五世紀某份手稿，為最早的法式土司食譜之一，你是否看得懂中世紀英語？大部分字詞除了拼法不同，其實大多保留在現代英語中（比如frey hem o lytyll yn claryfyd buture便是fry them a little in clarified butter「以熔化的奶油煎」，而eyren drawyn thorow a streynour則是eggs passed through a strainer「用濾網過篩蛋液」）：

---

6　Chaucer, *Tale of Sir Thopas*, line 35.

## Payn purdyeu[7]

Take payndemayn or fresch bredd; pare awey the crustys/ Cut
hit in schyverys[slices]; fry hema lytyll yn claryfyd buture. Have
yolkes or eyren[eggs] drawyn thorow a streynour & ley the
brede theryn that hit be al helyd[covered] with bature. Then fry
in the same buture, & serve hit forth, & strew on hote sygure.
取一塊不新鮮的麵包或新鮮麵包，切除硬掉的外層／切片；
待奶油融化後，放上麵包片煎，拿濾網過篩蛋液並將麵包沾
滿蛋液，同樣以奶油香煎，再趁熱撒上糖。

　　十四世紀英語的flower（或flour）具三種涵義：花朵、精緻
研磨的小麥粉或是某事物最精華或最好的部分，兩種拼法皆可形
容這三件事物，直到1800年現代英語拼字予以標準化為止。莎
士比亞在《科里奧蘭斯》（Coriolanus）中，曾以雙關語呈現出
後兩者的意思——the flower of all指任何事物最美好的部分，而
the bran則指所有剩下來的殘餘物——「所有人民從我身上拿取
所有功績後，卻又一致遺棄了我。」[8]
　　在莎士比亞筆下，伊莉莎白女王一世執政時期的財富階級享
用的，是從payndemayn再升級的白麵包manchet，一種添加牛奶
和雞蛋製成的精緻白麵包。除了白麵包和白麵包卷外，精心過篩

---

[7]　Hieatt (1988), 79.
[8]　Shakespeare's *Tragedy of Coriolanus*, Act I, Scene I.

的白麵粉也用於製作蛋糕、餅乾和鹹派。然而，即便是有錢人，白麵包也僅在特殊場合裡供應。

幾百年之後，白麵包的口味愈來愈多元，部分原因可能是科技發展。因為十八世紀從中國進口的新絲質篩布促使大量製作精緻麵粉成為可能且成本低廉。然而這種現象的主因與大眾口味改變、對精緻食品的需求提升有關。十七世紀中期，專門以黑麥、大麥或蕎麥製作麵包的黑麥麵包烘焙師公會與白麵包烘焙師公會合併，自此白麵包與白麵粉成為主要原料。社會記者亨利‧梅休（Henry Mayhew）曾寫過一篇報導，指出1800年以前，連窮人都瞧不起黑麥麵包。[9]

現今我們會以flour泛指任何精緻碾磨過的穀物，不論是全麥麵粉，或玉米、斯卑爾脫小麥（spelt）、稻米或大麥麵粉，但這個字至今仍保留其原初用法：如果你向鄰居借些麵粉，毫無疑問你所拿到的，會是精緻過篩、以小麥胚乳研磨而成的白色麵粉。

英語中確實有不同指稱麵粉的單字，其中歷史特別古老的字根便是semolina，即粗磨的杜蘭小麥（durum wheat）胚乳麵粉。此字源於拉丁語simila（精製麵粉之意）及希臘語semidalis，皆來自阿卡德語samidu（高品質麵粉）。[10]阿卡德語是古代亞述和巴比倫所使用的語言，而samidu則出現在目前所知最古老的烹

---

[9]　David (1977), 48-49.見Worshipful Company of Bakers網站 http://www.bakers.co.uk/A-Brief-History.aspx

[10]　samidu和semidalis的定義目前尚未有明確解答，但學者並不認為兩者皆指精緻磨好的麵粉，或有因其質地和營養價值所以品質較好。範例請見Sallares (1991), 323.

飪書──耶魯烹飪飪刻寫板上。[11] 約莫西元前1750年左右，這些詞以楔形文字刻寫，且包含可能是糖醋燉牛肉的原始食譜。

Samidu的拉丁語前身simila衍生出英語中的「水果蛋糕」（simnel cake），以及中古高地德語（Middle High German）[12] Semmel ──原指由精緻麥粉製作而成的麵包卷，且其原意仍保留在意第緒語zeml（麵包卷）中。[13] 現代德語Semmel則是奧地利或巴伐利亞地區的白色凱薩麵包（Kaiser rolls）或硬麵包，美國威斯康辛州人也好此物，或可見於其他具德國或奧地利文化根源的地區。下一回，當你享用到包著德國香腸（bratwurst）的希博伊根[14]（Sheboygan）硬麵包時，記得它們可都是來自古老的亞述人。

麵粉也曾出現在嫩煎比目魚排（sole meunière）這道法國經典魚排料理中，將撒上麵粉的魚排入鍋後，再以奶油煎至酥脆。Meunière意指磨坊主人的妻子，這道菜便稱為meunière或是à la meunière，[15] 表示最初可能是磨坊主人家裡出現的菜色，因此含有麵粉。

而另一種白色粉末──鹽──又有什麼故事呢？當我們為食物調味時，直覺想到辛香料或香草、胡椒和番茄醬，或是沙拉醬和醬油，但其實最原始的調味料正是鹽。鹽在料理上的重要

---

[11] Bottéro (2004).

[12] 譯注：可簡稱為MHG，指西元1050至1350年期間德語的使用形式。

[13] Marks (2010), 632.

[14] 編注：位於美國威斯康辛州。

[15]《牛津英語辭典》meunière的說明。

以阿卡德語雕刻的其中一塊耶魯烹飪刻寫板，距今西元前1750年的古巴比倫時期。目前陳列於耶魯巴比倫館藏區（Yale Babylonian Collection）。

性，在各種英語的食物名稱中可見一斑，例如源自法語的沙拉（salad）和醬料（sauce）、源自荷蘭語的涼拌高麗菜（slaw）、源自西班牙文的莎莎醬（salsa）、源自義大利語的義大利香腸（salami）和義式火腿（salume），這些名稱全來自拉丁語sal，且皆與原初意涵，即加鹽相關。

　　沙拉（salad）這個字源於中世紀拉丁語salata，是借自普羅旺斯語（Provençal）的古法語，而後演變為英語的salada。[16]以

---

英語記錄沙拉這道食譜最早出現在第一本英語烹飪書中，也就是
1390年的《烹飪的形式》。以一個中世紀英語單字而言，這份食
譜極其新穎，書中提到將油、醋、大蒜，當然還有鹽，淋在大把
綠色蔬菜和香草（我曾翻譯過不知為何物的蔬菜名）上：

### Salat (c. 1390) [17]

Take persel, sawge[sage], grene garlic, chibolles [scallions],
letys, leek, spinoches, borage, myntes, porrettes [more leeks],
fenel and toun cressis [town cress, i.e. garden cress], rew,
rosemarye, purslarye; laue and waische hem clene. Pike hem,
Pluk hem small with thyn honde, and myng [mix] hem wel with
rawe oile; lay on vyneger and salt and serue it forth.
準備巴西利、鼠尾草、綠大蒜、細香蔥〔青蔥〕、卷心菜、
大蔥、菠菜、琉璃苣、薄荷、蔥類〔更多大蔥〕、茴香和水
芹〔也就是胡椒草〕、芸香、迷迭香、馬齒莧；挑揀、清洗
所有蔬菜，之後與新鮮的油拌勻，加上醋和鹽即可上桌。

普羅旺斯語salada成為英語salad，是源於拉丁語salata發
展的herba salata（加鹽的蔬菜）而來。儘管古典時期，羅馬人
確實將蔬菜搭配鹵水食用，但他們並未使用這個中世紀詞彙。

---

[17] 節錄自《烹飪的形式》，Hieatt and Butler (1985), 115.

事實上，西元前160年，老卡托（Cato）[18]曾在《論農業》（*De Agricultura*）一書中提及加鹽的高麗菜沙拉食譜，「如果你切碎（高麗菜），洗淨、瀝乾並加上鹽和醋，再也沒有比這更美味的了。」[19]

之後，高麗菜用鹽，偶爾淋上醋以保存得更久的方法在北歐盛行，不久流傳至美洲，這就是今日泡菜（sauekraut）的緣由，借自德語的「酸菜」（sour vegetable）。而更早期美國移民稱之為涼拌高麗菜（cole slaw）的食物，則源自荷蘭語高麗菜（kool）和沙拉（sla，即就是荷蘭語salade的簡寫）。荷蘭人對紐約的發展有很大的影響（紐約原本稱為新阿姆斯特丹），且對美式英語在烹飪方面的用字遣詞也留下深遠影響，包含餅乾（cookie）、炸麵包圈（cruller）、鬆餅（pancake）、格子鬆餅（waffle）和白蘭地（brandy）。[20]前面提到的cole salw，是瑞典籍芬蘭植物學家佩爾・卡姆（Pehr Kalm）在1749年於阿爾巴尼（Albany）作客時，以「與眾不同的沙拉」形容荷蘭籍房東維沙太太所做的一道菜肴——高麗菜切絲後，再與醋、油、鹽巴和胡椒拌勻——卡姆說，該道菜「美味到任何人都難以想像」。[21]而Koolsla後來則演變成今日以美乃滋為基底調味。

法語sauce，以及西班牙語、普羅旺斯語和義大利語的

---

[18] 譯注：撰寫《論農業》的Marcus Porcius Cato通常被稱為老卡托，以便與其曾孫小卡托（Marcus Porcius Cato Uticensis）做區分。

[19] Cato (1934).

[20] Van der Sijs (2009).

[21] Benson (1987), 609.

salsa同樣來自拉丁語salsus／salsa，意指「加鹽調味使食物更加美味」。喬叟曾在1360年提過「味道刺激的醬汁」（poynaunt sauce），他的意思是味道非常辛辣或刺激的醬汁，也就是poignant（辛辣、濃烈）的古老含意。而不論加鹽與否，自十三世紀起，烹飪書中即可見各種醬汁的配方食譜。（古老的烹飪書《阿比修斯》〔Apicius〕中就有很多醬汁的作法，本書為四世紀之際，由多名作者共同撰寫的拉丁文食譜集[22]；書中「醬汁」稱為ius，亦即今日英語juice的原型。）

我喜愛的醬汁大多以「青醬」為主，如墨西哥的綠色莎莎醬（salsa verde）是以綠番茄、洋蔥、大蒜、聖納羅辣椒（serrano）和芫荽製作而成，或是由巴西利、橄欖油、大蒜、檸檬或醋，以及鹽巴和鯷魚製成的義大利青醬（salsa verde）。潔娜和我在製作青醬時，喜歡加入院子內所有的綠色香草，以下是我們的青醬食材：

### 青醬

1杯義大利巴西利葉

¼杯細香蔥或野生大蒜

6片百里香

2片香艾菊（tarragon）

2片迷迭香

---

[22] Grocock and Grainger (2006).

2 瓣大蒜

¼ 至 ½ 杯特級初榨橄欖油

1 大匙檸檬汁

2 條鯷魚

¼ 茶匙鹽巴酌量

切碎香草、鯷魚和大蒜，加入油、檸檬汁和鹽巴拌勻。

　　雖稱之為「義大利」青醬，但在十二世紀至十四世紀期間，歐洲普遍可見製作這種青色巴西利醬汁。阿拉伯語中，醬汁為 sals，學者查爾斯‧佩里（Charles Perry）認為，這種青醬是歐洲基督教徒往東傳至穆斯林世界，而非由穆斯林傳至歐洲的食譜之一。[23] 十三世紀來自大馬士革的烹飪書《Kitab al-Wusla》，便說明了如何製作「綠色醬汁」——將巴西利葉放入石磨，加入大蒜、胡椒和醋一起搗爛。十四世紀法語烹飪書《肉類食譜》（Le Viandier）中，法國青醬（saulce vert）的作法是以巴西利葉、麵包丁、醋和薑做搭配，[24] 或像《巴黎家事書》（Le Menagier de Paris）中，以巴西利葉、迷迭香和酸模（sorrel）或馬鬱蘭（marjoram）製成。[25]

　　這道醬汁延伸出許多現代版本。二十世紀時，愛斯可菲的法式青醬是將汆燙過的巴西利、香艾菊、細葉香芹（chervil）、

---

[23]　Perry (1987), 501.

[24]　Scully (1988), 223.

[25]　Greco and Rose (2009), 322.

菠菜和水芹搗爛，然後以此「濃稠醬料」來調味美乃滋。[26] 1923年，舊金山的皇宮酒店（Palace Hotel）稍作調整，添入酸奶油和鯷魚，製作出「青綠女神沙拉醬」（Green Goddess Dressing），[27]至今該酒店花園宮廷餐廳仍於早午餐時段供應此款醬料。

　　皇宮酒店有近一百五十年的歷史，莎拉‧伯恩哈特（Sarah Berhardt）[28]曾將寵物老虎帶來這裡，1906年舊金山大地震時，恩里科‧卡魯索（Enrico Caruso）[29]也下榻於此，而酒吧中麥斯菲爾德‧派黎思（Maxfield Parrish）[30]的畫作《彩衣魔笛手》（Pied Piper）亦可說是舊金山的景點之一。我的高中舞會也在皇宮酒店舉辦，那時唐娜‧桑默（Donna Summer）[31]和蜜桃與賀伯二重唱（Peaches and Herb）經常出現在排行榜。從我剛剛找出來給潔娜看的舞會照片上，戴領結的我果然很酷，但比起下方「青綠女神沙拉醬」的原始食譜，顯然我們當年的羽毛剪根本經不起時

---

[26] Escoffier (1921), 31.

[27] 舊金山皇宮酒店的Phillip Roemer。

[28] 譯注：莎拉‧伯恩哈特（Sarah Berhardt, 1844-1923），知名法國舞臺劇及電影演員，享有「世界最偉大女演員」的稱號。

[29] 譯注：恩里科‧卡魯索（Enrico Caruso, 1873-1921），義大利著名歌唱家，有「一代歌王」之稱。

[30] 譯注：麥斯菲爾德‧派黎思（Maxfield Parrish, 1870-1966），1920年代美國最出名的插畫藝術家，其作品大多配合童書、文學、《聖經》，且可見其知名的蔚藍色彩，甚至有「派黎思的藍色」一說。

[31] 譯注：唐娜‧桑默（Donna Summer, 1948-2012），美國知名流行歌手，有「迪斯可女皇」之稱。

間的考驗。

### 青綠女神沙拉醬

1杯傳統美乃滋

½杯酸奶油

¼杯切小段的細香蔥或切碎的蔥

¼杯切碎的新鮮巴西利

1大匙新鮮檸檬汁

1大匙白酒醋

3條鯷魚洗淨擦乾，再切丁

鹽巴和新鮮研磨胡椒調味

在一只小碗裡均勻攪拌所有材料，試吃調味，即可食用或加蓋冷藏。

　　目前所知最早的青醬食譜應是1190年，即超過八百年前由英國學者兼科學家亞歷山大・內侃（Alexander Neckam）所編纂的書裡，且內容以拉丁語、諾曼法語和英語寫成。[32]該份食譜名為「青醬」（verde sause），食材為巴西利、鼠尾草、大蒜以及胡椒，最後還附注「non omitatur salis beneficium」，大意是說「別忘了鹽」。

---

[32] Wright (1857), 102.

為什麼如此簡單的調味在英語中有這麼多變化？因為在人類歷史上，鹽的主要用途是保存食物。高麗菜加鹽後成為sauekraut可以捱過整個冬天，而鹽漬香腸、薩拉米臘腸（salami）、火腿、鹹豬肉和鹹魚（如西班牙語中鹽漬的鱈魚bacallao）能夠存放的時間更久，商人和軍人得以隨身帶著跨越歐洲、大西洋和太平洋。

古老的歐洲世界，鹽漬豬肉產品是凱爾特人（Celts）的特產。地理學家斯特拉波（Strabo）曾說，法國和西班牙地區的凱爾特民族所製作的火腿在羅馬非常出名，而產於原凱爾特地區，如今屬於德國的威斯特伐利亞火腿（Westphalian hams）不僅仍廣受歡迎，在當時的羅馬也備受眾人喜愛。[33]

這些豬肉加工品中仍保留了salt這個單字，最明顯的當然是「鹹豬肉」（salt pork），但在義大利語salami和salumi中，兩者皆是原型sal（鹽）加上名詞字尾-ame和-ume。香腸（sausage）也有同樣情形，這個單字來自法語，是從晚期拉丁文sals　cia演變而來，最早則源於salsa isicia（加鹽的isicia）；[34] isicia是一種調味過的碎肉，也指炸肉丸或新鮮香腸，《阿比修斯》裡同時記載isicia的作法，而isicia加鹽後風乾保存，便是salsa isicia。

罐裝鹹牛肉（corned beef）也含鹽，這種加鹽牛肉與古老凱爾特族的現代後裔——愛爾蘭人密切相關。罐裝鹹牛肉與玉米

---

[33] Martial談到梅納皮亞人（Menapians）製作的火腿，當時這群人居住法蘭德斯（Flanders），離現代德國威斯特伐利亞，也就是當時以火腿產製出名地區不遠。

[34] Dalby (1996), 181.

毫無關聯，古英語corn原指某物體的「顆粒」或「細粒」（實際上，這個字與穀粒〔grain〕和果仁〔kernal〕在詞源上具表親關係），因此此處意指用鹽粒來保存牛肉。[35]

鹽漬魚肉的歷史遠比肉類更為久遠，如亞洲古老的魚醬，或在希臘稱為garos的魚露，以及西元前數百年拉丁人就在食用的魚醬garum。鹽漬鱈魚是中世紀時期最重要的主食之一，並在歐洲經濟發展及奴隸貿易上扮演重要角色。[36]由於其屬成本低廉的食物來源，同時發展成為現代牙買加、多明尼加共和國和其他加勒比地區國家盛行的食材（全美城市如舊金山等，鄰近拉丁美洲族群居住區域的商店裡也可買到）。

直到1800年為止，「儲藏食物」意指以鹽醃漬（或煙燻、或泡醋或用糖製成糖蜜），且儲存的食物份量必須要足以供應一定人口安飽。大約從1790年起，出現了兩項科學和科技的長足進步，改善了儲藏食物的方法。第一種是1790年左右，法國糕點師尼可拉斯・阿伯特（Nicolas Appert）運用熬煮糖漿的技術，將其他食物煮沸後保存在玻璃罐內。1810年，他改良此方法，因而獲得法國政府頒發的獎項，且完成一本說明如何用玻璃罐保存湯品和燉菜、牛排、雞肉和鵪鶉、蔬菜、水果和牛奶的著作。[37]第二項科技進展則是冰箱的發明。十九世紀時依序研發，並在

---

[35] 《牛津英語辭典》corn的說明。

[36] Kurlansky (1997).

[37] 此著作名為*L'art de Consrver, Pendant Plusieurs Années, Toutes les Substances Animales et Végétales*，可於http://gallicadossiers.bnf.fr/Anthologie/notices/01500.htm查找。

1880年代普及於商業釀酒廠，1915年時應用於肉品包裝，到了二十世紀中葉，美國人家家戶戶少不了冰箱。

這兩項發明致使鹽不再是儲藏食物時最重要的原料，蔬菜及肉品無論是否烹調過，皆可製成罐頭或冷凍保存，如今，鹽僅用來調味。但我們人類本來就習於鹹食，我從小吃到大的猶太食品（燻鮭魚、白魚、鯡魚、煙燻牛肉〔pastrami〕、[38] 罐裝牛肉）無一不是鹹食，即便新鮮鮭魚、牛肉和其他魚類（也比較便宜）隨處可見，人們至今仍食用醃漬食品。正如碧‧威爾森（Bee Wilson）在其著作《叉子面面觀》（*Consider the Fork*）中所言，「培根除了具備難以消減的愉悅感之外，在冷藏技術的年代裡根本毫無作用。」[39]

麵粉的歷史述說著類似的故事。中世紀時期，粗糙過篩麥粉為白麵粉保留大量麥糠，即便是富人，亦可單純從白麵粉中攝取大量纖維。只是當金屬機械磨坊取代石製磨坊，碾去麥糠和胚芽，反而生產出現今精緻且最不健康的白麵粉。[40]

**麵粉**和**鹽**的語言學歷史告訴我們，人類自古以來偏好精緻和鹹味食物，但是英語也提供不同的調味線索。Season或seasoning（調味之意）原意並非是在食物中加鹽或任何辛香料、香草來增添風味，而是與其念法有關：season源自於法語

---

[38] 根據《牛津英語辭典》pastrami的說明，此字源於羅馬尼亞語pastram （壓製儲藏的肉），還有鄂圖曼土耳其語basdirma（強制、壓縮之物），請參考Dalby (1996), 201.

[39] Wilson (2012), 216.

[40] David (1977), 31.

saison，意指「當季水果熟成」。因此，儘管我偏好精緻白麵粉和鹽（畢竟，以酸麵包製成的法式長棍麵包，或魚露鹹鮮都是難以抵擋的美味），但這些語言學歷史多少提醒我，好好享用當季水果和蔬菜，並對這些白色粉末有所節制。

# 第十章

# 杏仁餅、馬卡龍和通心粉

　　春天的舊金山非常美。伯納丘上長滿野生大蒜和茴香，密遜街上的戴安達義大利風格點心店（Dianda's Italian American Pastry）在日常的美味杏仁餅乾（amaretti）和杏仁甜餅（ricciarelli）之外，更為了復活節、波斯新年和中國清明節推出特製聖安娜蛋糕（St. Honore cake），而我的家人也正在為逾越節準備椰子杏仁餅（coconut macaroon）。

　　然而近幾年來，這座城市充斥著另一種更為時尚的杏仁餅——巴黎馬卡龍（Parisian macaron）——一種在兩片杏仁餅中間夾上甘納許醬（ganache）、色彩繽紛的精緻甜點。如今，在所有時髦的法式甜點店隨處可見馬卡龍，而舊金山當然不會錯過這股潮流，甚至有店家提供馬卡龍外送服務。[1]這種單價不菲的法式杏仁馬卡龍所掀起的熱潮，致使其樸素的近親——黏韌的椰子杏仁餅相形見絀。

---

[1]　請見 http://www.lartisanmacaron.com/#!from-our-kitchen-to-yours

　　為什麼這昂貴的馬卡龍突然大受歡迎？其與我兒時吃的椰香杏仁餅有什麼關係？這兩種甜點名稱為何聽起來和通心粉（macaroni）如此相像？這些問題的答案不僅和一連串偉大文明互相創造出的食品有關，如糖醋燉牛肉、番茄醬或火雞，更與我們先前討論菜單、開胃菜和洋芋片時所提到的社會階級有所關聯。

　　杏仁餅的故事始於西元827年，來自依弗利奇亞（Ifriqiya，現今突尼西亞）的阿拉伯人與柏柏人（Berber）軍隊攻占當時屬拜占庭帝國、以希臘語為主要語言的西西里島，並在此建造穆斯林酋長國，將許多科技（紙）和食物（檸檬、橙子、稻米、開心果、甘蔗）引進歐洲，西西里島就此以其美食聞名數千年。柏拉圖更曾在《理想國》（*Republic*）一書中形容西西里的絕妙菜肴。阿拉伯人也在此島的烹飪歷史軋了一角，引進中世紀穆斯林世界中以堅果為基底的各式甜點：充滿嚼勁的牛軋糖（nougat）成為義大利的torrone、西班牙的turrón、美國士力架（Snickers）；而具澱粉質地的粉狀甜點fālūdhaj則是現今土耳其軟糖（Turkish Delight）的前身；還有最重要的杏仁酥（lauzīnaj）。

　　杏仁酥是杏仁碎片加糖，與玫瑰水混合後包進派皮的甜點。阿拔斯王朝時，在巴格達的廚師知道薩珊王朝國王喜歡在波斯新年時享用杏仁酥，因而習得這種甜點。[2] 波斯新年顧名思義是以伊斯蘭創建前的波斯曆法計算新年的第一天，通常在春分時節慶

---

2　中世紀波斯語稱之為lauzēnag；請見MacKenzie (1971), 53. Ullmann (2000), 1758, for *lauzinagun*.

祝。六世紀時，薩珊王朝嗜糖醋燉牛肉的國王霍斯勞也喜愛杏仁酥，並稱之為「最好且最美味」的派皮點心。[3]

杏仁酥受到如此讚揚，乃至中世紀時期，阿拉伯的料理出版品中幾乎皆有記載作法，無論是十世紀時由al-Warrāq所編輯的食譜書《料理之書》（*Kitāb al-Ṭabīkh*）中，或十三世紀時的巴格達版本中均有記載，而查爾斯·佩里（Charles Perry）的譯本如下：[4]

### 杏仁酥

壓碎1磅的糖，再加入⅓磅壓碎的去皮杏仁混合，並加入玫瑰水攪拌；將麵團桿平，愈薄愈好……然後，將拌勻的杏仁和糖放在麵皮上捲起……切成小塊。

有些食譜的作法並未使用派皮，[5]而有些作法則是加上麝香，或泡在混有玫瑰水的糖漿中，或撒上搗碎的開心果。

1072年，諾曼人攻占西西里島（和英格蘭），開啟了一段由

---

[3] 取自德國海德堡大學Paul Genthner於1921年的哲學博士論文英文版本中，Hustrav i Kavātān U Rētak Ē的巴列維語（Pahlavi）版的〈霍斯勞及其子〉，其手抄本、翻譯和大量註解均有一併出版」，另外也由Jamshediji Maneckji Unvala加以註記、整理了完整的詞語彙編。網路版本請見http://catalog.hathitrust.org/Record/0Perry (2005).01357845

[4] Perry (2005).

[5] Nasrallah (2007), 411.

巴勒摩馬托拉納教堂（Church of the Martorana）
鑲嵌畫上的羅傑二世（Roger II）。
（圖片取自 Matthias Süßen）

西西里國王羅傑一世和二世短暫統治的互重時期，[6]至少與歐洲其
他各地相較，在西西里島上，希臘語、阿拉伯語和拉丁語同時
為官方語言，而政府官員亦是從這三種文化體系中遴選而出，穆
斯林與猶太人各自受到自身律法規範。在西西里島、托雷多、西
班牙以及其他穆斯林和基督教文化相互接壤之地，派皮點心如杏
仁酥等傳入歐洲烹飪文化，發展成以杏仁為主的糕點，如杏仁糖
（marzapane）和卡里松杏仁餅（caliscioni）。

---

[6]　Johns (2002), Houben (2002).

　　杏仁糖（英語為marzipan）一詞源自阿拉伯語mauthaban，原指放餡餅的罐子，之後延伸成派皮。[7]馬蒂諾（Maestro Martino）於1456年撰寫的食譜書指出，杏仁糖原本是由杏仁膏、糖、玫瑰水製作而成，有時會加蛋白，反觀現代杏仁糖，指的則是杏仁膏本身（如同我小時候，鄰居希爾太太會做水果形狀的彩色杏仁糖），以下便是馬蒂諾的杏仁糖餡食譜：

**杏仁糖**[8]

　　杏仁去皮壓碎……過程中，加一些玫瑰水以防止杏仁油脂流失……拿同等份量的糖……同時加入1或2盎司的玫瑰水，混合所有食材。

　　接著，拿一些薄餅（wafer）……用糖和玫瑰水沾濕；把所有軟化的餅鋪平在盤底，倒入前述備好的餡料……放入烤箱……切記留意溫度，維持適溫即可。

　　卡里松杏仁餅的作法類似，同樣是將杏仁膏包進甜麵團裡或鋪在麵團上的派皮點心，其名稱caliscioni同樣取自成品輪廓，原指長襪[9]或緊身褲（Calceus在拉丁語是鞋子；而法語中的

---

[7]　Ballerini (2005), 87, 註釋10.

[8]　Ballerini (2005), 87.

[9]　1170年在帕多華地區證實caliscioni一字源自中世紀拉丁文calisone，而Battisti和Alessio所著的《義大利詞源辭典I》（*Dizionario Etimologico Italiano I*）第695頁中指出，這是一種麵粉和杏仁製成的甜食。

chaussure 或 chausson，或是喬叟的名字 Chaucer，原本正是「製作襪子或褲襪的人」。）許多甜點的稱法都和派皮（crusts）有關，英語 custard（奶凍）原是 crustade，來自法語 croustade，而義大利語 crostata（義大利派）原來是 crostare，意思是「裝飾外層」。以下是馬蒂諾的卡里松杏仁餅作法：

### 如何製作卡里松杏仁餅[10]

準備前述製作杏仁糖的餡料或拌料，以及用糖和玫瑰水製成的甜麵團，像製作義大利餃（ravioli）一樣桿平麵團，接著包進餡料，隨意做成大、中或小型皆可。

從這些食譜看來，杏仁糖和卡里松杏仁餅即便已是數百年後的產物，仍與最初的杏仁酥作法相去不遠。主要的變化是杏仁糖和卡里松杏仁餅是（低溫）烘烤，杏仁酥則不用加熱；派皮製作上也有所不同，但歐洲人仍以派皮包裹杏仁膏、糖和玫瑰水為主。當時，糖是相當昂貴的，因此這類奢侈的甜點僅富人階級能享用。十四世紀時期的商人弗朗西斯科・達提尼（Francesco Datini）曾描述，[11]杏仁糖的價格甚至比兩隻孔雀還貴。

卡里松杏仁餅食譜裡提到的義大利餃是西西里島當時第二項重要發展：義大利麵。一直以來，以穀物為基底的粥品是當

---

[10]　Ballerini (2005), 88.

[11]　Simeti (1991), 227.

地普遍的烹調，如拜占庭希臘語稱粥為makaria（μακαρία），為葬禮時供憑弔者食用的餐點（來自希臘語makarios [μακàριos]，有「祝福」之意）。然而，類似義大利麵的麵團製品也是地中海周邊許多地區的古老傳統。西元前一世紀起，希臘人開始食用具豐富層次麵皮的油炸餐點laganum，[12]五世紀時，這道以水煮麵皮和餡料交互推疊的餐點（如塞維亞的聖伊西多祿[13]所言）逐漸變成lagana，為現今千層麵的前身。不過，地中海東部才有真正的乾燥義大利麵，[14]此外，義大利麵大多為湯煮，或做為甜點。據目前所知，五世紀時，巴勒斯坦地區使用的阿拉姆語（Aramaic）中，itria同時指乾燥或新鮮的麵條（這個字出現在五世紀的《耶路薩冷塔木德》〔*Jerusalem Talmud*〕），[15]及至十世紀，itriyah成為阿拉伯語中從商店購買的乾燥義大利麵。[16]

　　這些地中海周邊發展出來的乾燥義大利麵，在西西里島地區發展為今杜蘭小麥製作的乾燥義大利麵。杜蘭小麥比一般小麥硬，蛋白質含量較高，可製出具韌度、彈性的麵團，而且由於可保存較久又便於儲藏，桶裝後即可透過船運出口。正因有杜蘭小麥，西西里島曾是羅馬帝國的產糧重鎮，這種硬質小麥之

---

[12]　Perry (1981); Serventi and Sabban (2000), 14-15.

[13]　編注：塞維亞的聖伊西多祿（Saint Isidore of Seville, 560-636），為西班牙聖人、神學家。

[14]　Perry (1981).

[15]　Talmud Yerushalmi, Beitza I:9 and Challah I:4.

[16]　關於阿拉伯發明義大利麵，還有將此麵食流傳於歐洲的相關歷史，請參考Serventi and Sabban (2000), 14–15, Wright (2007), and Verde (2013).

後還成功與阿拉伯麵食傳統結合。1154年，出生於摩洛哥並為羅傑二世效命的地理學家穆罕默德‧伊德里西（Muhammad al-Idrisi），[17] 曾描述西西里島是整個地中海區最重要的乾燥義大利麵製造重鎮，此地麵食為無數商船載運至穆斯林和基督教國家。不同地區以不同名稱來指稱義大利麵，如tria（源自阿拉伯語itriyah）、lasagne和vermicelli（「小蟲」之意）。（馬可波羅自中國將義大利麵傳進義大利的說法，其實是1929年明尼蘇達貿易刊物《通心粉期刊》（*Macaroni Journal*）上某篇軼聞意外衍生出來的謠言，因為當1296年馬可波羅從中國返回義大利時，義大利麵早已是主要出口商品近一百五十年了。）

　　1200年，透過猶太教徒和基督教徒，麵食已由西西里島流傳至北方。事實上，就我們目前的查證，vermicelli一字源自法國，十一世紀法國學者拉希（Rashi）[18]（或跟隨他的其中一名中世紀拉比[19]所說）率先使用意第緒語vermiseles──是為古法語vermeseil經由義大利語vermicelli而衍生出來的單字，用以形容水煮或油炸過的麵團。Vermiseles不久發展成為vremzel，然後變成現代意第緒語chremsel[20]──一種炸甜薄餅，如今大多是用無酵餅麵衣製作，並在逾越節食用。

---

[17]　Perry (1981).

[18]　and Sabban (2002), 30-31.

[19]　原文此處為Tosafist，指的是來自德國和法國一群被稱為Rishonim的拉比，是中世紀最早的猶太教教士，對《塔木德》有相當程度的了解。Tosafot是希伯來語「增補附注」之意，為針對猶太教經典《塔木德》加以評論加注的補充文本。

[20]　現代版的chremslach（chremsel的複數名詞）食譜可參考Schwartz (2008), 178.

　　義大利麵和杏仁派的製作傳統在西西里島融合，發展出囊括這兩種食物特質的食品。正如我們由前文得知，早期義大利麵通常是甜食，舉凡油炸、烘烤或水煮皆可，而此時，許多餐點可同時享用到兩種以上的口味——鹹起司、杏仁牛奶或杏仁膏口味，相當適合中世紀基督教曆法規定不能吃肉和奶類的齋戒日（大齋期、星期五等）。

　　以杏仁糖製成的卡里松杏仁餅為例，就有杏仁和起司兩種口味，至今依然如此。如今，杏仁口味指的是普羅旺斯地區艾克斯（Aix-en-Provence）的艾克斯糖（calisson d'Aix），為一種以杏仁糖和乾果製成的糖果，覆有蛋白糖霜。艾克斯糖流行於普羅旺斯地區已有一段時日，占卜師諾斯特德拉達姆斯（Nostradamus，正職為藥劑師）[21]曾在1555年發表預言時，穿插了早期艾克斯糖食譜。至於起司口味的卡里松杏仁餅你常吃，即稱為烤乳酪比薩（calzone），[22]在內餡塞滿起司，而後烘烤或油炸的披薩餅。

　　1279年左右，在各類烹飪版本中出現了maccarruni這個字，也就是現代macaroni、macaroon和macaron的西西里島先祖。我們目前仍無法確認maccarruni是否源於阿拉伯語，[23]或是衍生自其

---

[21] Sabban, and Serventi (1998), 205; de Nostredame (1555), 202.

[22] 從義大利往北遷徙的猶太人也曾描述方餃版本的烤乳酪餡餅，比如說14世紀時德國羅騰堡的R. Moses Parnas就曾在《Sefer haParnas》提到「稱為kreplins的calsinos」，也就是如今以意第緒語kreplakh為名的餃子。請參考Weingarten (2010), 55.

[23] 此處阿拉伯文詞語的兩種詞源說法，請見Wright (1996) and Nasrallah (2013),

他義大利方言（眾多方言的字根如maccare，意為「壓碎」），也無法得知是否來自希臘語makaria（受祝福的）。[24]

　　但正如其他麵團製品，在不同地區，maccarruni可能是指這兩種相似的甜麵團食品：一種是義式麵疙瘩（gnocci，麵粉加玫瑰水和麵，有時則加入蛋白和糖，搭配起司食用），另一種是質感較為鬆軟的杏仁糖（杏仁膏加玫瑰水、蛋白和糖）。

　　目前最早記載的maccarruni（或是現代義大利語maccherone）是一種甜義大利麵，薄伽丘（Boccaccio）在其著作《十日談》（*Dacameron*）中曾提到，maccherone為搭配奶油和起司食用的手工餃子和麵疙瘩。（順帶一提，這種小麵疙瘩搭配塊狀奶油和起司的作法，其實也是比喻詩文混雜了義大利語和拉丁語，即「混合詩」〔macaronic verse〕的由來。）[25]十五世紀馬蒂諾的食譜書告訴我們，西西里的maccherone [26]成份為白麵粉、蛋白和玫瑰水，且多搭配甜味香料、糖、奶油，以及起司粉一起享用。

　　再回頭談談杏仁製甜點。十四世紀期間，這些甜點已流傳至西西里島和安達魯西亞，甚至到今日義大利其他地區，更流傳到法國和英格蘭。我們在拉伯雷（Rabelais）於1552年出版的

---

268.

[24] 《牛津英語辭典》macaroni和macaroon的說明。

[25] 根據《牛津英語辭典》對macaronic的說明，Teofilo Folengo曾在其1517年的混合詩〈Liber Marcaronices〉中寫道，macaroni是「一道以麵粉、奶油和起司製作的農家餐點。」

[26] Ballerini (2005), 70.

《巨人傳》(*Gargantua and Pantagruel*)一書中，[27]發現了馬卡龍的確是甜點的證據，在那之後不久，此名稱在英語以macaroon出現（十六和十七世紀時法語字根大多為-on，而英語借用這些單字時，則轉為-oon，如氣球〔ballon〕、卡通〔cartoon〕、小隊〔platoon〕等）。

　　這種甜點的滋味究竟如何？《瑪莎・華盛頓的烹飪手札》(*Martha Washington's Booke of Cookery*)[28]這本首次集結第一夫人帶入新世界的手寫食譜料理書便曾記載其作法。約莫完成於1600年代初期（請特別留意古老的拼字）：[29]

### 馬卡龍作法[30]

Take a pound & halfe of almonds, blanch & beat them very small in a stone morter with rosewater. put to them a pound of sugar, & $y^e$ whites of 4 eggs, & beat $y^m$ together. & put in 2 grayns of muske ground with a spoonfull or 2 of rose water. beat $y^m$ together till $y^r$ oven is as hot as for manchet, then put them on wafers & set them in on A plat. after a while, take them out. [$y^n$ when] $y^r$ oven is cool, set [$y^m$ in] againe & dry $y^m$

---

[27] 節錄自第4冊第59章。

[28] Hess (1996).

[29] Hess (1996), 462指出，這份手稿可能是在1650年代或更早完成的，但都是早前手稿的手抄本。

[30] Hess (1996), 341.

（取1.5磅的杏仁，用沸水燙過
後放入石磨中，加入玫瑰水搗
碎，再倒入1磅的糖和4顆蛋
白，一起攪拌均勻。加入兩
小匙麝香與1、2匙玫瑰水拌
勻，待烤箱已達烘烤白麵包卷
的溫度時，將所有材料放在
薄餅上，裝盤入烤箱。而後
取出，〔等到〕烤箱溫度降低
後，再〔放入〕烘乾。）

南錫風格的馬卡龍[31]

　　這份食譜告訴我們，馬卡龍在十七世紀上半時，仍像中世紀
阿拉伯祖先杏仁酥一樣，以玫瑰水和麝香製作。我們也因此得
知，烤好馬卡龍會放在薄餅上，仍沿習早期食譜中，使用派皮的
習慣。

　　儘管有這份食譜，現代法式料理仍是從中世紀最早的餐點發
展而來，廚師以當地香草來取代原本得從外地進口的中世紀香料
如麝香。大廚拉瓦雷恩被公認是這段變革中最重要的人物，[32]他
1652年再版的烹飪著作《法國廚師》（*The French Cook*）裡首度
記載完整的現代馬卡龍食譜，他調整上一版的製法，不再使用橙

---

[31] 取自Albert Seigneurie, *Dictionnaire Encyclopédique de l'épicerie et des industries amexes* (Paris: L'épicier, 1898).

[32] Albala (2007), 57.

花水和玫瑰水，也沒有派皮，薄餅則換成放置馬卡龍的料理紙：

### 馬卡龍（製作馬卡龍的方法）[33]

將1磅去殼杏仁浸泡在冷水中，再清洗至水清澈後瀝乾。將杏仁放入石磨磨碎，並以三顆蛋白而非橙花水保持杏仁濕潤。加入4盎司的細糖粉攪拌均勻，然後將黏稠的杏仁膏放在切成馬卡龍形狀的紙上，接著烘焙，但切記溫度別太高。烤好後取出，靜置於溫暖乾燥之處。

十七世紀時，亞眠（Amiens）、默倫（Melun）、汝瓦約茲（Joyeuse）、南錫（Nancy）和尼沃特（Niorts）等法國各地漸漸發展出不同版本的拉瓦雷恩式馬卡龍。距離西班牙聖‧塞巴斯提安（San Sebastian）邊境不遠處為法國巴斯克小鎮聖讓德呂（St.-Jean-de-Luz），我們曾參訪鎮上知名甜點店梅森亞當（Maison Adam），當時店家宣稱，1660年奧地利的安妮（Anne of Austria）前來參加兒子路易十四（Louis XIV）與西班牙公主瑪麗‧泰雷莎（Infanta Maria Theresa of Spain）的婚禮時，店家便獻上自家金黃飽滿的「真正馬卡龍」（véritables macarons）。十八世紀期間，法國女修道院也普遍製作馬卡龍，除了當成糧食之外，並公開銷售以賺取些生活所需費用。法國大革命後，修女被迫離開修道院，只好另開馬卡龍烘焙坊以自食其力，如南錫的

---

[33] Scully (2006), 369.

梅森姊妹馬卡龍（Maison des Soeurs Macarons）至今仍營業中，而美食作家辛蒂·梅兒斯（Cindy Meyers）[34]也曾在著作中提到，聖埃米里翁（Saint-Emilion）的馬卡龍白麵包工廠（Fabrique de Macarons Blanches bakery）所販售的馬卡龍，是根據「聖埃米里翁地區前修女的純正馬卡龍食譜」製作而成。

　　儘管各地區的馬卡龍多少有點不同，但1650年至1900年左右的馬卡龍多為《法國烹飪百科全書》中所形容，[35]「小而圓的餅乾〔糕餅〕，外酥內軟，以壓碎的杏仁、糖和蛋白製成。」

　　此時期的義大利，maccherone僅指義大利麵，對於類似餅乾則有其他稱法，如錫耶納（Siena）地區說marzapanetti（小杏仁糖），或倫巴第（Lombardy）地區的amaretti（小苦餅），因為此區是以帶苦味的杏仁製作。英語中的語言混用情況持續到1834年，[36]macaroon有時意指義大利麵，而macaron則意指餅乾。

　　時至今日，人們能夠區分出macaroon和macaron是基於兩項創舉。首先，美國在1800年代中期曾湧現一股異國食品風潮，也就是椰子（coconuts，或稱cocoanuts，因為早期易與可可〔cocoa〕混淆，因此十九世紀和二十世紀初時才有這種寫法。）最早在1840年便可見「椰香蛋糕」（Cocoa-nut Cake）的食譜，但普遍食用椰子是在南北戰爭（1861-1865）之後，因為當時才

---

[34]　Meyers (2009).

[35]　*Larousse Gastronomique* (2001), 706.

[36]　比如1834年莎士比亞的《The Partere of Poetry and Historical Romance》第227頁中的macaronies是指macaroons。

逐漸與加勒比地區進行貿易，並量產椰子油。[37]艾蜜莉・狄更生（Emily Dickinson）正是椰香蛋糕的愛好者；她曾郵寄一份椰香蛋糕食譜給友人，而其詩作──〈不復以往之事甚多〉（*The Things That Can Never Come Back, Are Several*）──便是在另一份椰香蛋糕食譜的紙張背面擬稿，[38]狄更生撰寫食譜時，[39]同樣有獨特的標點符號：

### 椰香蛋糕[40]

1 杯椰子 ..
2 杯麵粉──
1 杯糖──
½ 杯奶油 ..
½ 杯牛奶──
2 顆蛋──
½ 茶匙蘇打粉
1 茶匙塔塔粉（Cream Tartar）
以上配方份量折半也可行

---

[37] Zizumbo-Villarreal (1996), Dixon (1985). 在 1833 年（第 12 版）的《節儉的美國家庭主婦》（*The American Frugal Housewife*）有椰香蛋糕食譜。可從 http://www.gutenberg.org/ebooks/13493 免費閱覽。

[38] 艾蜜莉狄更生博物館：http://www.emilydickinsonmuseum.org/cooking

[39] 美食作家 Tori Avey 在其部落格 The History Kitchen 中有對此食譜的詳細說明。

[40] 取自狄更生自己拍下的食譜圖片，來源是 The History Kitchen，版權為 Poet's House c/o President and Fellows of Harvard College 所有。

艾蜜莉‧狄更生（1830-1886）

　　1800年代晚期，出現業者設立工廠專門製造椰子絲，人人自此熱中於製作創新甜點：椰香奶油派、椰香卡士達醬，以及仙饌沙拉[41]（原本是以柳橙、細糖粉和椰子絲製成），其他椰子相關的甜點如椰香杏仁餅，出現時間雖不算晚，[42]約在1830年首次出現，但及至十九世紀末才普遍出現在猶太食譜中。由於這種甜餅不含麵粉，遂成為逾越節的傳統之一。史垂特食品公司

---

[41] 編注：仙饌（ambrosia），原意為神仙所享用的美味佳肴，後來泛指以柳橙、椰子、鳳梨為食材所調製而成的水果沙拉。在Mary New ton Foote Henderson的《烹飪實踐與晚餐準備》（*Practical Cooking and Dinner Fiving*）就有做法。（New York: Harper & Brothers, 1877），286.

[42] 我目前找到最早的食譜是Leslie（1840）裡的「椰子杏仁餅」（Cocoa-nut Maccaroons），但她更早之前於1830年寫的《七十五種派皮、蛋糕和蜜餞料理食譜》（*Seventy-five Receipts for Pastry. Cakes, and Sweetmeats*）中，椰子杏仁餅是Cocoa-nut-cakes；這本書據說也是最早記錄杯子蛋糕的食譜。

（Streit's）[43]和馬尼史維茨公司（Manischewitz）等生產無酵餅業者，在1930年代也販售起杏仁口味和椰子口味的杏仁餅。

以下杏仁餅作法節錄自美國第一本猶太食譜書——依瑟·利維（Esther Levy）於1871年完成的《猶太烹飪之書》（*Jewish Cookery Book*）[44]——其中，椰子絲取代了傳統的杏仁膏：

### 椰香杏仁餅

準備一份椰子絲、等量的糖和一顆蛋白。先將蛋白打發，而後與椰子絲、糖拌勻後稍微加熱；雙手沾濕後，將尚未完整成形的蛋糕整成一個個小型卵狀蛋糕；在紙上塗些許油，蛋糕排列其上後慢火溫烤。

1890年代，椰香杏仁餅可見於諸多美式料理食譜中，並逐漸成為美國銷售最好的杏仁餅。以下的曲線圖是Google Ngram Corpus中，「椰香杏仁餅」（coconut macaroons，不論是哪種拼法皆同）在1840至2000年各個年代出現次數示意圖。從圖所示，只有1890年代和1930年代稍顯下滑，卻也從1960年代起逐年攀高。

隨著椰香杏仁餅在十九世紀中葉起普及於美式料理食譜，法國則出現另一種新創意。巴黎甜點師皮耶·戴斯豐丹（Pierre

---

[43] 透過私人關係詢問 Alan Adler of Aron Streit, Inc的員工。

[44] Levy (1871), 78.

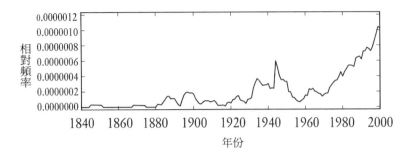

Desfontaines）[45]（可能受克勞德·傑貝[4]早期製作雙層無餡料馬卡龍的影響）新創了一種夾心餅，把杏仁膏或甘納許醬夾在兩片馬卡龍餅乾中，並稱之為巴黎馬卡龍（le macaron parisien）或傑貝馬卡龍（le macaron Gerbet），很快在甜點店以及知名的午茶沙龍Ladurée販售。今天此款巴黎馬卡龍和其他版本的傳統單層馬卡龍在法國各地仍廣受歡迎。

　　在美國，macaron單指以甘納許醬為夾心的新式馬卡龍，而macaroon則是椰香杏仁餅，至於macaroni（通心粉）當然是管狀彎曲的義大利麵。

　　通心粉也**曾有**第二種含意。十八世紀時的英格蘭，富有且時尚的年輕人流行起一頭誇張的髮型（高聳的假髮再加頂小號棒球帽），甚至影響了時裝（我參加畢業舞會時的髮型很糟，但18世紀的時尚聽來更是慘不忍睹）；這群新貴前往義大利旅遊，享用

---

[45] 取自Ladurée網站www.laduree.com上關於戴斯豐丹的說明。至於傑貝家族的描述是來自Frédéric Levent, "Pour l'Honneur Retrouvé du Macaron Gerbet," *L'Echo Républicain*, August 24, 2010.

[46] 編注：克勞德·傑貝（Claude Gerbet）為19世紀知名法國甜點師。

〈時髦貴公子：近來化妝舞會裡的真實人物〉
政治漫畫家菲利浦・竇烏（Philip Dawe）
於1773年完成的雕版畫作

到時下流行的異國餐點義大利麵，因而被稱為Macaronis（時髦
貴公子）。這形容聽起來很像〈洋基歌〉[47]中的歌詞；在副歌中，
人們嘲笑一群衣服凌亂的「洋基」軍人，他們為了讓自己看起來
很有格調，於是「在帽子上插了根羽毛，稱自己為時髦貴公子」

---

[47] 編注：〈洋基歌〉（Yankee Doodle），最早源於1780年代，英國軍隊嘲笑英裔
美國人粗俗的衣著與舉止，傳唱至今，成為美國經典愛國歌曲之一。而洋基
（Yankee），泛指美國北方土包子。

（stick a feather in his hat and call it macaroni）。

　　這群時髦貴公子並非率先享用異國料理的貴族，事實上皇室成員或富貴人家多參與了本章提及的餐點交流。巴格達的阿拉伯哈里發從波斯人手中見識到杏仁酥，富裕的諾曼人和西西里王朝的王子從阿拉伯人那習得杏仁糖和乾燥義大利麵，富有的英國時髦貴族自義大利借用macaroni這個單字，而美國有錢人則從加勒比地區借用了椰子（以及其他原本昂貴的食物，如香蕉），如今我們又從巴黎複製了昂貴的馬卡龍。

　　對於薩珊王朝的國王而言，lauzīnag似乎也是外來食物。Lauzīnag意指「內含杏仁」，卻使用閃語 *lauz* 而非波斯語，這種語法線索正意味著，波斯人可能是透過使用閃語的鄰近民族而取得杏仁糖。[48]

　　食物彼此間的交流，比如糖醋燉牛肉和番茄醬（以及下一章我們要討論的雪酪），正好描寫了齊美爾（Georg Simmel）和托斯丹・范伯倫（Thorstein Veblen）這兩位社會學家在十九世紀初留意到的現象：[49]時髦或高級的事物（如食物、時尚、商品或任何潮流等）大多率先由富人階級引進。如同〈第一章〉高級餐廳食譜上使用的法語或〈第二章〉的開胃菜，這些新進的奢侈品都可見上層社會的標記，外國來的美食只有富裕人家才負擔得起。齊美爾和范伯倫均指出，這些奢侈品出現後，中產階級自然也想擁有，於是這些食物或商品愈來愈便宜，促使更多人有能力購

---

[48] Perry (2005), 99; Nasrallah (2013), 59.
[49] Veblen (1899), Simmel (1904). See also Laudan (2013), 55.

買，進而成為大眾文化的一部分。瑞秋‧勞丹（Rachel Laudan）在《料理與王國》（*Cuisine and Empire*）一書中提到，「高級料理正是烹飪文化改革的動力」，但是高級品最終會流於大眾。[50]因此時髦的法語最後也成為價位不算高的餐廳的符號，而椰子、可可豆、通心粉、牛軋糖和杏仁糖（還有原為亞洲進口、僅英國貴族能享用的番茄醬）盡皆成為我們日常生活的一部分。曾經是貴族才能享用的通心粉搭配起司，也成為廣受美國人歡迎的日常小菜，不僅伴隨著我長大，也是美國南部非裔美國人和白人在週日晚餐時經常出現的料理，更是各地許多孩童的點心。即便是昂貴的巴黎馬卡龍，如今也能在量販店好市多以折扣價購得。

　　杏仁餅、馬卡龍和通心粉提醒我們，過往從外地進口的罕見奢侈品，如今已是各地區大眾文化之物——不僅曾相互交流，還可能搭配蛋白打發或添加椰子而自成一格，成為每個人在歡慶春天到來時，皆能享受到的美妙滋味。

---

[50] Goody (1982), Mintz (1985), and Anderson (2005).

第十一章

# 雪泥、煙火與薄荷茱莉普

去年仲夏，舊金山起霧的時分來得稍晚，潔娜和我因而得以在伯納丘山頂觀賞到視野絕佳的「國慶日煙火」（無論是市政府主場，或未合法申請便在自家屋頂施放，整座城市舉目可見煙火）。我們這座「愛的灰涼城市」（cool gray city of love）少有酷熱的天氣，以致密遜街上常見到陌生人彼此微笑，冰淇淋店前的人行道上經常大排長龍，成群的民眾各自帶著泌涼的汽水、果汁水或檸檬水在朵樂絲公園裡野餐。

你或許沒想到這些夏日即景彼此關係密切。冰淇淋的產生原是為了修改煙火的化學反應作用而製出，加入水果糖漿後，則變成檸檬水、果汁水和汽水。[1]下一章我們將提到，冰淇淋口味的名稱竟然與人類微笑的演化有關。

冰淇淋在舊金山一直都很受歡迎；双聖（Swensons）、雙虹（Double Rainbow）以正是它（It's It）等三種品牌都是創立於此，

---

[1] 關於冰淇淋和冰塊的歷史有兩本非常棒的書，就是David (1995) and Quinzio (2009).

舊金山冰淇淋店五花八門夫妻檔某天供應的冰淇淋口味。
（由左上至右下的口味分別是：麥芽牛奶、巧克力、茴香酒、椰奶、
巧克力碎片、菊苣咖啡、花生酥、楓糖黑胡椒、甜釀生薑、香橙花）

而諾基大道冰淇淋[2]則是大蕭條時期於奧克蘭海灣一帶開發出的新口味。近年流行的分子料理亦開發了風行一時的獨特口味。海耶斯谷（Hayes Valley）一帶的神魂顛倒冰淇淋（Smitten）會在你點餐後，再用液化氮凍結冰淇淋泥，以供應新鮮冰品；在韓弗理冰淇淋店（Humphry Slocombe），你可以買到鵝肝醬、葡萄柚香艾菊或是草莓黑橄欖口味；雙儀式乳品廠（Bi-Rite Creamery）樂意奉上蜂蜜薰衣草、巴薩米醋草莓以及現代經典的鹽味焦糖口味；而主打菲律賓風格的米夏爾（Mitchell's）則以熱帶風味的冰

---

[2] 編注：諾基大道冰淇淋（Rocky Road），一種巧克力口味的冰淇淋，通常還會再加上堅果及棉花糖（marshmallow）。

淇淋，如哈囉[3]、蛋黃果、紫芋和酪梨；五花八門夫妻檔（Mr. and Mrs. Miscellaneous）最新推出的香橙花口味持續熱銷：

　　事實上香橙花並非新開發的口味。1600年代中期，即冰淇淋發明的年代，在早期食譜裡，冰淇淋最一開始的口味便是香橙花。而早在1671年，冰淇淋就曾是查理二世復辟登基大典上的一道佳肴。飲食研究學者伊莉莎白・大衛（Elizabeth David）提供了一份可能是英國皇室的食譜，收錄在1680年代格蘭威爾伯爵夫人葛雷絲（Grace Countess Granville）親筆編纂的食譜書裡：[4]

### 冰淇淋

Take a fine pan Like a pudding pan ½ a ¼ of a yard deep, and the bredth of a Trencher; take your Creame & sweeton it w[th] Sugar and 3 spoonfulls of Orrange flower water, & fill yo[r] pan ¾ full...
（取一只類似布丁鍋的鍋子，約½或¼碼深、一般托盤的寬度。將糖加入奶油中，與3湯匙的橙花水攪拌均勻後，放入鍋中約達¾滿……）

　　1696年，據稱為拉瓦雷恩所著的食譜書中，則建議以新鮮的香橙花製作：

---

[3] 編注：原文為halo halo，而在菲律賓，halo為攪拌之意，此種冰品和台灣常見的八寶冰類似，內有紅豆、布丁、芋頭等食材。

[4] David (1979), 27.

## 橙花之雪（Neige de Fleur D'orange）[5]

務必使用甜味奶油，然後加入兩把細糖粉，香橙花花瓣剁碎
後也放入奶油中，若沒有新鮮的香橙花，那就熬煮糖蜜，並
加進一滴香橙花水，將所有材料入鍋⋯⋯

最晚於1700年以前，逐漸開發出其他口味，[6]包括南瓜、巧
克力和檸檬，以及多種口味的早期雪酪：酸櫻桃、小豆蔻、芫荽
檸檬和草莓。

這些口味到底從何而來呢？是誰發明這種冷凍技術，只用鹽
和冰塊的製作方式，便有和現代冰淇淋製造機相同的效果？香橙
花或許可以提供一點線索：冰淇淋和雪酪的歷史根源，如同我們
現今諸多食物一樣，皆來自穆斯林世界。

故事開始於水果和花所製成的糖漿、糖膏和阿拉伯及波斯
地區的糖粉。例如中世紀時期的開羅，食譜書中便可見將榅桲
（quince）以蜂蜜或糖，加上醋和香料製成膏狀。[7]榅桲類似黃色
西洋梨，早在古希臘時期便為人所知，其醫學療效，可解釋其受
歡迎之因。開羅的榅桲膏西傳最遠到達穆斯林時期的安達魯西
亞，並出現在十三世紀時期的烹飪手稿上。[8]榅桲的同類水果至

---

[5] David (1979), 28. 取自 Francois Pierre La Varenne, *Nouveau Confiturier*, later edition ca. 1696.

[6] Quinzio (2009), 15.

[7] Lewicka (2011), 276, 461.

今依舊受大眾歡迎：南美洲和西班牙的membrillo（西班牙語的榲桲），而在英國和美國我們則有marmalade（柑橘果醬，源自葡萄牙語marmelo，亦指榲桲）。十七世紀以前，英語的marmalade即「榲桲果醬」，美國則是在此之後才有這名稱。早期的英國食譜會加入其穆爾安達魯西亞先祖流傳下來的麝香和玫瑰水，但在美國第一本烹飪書，即亞美麗雅・塞蒙斯（Amelia Simmons）於1796年著作的《美國烹飪之道》（*American Cookery*）中，原料僅有榲桲、糖和水：

### 製作榲桲果醬[9]

在2磅重的榲桲中加入¾磅的糖和1品脫泉水，置於爐火之上滾煮到榲桲軟化；取出滾壓後放入酒中，滾煮45分鐘，然後放入鍋中或湯鍋裡。

說個題外話，幾乎是同一時期，英國開始以塞維亞柳橙（Seville orange）取代榲桲，做為榲桲果醬的標準食材，自此這款柑橘果醬遂成為蘇格蘭早餐必備。以下便是飲食史學家C.安妮・威爾森（C. Anne Wilson）所提供的一份1760年代蘇格蘭食譜：

---

[8]　Miranda (1966), 300: Pasta de Membrillo佩里翻譯的英文版本可參考http://www.daviddfriedman.com/Medieval/Cookbooks/Andalusian/andalusian10.htm#Heading521

[9]　Simmons (1796), 40.

## 製作柑橘果醬[10]

準備一堆塞維爾柳橙以及同等重量的細砂糖,柳橙去皮後對
切,榨汁後丟掉果渣,刨果皮,愈薄愈好,每片約半吋長;
1磅糖加入1品脫的水,混成糖水⋯⋯放入刨切後的果皮,
熬煮軟化至呈透明狀,再加入榨好的柳橙汁,繼續熬煮至濃
稠狀。

然而,比起製成糖膏,這類中世紀的阿拉伯水果甜品多以糖
漿呈現,以做為藥飲或與水混合成為冰涼飲品。此種水果糖漿的
阿拉伯語稱sharāb,來自「飲用」(drink)一字的字根。以下糖
漿是1260年,某位開羅猶太藥劑師的中世紀藥劑手工配方:

## 大黃根(Rhubarb)糖漿[11]

緩解肺部阻塞現象,強化肝臟。取價值20迪拉姆[12]的大黃
根,早晚各噴撒3拉圖[13]的水,以小火煨煮,加入3拉圖糖
磚,使湯汁變濃稠,糖漿完成後便可取出使用。

---

[10] Wilson (2010), 145.

[11] Chipman and Lev (2006).

[12] 編注:迪拉姆(dirham),阿拉伯世界的貨幣單位。

[13] 編注:拉圖(ratl),使用於7至14世紀阿拉伯世界的重量單位,1拉圖約
468.74公克。

　　當這些阿拉伯藥劑配方翻譯成拉丁語時，sharāb這個字變成為中世紀拉丁語siropus，即現今英語syrup（糖漿）的原型。

　　中世紀時期，波斯也從花朵中萃取汁液製成糖漿，[14]如玫瑰花花瓣或香橙花，或酸櫻桃、石榴等水果。這些糖漿統稱為sharbat。而由不同詞態的sharāb衍生，sharbat也可指稱糖漿加水，再以山上帶下來的雪或冰冰鎮後成夏季冰飲。鄂圖曼人入侵時，也鍾愛這種花果糖水，並以土耳其語發音成為sherbet。

　　把山上的雪和冰一同儲存在冰庫，好在夏天冰鎮飲品，這是全世界自古就有的習慣。目前所知最早的冰庫是四千年前在美索不達米亞地區，以檉柳（Tamarisk）枝條自地下凹陷處往上排列堆疊，然冰庫在中國和羅馬較為普遍，甚至記載在《聖經》裡。[15]Sharbat至今在波斯和土耳其地區仍廣受歡迎，同時盛行於地中海東部地區，克勞蒂亞·羅登（Claudia Roden）[16]曾懷想兒時住在埃及時，喝過由檸檬、玫瑰、紫羅蘭、羅望子（tamarind）、桑椹、葡萄乾或甘草調味的花果糖水（sharbat）；以下是納吉麥·巴曼里吉（Najmieh Batmanglij）提供的現代波斯水果糖水食譜：

---

[14]　Batmanglij (2011), 503.

[15]　David (1995), xi.

[16]　Roden (2000), 484.

## 萊姆糖水（Sharbat-e ablimu）[17]

6杯糖
2杯水
1½杯新鮮萊姆汁

裝飾配料：
少許新鮮薄荷
萊姆片

　　將糖和水倒入鍋中煮滾，加入萊姆汁以中火燜煮並適時攪拌持續15分鐘。待冷卻後，倒入乾淨且乾燥的瓶子裡，再以軟木塞栓緊。

　　將1：3比例的糖漿和水倒入水壺，每人加上兩顆冰塊，以湯匙攪拌後趁冰涼時飲用。放上新鮮薄荷和萊姆點綴。

　　十六世紀時，法國和義大利旅人便將土耳其和伊朗的糖水（sherbet）一字帶回自己的國家，歐洲最早於1553年出現這個字，法國自然學家皮耶・貝隆（Pierre Belon）曾描述，[18]伊斯坦

---

[17] 食譜來自Batmanglij (2011), 509. Courtesy Mage Publishers, www.mage.com.

[18] http://books.google.com/books?id=YVcsgAYyIZcC&q=cherbet。貝隆神祕地用了兩個詞：*cherbet*和*sorbet*，而法國旅人Nicolay也用*sorbet*。對於為什麼會提到這兩個詞（是否因為在伊斯坦堡不同民族有不同發音？），或是為什麼sorbet這個字會出現在羅馬語系中，目前並沒有明確解答。

堡的水果糖水是由無花果、梅子、杏桃和葡萄乾製成，旅人行經伊斯坦堡時，向街邊小販或攤販買一杯解渴，[19]這些糖漿加水並以雪或冰維持冰涼，消緩酷暑熱氣。此時期，糖水通常口味偏酸，檸檬和酸櫻桃是最受歡迎的口味──甚至可見用醋調味的冰糖水。

　　土耳其和埃及的糖水多以糖粉或糖磚調製，正如下方十七世紀法國人讓‧夏爾丁（Jean Chardin）前往波斯和鄂圖曼帝國旅行的紀實：

> 在土耳其，和糖一樣，人們製成粉狀保存：當時這偉大帝國裡最聲名遠播的亞歷山大港（Alexandria）是前往各地的重要交通樞紐，糖水也都是以糖粉調製。那裡的人會將糖粉存放於罐子或盒子裡，食用時就挖一大匙，倒入一大杯水中。

　　而現代土耳其糖水（şerbet）多以糖漿調製而成，然舊時以豆蔻調味的紅色糖磚，添加辛香料後稱之為辣味糖水（lohusa şerbet），至今仍提供產後不久的母親享用。[20]

　　及至1662年，糖水盛行全歐，倫敦交易巷（Exchange Alley）內的咖啡館Morat's便曾刊登「以檸檬、玫瑰調製，帶有紫羅蘭香氣的土耳其花果糖水」[21]的廣告。到了1676年，糖水販

---

[19] Belon (1553), 418.

[20] Isin (2003), 80.

[21] David (1995), 156.

售成為法國飲品工會的業務之一，[22] 負責販賣檸檬水、冰水、水果和花製成的冰品、糖水和咖啡。而早於此前，阿拉伯人已將檸檬和甜檸檬汁帶到西西里島和西班牙，[23] 儘管一開始僅富裕人家吃得到檸檬，但到了十七世紀，檸檬已普及於倫敦和巴黎。巴黎飲品商尼可拉斯·奧迪革（Nicolas Audiger）在 1682 年所出版的《領主宅邸的管理藝術》（*La Maison Reglée*）中，曾記載第一份法語的檸檬水配方：

### 特調美味檸檬水[24]

3 顆檸檬汁兌一品脫的水，加入 7 或 8 種的香料，如果檸檬較大顆且多汁，那僅需 2 顆。此外，加入 ¼ 磅或近 5 盎司的糖。待糖溶解並調勻後，即可過濾、冷藏、再享用。

那麼將糖水和檸檬水冷凍成水果冰，也就是如今我們稱為雪酪（sorbet）或雪泥（sherbet）的想法和技術是從何開始的？的確，早在四千多年前，人們便將冰和雪加進飲品中使之冷卻，然而，要將加糖果汁或奶油冷凍，需要比冰塊更低的溫度才能達到。（純水在攝氏零度時會結凍，但每一公升水加入一公克糖，冰點會降低兩度。）更遑論現今許多時尚料理所摯愛的冷凍技術

---

[22] Spary (2012), 103.

[23] lemon 一字源自於阿拉伯文 laymen 和波斯文 līmūn，甜檸檬汁在中世紀的埃及是很普遍的貿易商品。

[24] Audiger (1692), 291.

——液化氮——顯然在十六世紀尚未出現。

這種想法來自煙火。九世紀時期，唐朝人首度發現硝石（硝酸鉀）、硫磺和煤炭作用後，能產生具爆炸力的混合物，即我們如今所說的火藥。穆斯林世界不久便引進火藥，且以阿拉伯語稱硝酸鉀為「中國雪」（Chinese snow）。[25]

不過，將硝酸鉀加以提煉、純化得更加純粹則是阿拉伯世界而非中國。據推測，可能是當時大馬士革的物理學家伊本・阿比・烏賽比亞（Ibn Abī Uşaybi'a）[26] 所發現，並記載於 1242 年的《醫藥史》（History of Medicine, Uyūn al-ānbā）一書中。雖然他曾提到，自己是從穆斯林物理學家伊本・巴克塔威（Ibn Bakhtawayh）於 1029 年所撰寫、但後來遺失的資料中得知硝石的冷化特性：硝酸鉀放入水中可冷卻水。如同溶解鹽巴一樣，硝酸鉀（$KNO_3$）放入水中會破壞鉀與硝酸根離子之間的連結，但這過程需要能量，因此會從周遭的水中吸取熱能。這種吸熱反應正是現代冰袋的應用基礎，促使水溫降至足以凝結純水的程度，可惜仍不足以製成水果冰或冰淇淋。

直至十六世紀早期，這項發現被穆斯林印度人廣泛運用於製造冷飲。他們大多居住在現今印度的北部和中部、巴基斯坦和孟加拉，以及部分阿富汗地區；當時這些地區由蒙兀兒帝國最偉大的皇帝阿克巴（the Mughal emperor Akbar the Greatest）治理。蒙兀兒人來自中亞地區，使用突厥語（Turkic），而這群曾攻克

---

[25] Butler and Feelisch (2008).

[26] Partington (1960), 311. 還可參考 al-Hassan (2001), 113.

蒙兀兒帝國阿克巴皇帝（1542-1605）
晚年的近身肖像畫。

德里的皇族祖先，雖可回溯至成吉思汗（Genghis Khan），卻擷取了波斯的語言和文化以為己用。阿克巴執政時期，以波斯語為主的朝廷所在地阿格拉（Agra）是當時藝術、建築和文學重鎮。《羅摩衍那》（*Ramayana*）和《摩訶婆羅多》（*Mahabharata*）兩本梵語著作也在此時翻譯成波斯語，鍾情於繪畫和建築的阿克巴則引領藝術，發展出混合波斯、印度和歐洲的風格。如同許多科學、廚藝創新交流的地區（如摩爾西班牙、早期諾曼西西里島）一樣，阿克巴在位時期的蒙兀兒王朝也是對宗教寬容的盛世，非穆斯林的民眾得以減稅，其他宗教亦享有自治權。阿格拉長年悶熱（一如其後來的朝廷所在地拉合爾〔Lahore〕），飲品多半裝進長型罐中，隔硝石水快速轉動使之冷卻，以下便是一篇節錄自

1596年《阿克巴實錄》（*Ain-I-Akbari*）中，關於該王朝的文字資料：

> 硝石用於火藥中可產生爆炸性高溫，陛下用來使水降溫，且不分貴賤，皆由此獲得滿足……在白蠟、銀製或任何金屬製成的長頸瓶中倒入1希爾的水，然後蓋住封口。在大容器中放入2½希爾的硝石，加入5希爾的水，將長頸瓶在此混合液中攪動15分鐘，使瓶中液體冷卻。[27]

利用硝石冷卻水的作法不久流傳到義大利，由在羅馬任職的西班牙物理學家布拉斯·維亞福蘭卡（Blas Villafranca）於1550年公開發表，他聲稱，這種浸泡硝石水以冷卻葡萄酒的方式，不久後在羅馬已相當普遍。下頁圖示即說明了其作法，球根狀的瓶身顯然改良自印度長頸瓶，更便於在硝石水裡轉動，加快冷卻速度。

1589年，那不勒斯的吉安巴蒂斯塔·德拉波爾塔（Giambattista Della Porta）承接了冰淇淋製作的下一階段，其著作《自然魔術》（*Magia Naturalis*）的第二版中，他進行了一次實驗，將硝石加入雪中而非水。結果成功使葡萄酒結冰：

---

[27] 英文版可見http://persian.packhum.org/persian/main?urk=pf%3Ffile=00702051%26ct=47

### 玻璃杯中結冰的葡萄酒[28]

各大宴會中，人們最喜愛的莫過於冰涼的酒飲，炎炎夏日更是如此。在此我將告訴你們如何讓葡萄酒不僅是變冷，甚至結冰，你不僅可以喝酒，還可以舔酒，一口氣便可吞下。將酒倒進一只玻璃瓶中，加一點水，這樣結冰的速度會更快些。在一個木製容器中放進雪，撒點硝石，粉狀或稱之為 vulgarly Salazzo 的淨化硝石皆可。在雪中轉動玻璃瓶，葡萄酒便會隨溫度降低而漸漸凝結。

德拉波爾塔的實驗不過是場意料之外的驚喜；導致液體降溫的並非是硝石與冰混合時的吸熱作用，而是截然不同的化學反應。加入溶解物（即任何物體溶解後的物質）至水中會干擾冰的結晶體，並導致水的冰點降低。若再加入鹽或氯化鉀（potassium chloride），結晶混合物中的水份會慢慢釋出，既然冰點更低了，就會變成加鹽的泥狀。而固體變成液體需要能量（另一種吸熱作用），導致更冷且結冰的滷水低溫達到攝氏負二十度，因而可以輕鬆製作冰淇淋或冷凍水果。

約莫1615年至50年間，那不勒斯人結合鄂圖曼帝國傳來的糖水與這項新發現的硝石製冰技術，創造出全新的食物：冰凍雪泥（frozen sherbet）或冰凍雪酪（frozen sorbet）。不久，將其他液態物如鮮奶、卡士達醬結冰的想法亦隨之而起。儘管有了英語

---

[28]　摘錄自 Porta (1658), Book 14, Chapter 11.

布拉斯‧維拉福蘭卡《以硝石冷卻酒水的方法》（*Methodus Refrigerandi ex Vocato Sale Nitro Vinum Aquamque*）中記載，冷卻所需的長頸瓶與水桶，該瓶類似蒙兀兒長頸瓶。

和法語食譜，目前我們仍未找到最早期的義大利語食譜，但法國冰淇淋製造者奧迪格曾宣稱，他走訪義大利後習得製冰技術，由此得知，製冰技術應當是義大利的創舉。很快地，義大利人也發現，若使用一般的鹽，製冰效果比硝石好（鹽的分子比硝石小；而分子愈小，就能從每一公克溶解物中凍結更多離子）。1665

年，英國科學家波義耳（Robert Boyle）指出，「雪與鹽的混合物」[29]是義大利「更常用來」冷凍飲料和水果的方法，「儘管少有人知，在英格蘭，運用此法的人也不多。」

1700年代，歐洲其他語言已經為此創新飲品確立了名稱，法語為sorbet，義大利語是sorbetto，而土耳其，其衍生語言sherbet現今的定義為冷凍的水果冰而非糖水。冰淇淋自此也有了新的名稱，如義大利語gelato（今指義式冰淇淋）是從「結冰」（frozen）這個字義而來，或德語Eis、法語glace，以及英語ice cream，則來自「冰」（ice）。

雪泥、雪酪、花果糖水和冰淇淋絕非是古時sharab和sharbat延續的幾個現代名詞而已，英語中的shrub（水果甜酒）原為萊姆和糖調製的糖水，後來也成為水手另外混合蘭姆酒或蒸餾酒後的一款酒飲。事實上，烈酒歷史學家大衛‧汪德里奇便懷疑，英國商船上出現的甜酒其實是用來預防壞血病的飲品，且影響到世界第一種雞尾酒——潘趣酒——的誕生。水果甜酒風行於十八至十九世紀時美國，當時覆盆子比檸檬更為常見。而覆盆子甜酒的作法是將覆盆子、醋和糖熬煮成糖漿後裝瓶，到了夏天，再兌冰涼的水飲用。

---

[29] Boyle (1665), 111.

### 覆盆子甜酒（1834年）[30]

覆盆子甜酒兌水是炎炎夏日裡，清爽、美味的冷飲，既然美國盛產覆盆子，以此調製甜酒會比波特酒或加泰隆尼亞葡萄酒來得經濟實惠。在平底鍋中放入覆盆子，並倒入近滿的濃醋。以1:1的比例加入糖……煮滾後，去除表面雜質，待涼後裝瓶。

sherbet（雪泥）這個字在美國指低脂冰淇淋；根據美國食品藥物管理局（FDA）規定，[31]雪泥的牛奶脂肪比例極低（百分之一至二），且在自製雪泥食譜中，大多使用牛奶而非奶油（即便如此，雪泥和雪酪的差異仍在於後者完全不含乳製品）。

然而，在英國，雪泥仍保留些許舊時意涵，早在1840年代，英國便常以糖粉調製糖水，倫敦街頭小販雖然販售「檸檬水」或是「波斯水果糖水」，但其實大多是檸檬口味糖粉兌水的飲品罷了。這些糖粉添加碳酸鈉可以產生令人愉悅的酥麻感。以下便是當時某攤販提供給記者亨利・梅休（Henry Mayhew）的配方：

---

[30] *Thomsonian Botanic Watchman*, Vol. 1, No. 1 (1834), 63.

[31] http://www.accessdata.fda.gov/scripts/cdrh/cfdocs/cfcfr/CFRSearch.cfm?fr=135.140

## 檸檬水

1 磅小蘇打
1 磅酒石酸
1 磅糖磚
檸檬汁

攤販混合所有粉末後裝罐，只要付半便士，他即從罐中舀一匙粉末加進一杯水裡，成為梅休所說的「氣泡飲」（effervescing draught）。[32]

如今，雪泥糖粉在英國變成可直接食用糖果粉，就像受到美國孩童歡迎的精靈吸管（Pixy Stix[33]）或是跳跳糖（Pop Rocks）一樣。跳跳糖在嘴裡時的刺激感來自壓縮的二氧化碳，而跳跳糖、酷愛、唐果[34]或者我小時候用糖粉調和的檸檬水，那種特殊酸味則來自酒石酸（tartaric acid）、檸檬酸（citric acid）或蘋果酸（malic acid）。

酒石酸和檸檬酸又是來自穆斯林世界的例子。八世紀至十世紀期間，波斯和阿拉伯化學家首次在酒品釀造蒸餾後的殘餘物裡發現酒石酸，並從柑橘類水果中發現檸檬酸。檸檬酸和磷酸（phosphoric acid）為可口可樂、百事可樂和七喜等飲品中，令人

---

[32] Mayhew (1851).

[33] 編注：一種包裝成吸管狀的糖果粉，廣受美國孩童歡迎。

[34] 編注：酷愛（Kool-Aid）、唐果（Tang），和跳跳糖、精靈吸管一樣，皆為糖果粉產品。

精神振奮的來源，而十九世紀時，藥局以藥物特調的糖漿發展而來的蘇打水，其實與本章一開始所提到，開羅藥劑師調製的糖漿並沒有不同。（有些原料也有自己的語言學歷史；可樂〔cola〕源自可樂果（kola nut），[35] 是一種含豐富咖啡因的堅果類，十四世紀起便是西非曼德語族（Mandé）和其他西非民族主要的貿易商品，並隨奴隸買賣傳入新世界。）

　　噢，你或許曾聽過用來形容這些藥用糖漿的英語單字，也就是茱莉普（julep），這是來自波斯語 gulab（玫瑰水）。自1400年起，茱莉普便是藥用糖漿的代名詞，然如今我們只用來指涉某種飲料，也就是觀賞肯德基賽馬會（Kentucky Derby）時飲用的夏日清涼酒飲——薄荷茱莉普（mint julep）。

　　換句話說，我們所認知的任何冰涼消暑聖品：冰淇淋、義式冰淇淋、雪酪、雪泥、檸檬水、蘇打水、薄荷茱莉普（更不用說柑橘果醬），淨是中古時期穆斯林世界夏日糖水和雪泥的延續，即便是我兒時在加州郊區住家中，以糖果粉混合冰水的即溶飲品，亦可回溯至五百年前，且曾出現在維多利亞時代初期的倫敦街頭攤販的推車上、十六世紀的土耳其和波斯的街頭巷弄裡。

　　當硝石和白雪、糖水以及鹽從中國人、阿拉伯人，傳向蒙兀兒人和那不勒斯人手上，交會出某種美麗的事物，並創造出美味冰淇淋。而一開始用於戰事的硝石，竟在幾百年後，成為研發出我們在夏日能歡笑享用的美食關鍵成份，也不枉為一樁美好之事。

---

[35] Kiple and Ornelas (2000), 684–92; Lovejoy (1980).

　　去年夏天，潔娜和我在從朵樂絲公園回家的途中，我們在鄰居孩子於車庫前設立的小攤上買了杯檸檬水。我心想，原來人們至今仍在街上販賣果汁糖水啊。

# 第十二章

# 這名字聽起來很肥？為什麼稱之為冰淇淋、以及小脆餅

　　目前為止，我們已得知數種食物語言所隱含的意義。不論是中國魚醬的歷史，或是穆斯林雪泥、杏仁餅和油煎醃漬魚的歷史，這些食物再再告訴我們，東方在形塑西方上如此舉足輕重。我們在菜單上使用家傳（heirloom）、風格（a la）、美味的（delicious）或異國情調的（exotic）等字眼時，同樣表現出我們如何看待社會階級和食物行銷的本質。儘管我們已經討論過這些食物的歷史、描述食物時使用的形容詞，但目前為止，我還沒提到食物名稱的發音（sound）。

　　食物名稱的發音傳達出什麼嗎？食物名稱中的單字如何發音，與諸如食物口感或氣味等沒有任何顯著的因果關係，莎士比亞便曾在《羅密歐與茱麗葉》中以最美麗的語句來表述此懷疑論調：

　　名字有何意義？我們稱之為玫瑰之物
　　即便不叫玫瑰，依舊芳香如故。

　　茱麗葉所表達的，正是我們所謂的「約定俗成」（conventionalism）：某事物的名稱是約定俗成的結果。英語以egg表達、廣東話稱「蛋」、義大利語說uovo，倘使這些詞意外反其道而行，只要使用者盡皆認同，也就無所謂了。換另一個角度思考，有人認為，名稱理應和事物本身自然相符，亦即某些名稱聽起來自然而然的比其他名稱「甜一點」，此即「自然論」（naturalism）。

　　約定俗成是現代語言學的基準之一，因為我們發現，透過發音而創造出來的字詞，一般來說，無法得知該字詞的意涵，語言學家稱此為發音和字義之間「武斷性」（arbitrary），這個詞最早出現於政治哲學家約翰・洛克（John Locke）的《人類理解論》（*An Essay Concerning Human Understanding*）中。洛克指出，如果字音和字義之間有必然關係，那麼所有語言都應以同一個字來指稱所有事物，如英語為egg、義大利語和中文也要一樣。

　　多數人認為，約定俗成比自然論更為合理，至少就口語語言（相對於手語）而言當是如此：口語語言大約只有五十來個獨特的語音（phone）（組建各語言發音結構的獨特發音），但顯然，在表達想法上可不只有五十個語音而已。

　　然而2500年前，柏拉圖在《克拉底魯斯篇》（*Cratylus*）中曾指出，自然論優於約定俗成自有其道理。而蘇格拉底一開始也同意《克拉底魯斯篇》裡的觀點，認為「希臘人和其他蠻族」一樣，對所有事物皆有「固然正確」的稱法。不論是自然成形或是「固然正確」，其所指稱的字母組合，皆需符合字義。例如，字母O（指omicron，為希臘語中第十五個字母）是圓的，「因

此在goggulon（圓形）這個單字中便有許多希臘字母O。」同樣的，發音[ɣ]（希臘語rho，字母為ρ，發音如現代西班牙語中的彈舌音[r]）的字詞，通常與動作有關（rhein [流動]、rhoe [電流]、tromos [顫抖]）。

不過，蘇格拉底之後卻轉而為赫模傑尼斯（Hermogenes）所主張的約定俗成提出論點，舉例來說，他強調，即便只是單一詞語，在希臘各地方言裡就有不同發音，由此說明約定俗成的名稱有其必要性。

因此語言學做為一門學科便遵循後者的論點，而出身於日內瓦的弗迪南・德・索緒爾（Ferdinand de Saussure）教授是現代語言學之父，他提出的「符號的武斷性」（arbitrariness of the sign）正是語言學領域的基礎；然近幾十年來，從過去二十世紀早期語言學巨擘如奧托・葉斯伯森（Otto Jesperson）和羅曼・雅各布森（Roman Jakobson）的研究觀之，[1]顯示自然論終究有其意義：有時某種食物的發音確實和其口味相關。

我們將聲音帶有意涵的現象稱為「語音表義」（sound symbolism）。語音表義除了具深奧的哲學和語言學意涵，更影響許多層面，如在行銷策略上的語法線索方面，音調對食物的行銷和品牌來說至關重要。

語音表義的研究多與母音有關，特別是兩組母音之間的差異，即前母音（front vowels）、後母音（back vowels），兩組母音的分類是根據發音時舌頭的位置。

---

[1]　Jakobson and Waugh (2002).

　　母音[i]（如cheese或teeny）、[ɪ]（mint或thin）皆屬前母音。大致上來說，發音時，舌頭於口腔前半部翹起，左下圖為頭部剖面示意圖，左邊可見唇部和牙齒，而舌頭朝口腔的前方翹高。

　　相反地，[ɑ]（如large、pod或on）則屬於後母音；舌頭往下接近口腔後半部。其他後母音包括[o]（如bold）以及[ɔ]（如coarse，或是我母親用紐約口音說出caught的時候）。右邊示意圖即顯示出後母音的發音位置，一般來說，舌頭偏下，往較後方的喉嚨靠攏。

　　過去一百多年以來的研究也顯示，在諸多語言中，前母音通常用來形容小的、薄的或輕的事物，而後母音則多用在描述大的、胖的或重的事物上。雖然也有例外，但是在little、teeny或是itsy-bitsy（皆為前母音）與相對的humongous、enormous（後母音）這類具重音的母音上，則明顯看出這個趨向；或是西班牙語chico（小）中的[i]（前母音）和gordo（胖）中的[ɔ]（後母音），以及法語petit（小的、前母音）與grand（高的、後母

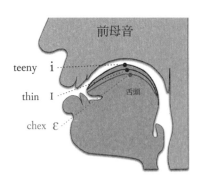

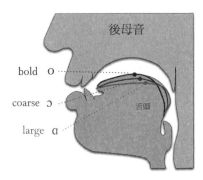

音），皆有類似情況。

　　以某份行銷研究為例，理查・克林克（Richard Klink）針對同類商品捏造兩組一樣名稱的假想品牌，[2]只是分別使用了前母音（detal）、後母音（dutal），並以此詢問受訪者：

　　哪一種筆電的尺寸較大，Detal 或 Dutal？
　　哪一種吸塵器比較重，Keffi 或 Kuffi？
　　哪一種番茄醬比較濃稠，Nellen 或 Nullen？
　　哪一種啤酒顏色較深，Esab 或 Usab？

　　在每個問題上，用後母音（Dutal、Nullen）來命名的產品皆被認為較大、較重、較濃稠。

　　至於冰淇淋，既然本該具豐富、滑順口感且份量足夠，民眾會選擇以後母音命名的冰淇淋品牌也就不足為奇了。紐約大學的艾力克・約克斯頓（Eric Yorkston）和基塔・門農（Keeta Menon）[3]請受訪者閱讀一篇關於即將上市的新品牌冰淇淋新聞報導，其中一半的品牌名稱為 Frish（前母音），而另一半則是 Frosh（後母音）。看完報導後，再詢問他們的想法，喜歡 Frosh 的人認為，這款假想冰淇淋比 Frish 更綿密、香滑且濃郁，並表示會比較想買 Frosh 冰淇淋。

　　約克斯頓和門農甚至讓少數受訪者同時做其他事，以致他們

---

[2]　Klink (2000).

[3]　Yorkston and Menon (2004).

　　無法專心閱讀這篇報導。分心的受訪者反而更容易受母音影響，這意味著我們潛意識裡會無意識的對母音有反應。

　　我懷疑，冰淇淋公司是否會在商業廣告上，利用人類潛意識裡，對後母音所產生的濃郁、滑順感等潛意識聯想。為了找出答案，我便研究賓州大學語言學家馬克‧里博曼（Mark Liberman）的「早餐實驗」（Breakfast Experiment）──這位致力於將語言學帶到公共事務上的語言學家，他經常針對早餐前的新聞進行即時的語言學小知識實驗，並將實驗結果公布在其以語言學為主的部落格「語言記實」（Language Log）上。他最著名的是，能在幾分鐘內快速分析出複雜的語言學統計數據，據他的說法，這肇因於他曾當過鋼琴調音師。

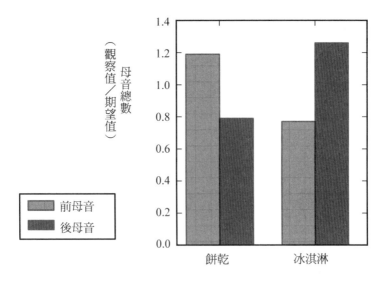

餅乾品牌名稱與冰淇淋口味名稱中前母音與後母音比較
（以英語辭典中能查到的前母音與後母音期望總數加以估算）

　　我提出的假設是：冰淇淋品牌名稱或口味名稱含有較多後母音，反之，薄或清爽的食物，如脆餅（cracker）等，可見較多前母音。

　　我從網路上找到的兩份食物名單，用以檢驗這個假設，一份是哈根達斯（Haagen Dazs）以及班傑利（Ben & Jerry's）的冰淇淋口味，共計81種；另一份則是從減肥網站上取得的脆餅品牌，共計592種。[4]針對這兩份資料，我分別計算了前母音（i、ɪ、ɛ、e、æ）以及後母音的總數。

　　結果呢？前一頁的圖表上，我發現在冰淇淋口味的名稱上，可見較多後母音，如Rocky Road、Jamoca Almond、Fudge、Chocolate、Carmel、Cookie Dough、Coconu等，而餅乾品牌則多見前母音（特別留意數量超多的[ɪ]）如Cheese Nips、Cheez It、Wheat Thins、Pretzel Things、Ritz、Krispy、Triscuit、Thin Crisps、Cheese Crisps、Chicken in a Biscuit、Snack Sticks、Ritz bits等。[5]

　　當然也有例外：vanilla（香草口味）就有[ɪ]。然而冰淇淋口味中，凡有前母音的，大多指少量、些許的製作原料（thin mint〔薄荷巧克力〕、chip〔脆片〕、peanut brittle（花生脆糖〕）。

---

[4]　http://www.calorieking.com/foods/calories-in-crakers-crispbreads-rice-cakes_c-Y2lkPTk1.html?bid=_I&sid=37084

[5]　實驗相關細節：根據《CMU Pronouncing Dictionary of English》中所列重音音節，僅採計有重音的字，並將每一個母音期望值加以標準化。母音æ是前母音中位置最低且最後的母音，因此我另外將其視為後母音進行分析後，出現相同結果。最後，除了檢查所有前、後母音，我也同約克斯頓和門農一樣，各拿前母音i與後母音a做對比，結果再次發現，冰淇淋較容易使用後母音，而小脆餅較常出現前母音。

　　語音表義因此成為現代廣告和精品品牌名稱的重要工具，事實上許多品牌企業也經常透過語言學家而洞見觀瞻。[6]

　　既然我們會對冰淇淋和脆餅產生潛意識聯想，那就代表其具有系統性；語言學因而對其根本緣由——為何前母音會與小的、薄的和輕的事物相關，而後母音則與大的、堅實的和重的事物有關——有了各式不同的見解。

　　多數人普遍接受的理論是「頻率編碼」（frequency code），[7]這是指低頻（發音時音調較低）和高頻（發音時音調較高）分別與特定意義有關。頻率編碼是由語言學家約翰・歐哈拉（John Ohala）（我在柏克萊大學就學時期的語音學教授）提出，並由史密森尼學會（Smithsonian）的尤金・莫頓（Eugene Morton）[8]延伸發展。

　　莫頓發現，哺乳類動物以及鳥類在激動或懷有敵意時，傾向發出低頻（較深沉）的聲音，而在驚恐、情緒緩和或友善時，發出高頻（音調較高）的聲音。因為大型動物本來就會發出深沉的聲音（獅吼聲），而小型動物自然發出高音頻的聲音（鳥叫聲），莫頓因此認為，動物在面對競爭或激動時，會想讓自己感覺身形更大，而面對規模較小或相對低風險的處境時則否。

　　莫頓和歐哈拉因此指出，人類本能上會將聲音的音頻高低與身形大小相互連結。所有母音皆由不同音頻共振組成，當舌頭位

---

[6]　Lexicon Branding公司的語言部門負責人Will Leben，經營了一個關於品牌語言學的部落格：blog.lexicon-branding.com/tag/will-leben

[7]　Ohala (1994).

[8]　Morton (1977).

置處於上方且在口腔前半部時，便會在口腔前方形塑出一處窄小的凹處空間。凹處小便會產生高頻的共振（震動的空間愈小，波長愈短，音頻因而愈高）；其中，前母音會有一個特別高的共振（即所謂第二共振峰），而後母音則有一個特別低的共振。

　　因此，頻率編碼的論述認為，前母音如[ɪ]和[i]與小的、薄的事物有關，而後母音如[a]和[o]則與大型的、份量重的事物相關，因為前母音會有高頻共振，且人類本能地將高頻、小型動物做聯想，延伸而來的是，亦與小型事物有關。

　　研究人員延伸這項論點後發現，提高音頻或是將母音「提前」（將舌頭往前放一點，讓所有母音都有略高的第二共振峰），特別容易出現在嬰兒或小孩身上。在一份早期我所進行的研究論文中，我曾檢測世界上超過六十種語言，當時我提出，許多語言裡用來指涉小或輕的詞語，自古以來都與原意中有小孩（child）這個字，或小孩的名字有關，[9]如寵物名稱Barbie和Robby中的[y]。我的語言學研究團隊之一的潘妮・艾科特（Penny Eckert）指出，前母音通常和積極正面的效應有關，因此尚未進入青春期的女孩有時會將母音提前，使自己說話時的語調帶點甜美或是無辜。語言學家凱瑟琳・羅斯・金伯格（Katherine Rose Geenberg）發現，使用美式英語的人在學嬰兒說話時，習於將母音位置提前，而心理學家安・芙納德（Anne Fernald）則指出，無論何種語言，人們和嬰兒說話時，傾向高音頻。

---

[9]　Eckert (2010), Geenberg (ms), Fernald et al. (1989), Jurafsky (1996).

　　頻率編碼並不是食物唯一的語音表義現象，為了了解其背後緣由，我們必須暫時離題一下。先看看以下兩張圖：

　　假設我說在火星語裡，這兩張圖分別稱之為bouba以及kiki，你必須猜出圖形與其所對應的名稱。想想看，哪一張圖是bouba？哪一張是kiki？若換成maluma和takete，結果又是什麼？

　　如果你的答案和多數人一樣，那你會回答，左邊鋸齒狀的圖為kiki（或takete），右邊圓滑的為bouba（或maluma）。這個實驗是由完型心理學（Gestalt psychology）之父——德國心理學家沃夫岡・科勒（Wolfgang Köhler）於1929年開發。至今語言學家和心理學家仍運用各種發音的假想詞彙進行這項實驗，且無論他們所研究的是何種語言，舉凡瑞典語到斯瓦希里語（Swahili）、那米比亞（Namibia）北方遙遠的遊牧民族，甚或仍學步中、不過兩歲半的孩子，其結果皆呈現驚人的一致性。鋸齒狀的圖形似乎容易讓人覺得是kiki，而較圓滑的彎曲圖案自然而

然被稱為bouba。[10]

　　這項實驗與食物的關聯，由牛津大學心理學家查爾斯・史賓斯（Charles Spence）這位世界最具領導地位的感知研究學者提出。近幾年的研究中，史賓斯及研究團隊其他成員研究了不同食物的味道、曲度和鋸齒圖形，以及如maluma／takete這類文字等三者之間的關係。

　　以其中一篇研究文獻為例，史賓斯、瑪莉・金・吳（Mary Kim Ngo）以及麗瓦・密斯拉（Reeva Misra）請受訪者吃一小片巧克力，並描述味道與maluma或takete哪一字相符。吃了牛奶巧克力（瑞士蓮經典牛奶巧克力，純度30%）的人認為，其口味符合maluma（選了彎曲的圖形）；反觀吃了黑巧克力（瑞士蓮極醇系列，純度70%、90%）的人，則選擇了takete（以及鋸齒狀圖形）。在另一份研究論文中，他們發現碳酸物也出現類似結果，碳酸水被認為是kiki（且尖銳），非氣泡水則是偏bouba（且彎曲）。換句話說，含[m]、[l]的單字，例如maluma，讓人容易聯想到滑順或溫和的口感，而有[t]、[k]的單字如takete則會令人聯想到味道較苦或是碳酸口感。

　　這些相互關聯的事物，與我從冰淇淋和餅乾的名字上發現的子音類似。我發現，[l]、[m]常出現在冰淇淋名稱上，而[t]和[d]

---

10　在bouba／kiki之下，心理學家Ramachandran和Hubbard都發現，95%的人會將bouba連接圓潤圖形；瑞典語研究可見Ahlner and Zlatev (2010)，斯瓦希里語是Davis (1961)；而那米比亞人所說的Otjiherero語可以看Bremner et al. (2013).。Tamil的部分請見Ramachandran and Hubbard (2001)，兒童的部分可參考Maurer, Pathman, and Mondloch (2006).

則常出現在脆餅名稱裡。

　　bouba和maluma、圓形和彎曲視覺圖形，或滑順和綿密口感之間有所關聯，而kiki和takete則與鋸齒圖形和味道強烈、苦味和酸味有關，這其中又有何涵義？幾名語言學家最近的研究指出，發音正是這些結果的主因。[11]

　　一個合理的說法是這與連續性和平滑有關。[m]、[l]和[r]這類發音稱為連續音（continuants），因為在聽覺上呈現連續且平滑（其聲音與音長相當一致），較容易令人聯想到圓滑的圖形；反之，擦音（strident）多半是突然開始又急促的結束，就像[t]和[d]，多半會想到尖銳的圖形。而英語裡子音[t]與其他子音相較，發音時的力道最為獨特且急促。

　　若要以視覺呈現，請看接下來的聲波圖，內容為我錄下自己先後說出malumat和akete的結果。由此可看出，maluma的聲波相對來說較平穩，波動也較緩和。反觀takete，右邊的波形可見三次明顯突出的中斷，其為我在發[t]和[k]音時。由於每說出一個子音，發音時的氣流為舌頭瞬間阻擋，產生微小的急促氣流，而後發出爆破音。

　　我所說的共感假設（synesthetic hypothesis），就是指人類五感之一的聽覺，共在感受聽覺平順上，或多或少和另外兩種感官——視覺（看到彎曲圖形而非鋸齒圖形）及味覺（嚐起來滑順而無刺激性）——有所關聯。

---

[11]　D'Onofrio (2013), Ahlner and Zlatev (2010), Westbury (2005), Nielsen and Rendall (2011).

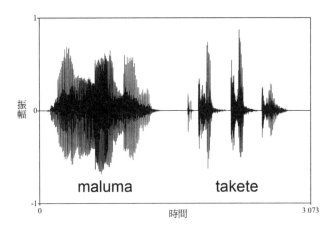

我說出 maluma 和 takete 時，聲音顯示的波形（聲波）

　　共感（synesthesia）這個名詞是指不同感官之間具高度相關性，有些人共感非常強烈，如柏克萊大學心理語言學教授丹‧斯洛賓（Dan Slobin）便是其一。對斯洛賓來說，音樂上每個音調都有相對應的顏色：C 大調是粉紅色、C 小調是帶有黑色的深紅色。但是從 bouba ／ kiki 的調查結果來看，我們人類就某種程度而言皆具有共感能力，我們的味覺／嗅覺、視覺以及聽覺之間的相關性，至少足以讓我們感受到當某個感官感覺平滑時，另一個感官亦有相似的平順感，也因此我們透過嗅覺而聞到刺激氣味（如切達起司）時，或是藉由觸覺、視覺感受尖銳（如同銳角）時，或從聽覺聽到刺耳聲（聲音突然發生變化）時，皆會有類似感受。

　　感官之間的關聯性常見於生活詞彙裡，如 sharp 和 pungent，兩者皆指某種在觸覺和視覺上的感覺：摸起來尖銳，或視覺上看

起來有細微的尖角，然而兩者亦能用來表達味覺和嗅覺。

這些共感關聯的程度到底是與生俱來或和基因有關，或是有多少和文化相關，目前均未有明確解答。舉例來說，那米比亞的遊牧民族確實會將takete與鋸齒圖形聯想，[12]但不同於其他語言使用者的是，他們並不會將字詞或是圖形，與黑巧克力的苦味或碳酸飲料聯想在一起，由此彰顯出一個事實：我們感知到苦味巧克力的味道比牛奶巧克力更刺激，抑或是碳酸飲料的口感比一般飲用水更刺激等，隱含著我們在文化上所習得的食物連結。只是我們並不確定這是否為真，因為我們也才初步了解這類感知方面的研究。

然而，共感平順的假設及頻率編碼的確涉及部分生物演化。

歐哈拉指出，高音頻與捍衛、友善之間，或許可以解釋微笑這種類似滿足或友善行為的肇始。我們以嘴角上揚來表達微笑，而動物如猴子同樣以嘴角上揚來表達順從，牠們也會做出全然不同的面部表情（歐哈拉稱為「O型臉」），即嘴角下垂，甚至伴隨嘴唇突出，以表示侵略之意。

嘴角上揚時，和發出母音[ɪ]或[i]一樣，會壓縮口腔前半部的空間；事實上，微笑時的嘴部動作和母音[i]之間的相似度，便足以解釋為何我們拍照時會說cheese；[i]正是微笑母音（smiling vowel）。

因此歐哈拉提出一個理論，微笑原是一個緩和氣氛的姿態，和「不要傷害渺小如我」的意思相近。後來逐漸發展為當哺乳類

---

[12]　Bremner et al. (2013).

動物處於競爭情境時，藉由提高音頻及微笑以降低姿態及敵意，由此顯得更為友善。

　　頻率編碼和共感平順的假說可能也與語言起源有關。當某些字義和此假設所言一樣與發音有關，那可能是因為語言發展初期，說話者想讓聽者全然了解自己的想法。語言起源至今依舊神祕，但我們的確有些假說，例如語言發展的「自然模仿說」（"bow-wow" theory），亦即語言某程度是從模仿自然生物而來的觀點，如狗吠及喵叫等。頻率編碼則是認為，最早出現的字或許是由住在洞穴中、發出高頻[i]音來指稱嬰孩（baby）的女性所創，又或是以低頻[ɑ]音來表達巨大的（big）、聽來斷斷續續的kikiki來表達尖銳之意。這些具體概念僅是語言使用上的一小部分，卻也足以使我們了解人類語言發展初期的關鍵起步。

　　不論母音以及子音的起源究竟為何，透過兩者的發音融入字詞，已發展出豐富且出色的系統來表達複雜的意涵，正如微笑已然發展為表達幸福、愛與其他美好事物等多種樣貌的媒介。

　　姑且不論字詞、微笑究竟隱含什麼意義，最終有了冰淇淋，且一如詩人華萊士・史蒂文斯（Wallace Stevens）所言：

Let be be the finale of seem.

The only emperor is the emperor of ice-cream.

讓真實的生活終結不切實際的表相。

冰淇淋之王才是唯一的王。

# 為何中式料理不提供飯後甜點？

　　在時尚的舊金山，最新流行的甜點是各種特殊口味的冰淇淋，例如二十四街的韓弗理冰淇淋所販售的香蕉培根冰淇淋；不知何時起，培根在各式甜點上總能見其蹤跡：培根布朗尼、糖蜜培根、培根花生糖。同一條街上的甜甜圈店甚至供應培根楓糖甜甜圈。如今我也不得不認同潔娜那令人信服的觀點，培根的確讓世界更美好。然而，我認為這並非是培根甜點受歡迎的唯一原因：一定有其他理由才會引起這股培根甜點熱潮。為了解開這道謎題，我們不如先回溯一下甜點最初的起源吧。

　　首先，甜點（dessert）不只是「甜的食物」。前往健身房途中所吃的甜甜圈不算甜點，只是一種缺乏意志力的展現。甜點是進餐時，所供應的一道甜味餐點，並在最後享用。

　　最後才上桌的餐點在詞源學上，已充分表達其涵義：dessert源自法語，是desservir的分詞，意為「撤掉上桌的菜」（to de-serve），亦即「移走已提供的部分」。這個字在1539年首度出現

於法國，[1]意指在撤走所有餐點後所享用的食物，通常為香料葡萄酒[2]搭配新鮮水果或果乾、脆薄餅，或是稱為comfits或是dragées的糖漬香料或堅果。這類有著各式名稱的甜味餐點其實有悠久的中世紀傳統，[3]首度出現在我們至今仍保留的第一份英國餐宴菜單上。[4]這份約莫完成於1285年的菜單裡提到，「撤走所有餐點」後，再為賓客送上dragées和「足夠的薄餅」（現今dragées仍指包裹糖衣的甜食，如杏仁糖果〔Jordan Almond〕或是M&M巧克力。）

不過，dragées和晚宴後食用少許糖果搭配葡萄酒的傳統，可回溯到遠比中世紀更早以前的年代。Dragées來自希臘語tragemata[5]，歷史學家安德魯・道比（Andrew Dalby）說，這個字是指在古希臘時期，享用完正餐並清理桌面後，搭配葡萄酒食用的點心。此時會有擺上以葡萄酒和tragemata為主的「第二輪餐點」：[6]蛋糕、新鮮水果和乾果、堅果、糖果、鷹嘴豆和其他豆子。

---

[1] 《法語大辭典》（*Le Grand Robert de la Langue Française*）中dessert一詞的說明。

[2] 編注：常見的香料酒（hippocras）是指在葡萄酒中，加上糖、數種香料等，有時也會添加肉桂，或溫熱後飲用。

[3] 有issue或voidee的說法，有時只以數字註記餐點。

[4] 請參考the *Treatise of Walter of Bibbesorth*，已加註且譯為英文Hieatt and Butler (1985), 3.

[5] 《牛津英語辭典》中Dragées的說明。

[6] Dalby (1996), 23. 還可參考 *Athenaeus's The Deipnosophists,* Book 14, §§ 46-85 in the Yonge translation.

　　只是，正如comfits或dragées，其中世紀始祖tragemata原意其實是點心，卻非我們所謂的甜點。事實上，西元前五世紀時，希羅多德（Herodotus）曾在《歷史》（*Histories*）一書中提到，[7]熱愛甜點的波斯人曾嘲笑希臘人並沒有真正的甜點：

> 〔波斯人〕有幾道貨真價實的餐點，但多半在正餐後做為甜點[epiphorēmata]，且不只一道；正因如此，波斯人曾說，希臘人不會在享用晚餐後餓著，因為餐後他們並沒有可以稱之為甜點的餐點上桌，若真有美味的甜點，他們才不會這麼快就不吃了。

　　正是熱愛甜點的波斯人促使單調的薄餅及堅果變成今日的甜點。在先前由波斯人統治的部分美索不達米亞區域建立了巴格達後，人們接著發展出創新的烹飪潮流，[8]哈里發御用大廚們自波斯甜點中取經並使其更為豐富多元，如甜派皮的杏仁酥lauzīnaj、澱粉製甜品fālūdhaj，酸口味的餐點則有糖醋燉牛肉以及其他甜味燉菜。

　　由現存最早的食譜來看，這些甜味餐點大多集中在用餐的最後階段供應，這很有可能正是從巴格達發展而出的特色。甜味餐點的出餐順序也許是基於中世紀的健康飲食方式，糖果據說可促

---

[7]　Macaulay (1890), Book 1 (Clio), § 133.

[8]　Waines (1989), 8.

進消化口味過重的食物。[9]最早在巴格達出現的食譜《料理之書》約於西元950至1000年間完成，其中所有的甜食、油炸點心、杏仁酥以及法式薄餅（crepes）皆安排在套餐的最後階段。在中世紀阿拉伯文學《一千零一夜》中，可見許多令人垂涎三尺的美饌餐宴書寫，內容提及一道又一道的甜點，如〈朱特與兩位哥哥〉（Tale of Judar and His Brothers）一篇中的餐宴：

烤雞、烤肉、蜂蜜米飯、土耳其肉飯（pilaf）、香腸、鑲餡羊胸、蜂蜜庫納法（kunāfa）、稱之為zulābiyya的甜甜圈、以qatā'if為名的甜堅果餡夾心鬆餅，以及核果蜜酥（bakalava）[10]

　　而〈六兄弟的故事〉（The Tale of the Sixth Brother）一篇裡，吃完肉粥、糖醋燉鵝肉和開心果雞後，主人會堅持為賓客送上甜點，並說「將這些餐點撤走，送甜點來」，甜點則為糖漬杏仁、麝香調味酥炸點心，搭配「糖漿」和杏仁凍。[11]

　　來自中世紀穆斯林安達魯斯（al-Andalus）的音樂家奇爾亞博（Ziryab），被公認是將這些甜點自巴格達西傳的人。[12]他於西元822年抵達拉曼二世（Abd-al-rahman II）時期的皇宮所在地哥多華。奇爾亞博是安達魯西亞音樂的開創者，傳說他能記下

[9]　Nasrallah (2007), 43.

[10]　Lewicka (2011), 56; Perry (2001), 491.

[11]　Haddawy and Mahdi (1995), 290.

[12]　and Corriente (2001), 202-6.

數萬首歌曲，且整晚熬夜和精靈[13]一同討論作曲。奇爾亞博據傳是首位提議將餐點依順序上菜的人，[14]且第一道正是由他所研發的杏仁芫荽羊肉湯——tafaya。十一世紀時，哥多華的歷史學家伊本・哈揚（Ibn Hayyan）指出，民眾甚至認定，正是奇爾亞博「研發」出眾多傳說中的安達魯斯甜點，例如來自巴格達的杏仁酥和甜堅果餡夾心鬆餅。看似是由奇爾亞博具體化了這些傳說中的安達魯斯輝煌，[15]以及東方宮廷巴格達豐富多元的飲食文化。

幾百年後，十三世紀安達魯西亞的某本烹飪書中指出，一頓套餐包含七道料理，[16]從tafaya（因為這道湯品非常「健康」）開始，再以三道甜點和蛋料理結束。第一本西班牙文烹飪書是復國運動[17]結束後，由羅伯特・德諾拉（Roberto de Nola）所於1525年完成的《烹飪之書》（*Libro de Cozina*），[18]書中曾提及當時的套餐仍以湯品為第一道菜，並以甜點和水果結束。

這些美饌主要經由穆斯林安達魯西亞、西西里島流傳到歐

---

[13] 編注：精靈（Jinn），早期阿拉伯國家以及晚期伊斯蘭世界中的神話人物，與人類一樣，個性有好、有壞，有邪惡、有善良。最為人所知如《一千零一夜》中，自阿拉丁神燈中被召喚出來的精靈，便是Jinn。

[14] Makki and Corriente (2001), 202-6.

[15] Reynolds (2008).

[16] Miranda (1966), 120.英文版可見：http://www.daviddfriedman.com/Medieval/Cookbooks/Andalusian/andalusian3.htm#Heading125

[17] 編注：復國運動（Reconquista）發生在西元718至1492年間的伊比利半島。位於半島北方的基督教王國為了收復被伊斯蘭國家所占領的南方土地，而發起歷時數百年的戰爭。

[18] Nola (1525), 37.

洲，《無名手稿》（*Manuscrito Anonimo*）是中世紀一本來自穆斯林安達魯西亞的食譜，內容記載了原始的糖醋燉雞zirbaja、以玫瑰糖漿調理的雞肉料理jullabiyya（波斯語中的玫瑰為sharâb al-jullâb），或者是以楊梓、醋、番紅花和芫荽燉煮的羊肉。這些菜色亦被複製流傳到歐洲，首先出現在西西里島，再來是那不勒斯、英格蘭（當時這些地區全由諾曼人統治），並發展出我們所知的「中世紀」料理：以乾果、薑、玫瑰水和其他中東香料調味而成的肉類料理。第一本英語烹飪書《烹飪的形式》可見以糖、薑和葡萄乾，或蜂蜜和番紅花烹調的兔肉；或是以酒漬椰棗和糖調理的豬絞肉或雞絞肉料理；又或者是mawmanee [19]和blankmaunger（以杏仁牛奶搭配醃雞或魚燉煮甜米粥所製成的鹹布丁，源於中世紀阿拉伯菜肴ma'muniyya）。

然而在中世紀時期的歐洲，在用餐最後階段供應甜點的趨勢仍絕非必要，許多甜點會在餐點之間出餐，雞肉派或鹿肉等鹹食則最後上桌。及至十六世紀初，糖價下跌後才致使餐間的甜點食譜大量出現（語言學方面亦頗受影響──「甜」成為莎士比亞最喜歡的形容詞之一）。鹹食、甜食的烹煮方式相互調和，羊腿可能加入檸檬、紅醋栗和糖中煨煮，或是雞肉佐酸漿果、肉桂和糖同時出餐，如1545年都鐸王朝早期食譜《烹飪新法》（*A Propre Newe Booke of Cokerye*）中的「雞肉浸食」的作法（Chekyns upon soppes，原則上，就是雞肉放在肉桂麵包上）：

---

[19] Rodinson (2001).

### 雞肉浸食[20]

Take sorel sauce a good quantitie

And put in Sinamon and sugar

And lette it boyle

And poure it upon the soppes

Then laie on the chekyns

取適量酸漿果汁

加入肉桂和糖

加熱滾煮

倒在麵包上

然後放上雞肉

不過,從中世紀時期起,甜食不時在套餐後半階段供餐來看,甜食已然趨向現今的順序——餐點的最後。食物歷史學家讓路易斯·弗蘭德林(Jean-Louis Flnadrin)曾詳細註記不同時期糖在法語食譜中的作用,[21] 結果發現,從十四世紀至十八世紀期間,在肉類、魚類料理中,糖的使用大幅減少,反之甜點裡的糖用量則愈來愈多。當肉類搭配糖和水果烹煮的作法仍在摩洛哥、波斯、中亞地區,甚至部分東歐料理中盛行之際,卻在法國逐漸

---

[20] *A Propre Newe Booke of Cokerye.* c. 1557. John Kynge and Thomas Marche, Crede Lane, London.

[21] Flandrin (2007).

式微。

1600年標誌著傳統套餐轉向現代正式套餐的轉折點；此時，法國肉類料理仍是具甜味的調理，而甜點主要意味著的，是正餐後的少量點心或堅果，尤其是水果或堅果類。我們之所以知道，起因於dessert在1612年時，以外來法語詞彙在英語中首次出現，且是在早期健康及飲食的篇章中被提及。威廉・沃根（William Vaughan）在《自然與人為的健康之道》（*Natbrall and Artificial Directions for Health*）中曾說：「法語稱之為dessert的飲食違背自然，與人類生理健康或正常飲食習慣背道而馳。」

你或許贊同沃根這麼早就對「外國」甜點裡富含脂肪和糖提出警告，可惜此時的甜點並非全指這類高糖、高脂的食物。沃根提及新鮮水果，並指出，除非水果經過烹煮，否則在一頓正餐後享用新鮮水果將難以消化。這也正是我安娜祖母同意的觀點；在她位於布朗克斯的公寓，晚餐意味著燉雞肉、馬鈴薯燉魚肉，甜點則是熬煮過的水果。1970年代，每當她前來加州拜訪我們，也會從樹上摘下熟透的杏桃和桃子，隨後熬製成糖煮水果。

一百多年後來到十八世紀，英式英語和美式英語都借用了dessert。英式英語中，dessert維持原意為正餐後的輕食，[22]至於美式英語，既然已清楚美國人對於食物的態度（大概就是「為何要在有整盤蛋糕、冰淇淋、鮮奶油跟巧克力醬可以享受時，反而

---

[22] 1895年版本的《牛津英語辭典》中可以找到此字最初的定義：(1)一套有水果、蜜餞等的菜餚，會在正餐或晚餐後上桌；有「娛樂作用的最後一道菜」(2)「在美國通常會包含派、布丁和其他甜食」如今在英式英文也有此用法。

去吃蘋果呢？」）那麼對於在獨立戰爭期間，dessert的意義有所改變，涵蓋了更多甜食種類如蛋糕、派和冰淇淋等事實，應該也沒什麼好驚訝吧。我們之所以知道這個字的沿革，是因為喬治・華盛頓和瑪莎・華盛頓在1789年於紐約市就職典禮後，在他們位於櫻桃街（Cherry Street）上的曼哈頓寓所舉辦了一場宴會，時任賓州參議員的威廉・麥克萊（William Maclay）在日記中提到宴會菜單：[23]「甜點先有蘋果派、布丁等；接著是冰淇淋、果凍等；然後則是西瓜、香瓜、蘋果、桃子和堅果。」

到了十九、二十世紀，甜食僅屬於甜點範疇的概念，在愛斯可菲所製定的經典法式料理中變得相對嚴謹。雖然也有例外，但也僅限於特殊餐點，如愛斯可菲的橙汁烤鴨（canard a l'orange），以及時尚料理——尤指新潮烹調（Nouvelle Cuisine）崛起後——諸如鴨胸肉佐櫻桃或乾煎鵝肝醬搭配葡萄或醃漬水果等。

美式料理對此較沒那麼嚴格，正如加泰隆尼亞大廚費蘭・阿德利亞（Ferran Adrià）便曾親眼目睹：「漢堡裡淋上番茄醬，搭配可樂？這簡直是你能想像到的甜鹹交會的極致」。[24]許多肉類料理中仍保有些許中世紀風味，歷史學家肯・阿爾巴拉（Ken Albala）稱之為「復古」（throwback）[25]——像是糖醋口味的烤肉、紅糖和豆蔻釀製火腿、水果醬搭配鴨肉，或小紅莓醬、蘋果

---

[23] Baker (1897), 192.

[24] Gopnik (2011), 269.

[25] Albala (2007), 57.

醬和糖蜜甘藷搭配的肉類料理──這些淨是聖誕節和感恩節會出現的傳統菜餚。開創現代飲食人類學研究的知名人類學家西尼‧敏茲（Sidney W. Mintz）指出，這些遺留下來的風味「所展現的，正是人類學家長久以來的努力──也就是，傳統節日保存了日常生活中已然消逝的部分。」[26]

　　然而除了這些特殊例外，漸漸地，我們習於先享用鹹食，然後以甜食權充甜點。

　　追溯這段甜點歷史可發現，從鹹食到以甜食作結的套餐，其實是近代歐洲料理發展而來。換句話說，這種獨特的出餐順序以及食用甜點的概念存在於某些料理（現代美國人、古時波斯人），反之，則未見於其他料理（古希臘人，以及我們即將探討的中國人）。

　　為了解釋各國料理有何不同和雷同之處，甚或這些料理如何隨時間變遷而有所變化，我提出一種稱之為「料理文法」（grammar of cuisine）的理論，將料理視為一種語言。這種隱喻的發想來自語言學上的文法，舉例來說，英語文法有許多固定規則，如明確規範形容詞置於名詞之前（英語說 hot fudge〔熱牛奶糖〕，而非 fudge hot），或名詞置於動詞之後（eat chocolate〔吃巧克力〕，而非 chocolate eat）；文法定義了語言中各種要素如何建構組成完整的語言。

　　正如語言具固定文法規則，母語人士即便難以解釋，仍很了解；料理亦有固有結構，一套文法規範哪些食物相互搭配、如何

---

[26] Mintz (1985), 87.

做出合文法的料理或餐點等。料理的固有結構包括如何運用食材組建出料理、如何以料理建構出一頓套餐、如何結合特殊風味及烹飪技巧來創造完整餐點。不論何種，都能幫助我們了解料理的本質，及其異同。

我們已經討論過料理文法的其中一個層面：套餐的出餐順序。規範之一是美式料理和歐式料理的「甜點都在最後出餐」，另一種則和開胃菜（entrée）相關，即美式晚餐中，對entrée的誤用，由此，我們可以出餐順序來表達一種「規則」（括弧表示可置換餐點）：

美式晚餐＝（沙拉或開胃菜）主餐／開胃菜（甜點）

這項公式顯示，美式晚餐包含一道主餐，之前可能會有沙拉或開胃菜（或兩者都有），最後或許有道甜點。

與之相比，法式料理有起司拼盤，且通常在主菜之後而非之前會有一道份量較小的綠葉沙拉（當然甜點最後出餐，正如法語中的salé puis sucré〔鹹而後甜〕）：

法式晚餐＝（開胃菜）主菜（沙拉）（起司拼盤）（甜點）

即便都位在歐洲，不同國家出餐方式亦有所不同；義大利料理中，第一道主餐（primo）就相當特別，通常為義大利麵或燉飯：

義式晚餐＝（開胃菜）第一道主餐　第二道主餐（沙拉）
（起司拼盤）（甜點）

有些美式套餐出餐順序變化更是近年才有的現象。一開始，
美國人跟法國人一樣，主餐之後才享用沙拉，然而美國最具風
格的散文作家之一，同時也是我最喜愛的美食作家MFK‧費雪
（MFK Fisher）認為，在主餐前享用沙拉的現代習慣興起於二十
世紀初期的加州。費雪成長於第一次世界大戰期間洛杉磯東部的
惠提爾（Whittier），她習於在正餐前先食用新鮮萵苣，且曾在
書中寫道，她以沙拉開始的「西部」套餐用餐習慣，可是嚇壞了
她來自東岸的友人，因為他們多是在主餐之後才有沙拉。（二十
世紀前半，東岸的正式套餐反而大多是從葡萄柚開始；我那住在
紐約的貝希祖母終其一生保有這習慣。）

儘管前述列出的各國晚餐確實有所差別，美式和西歐國家
的出餐順序仍極其相近。相對而言，中式料理中卻未見甜點。
而傳統華語世界裡，甚至沒有用來表述dessert的詞彙。現今
翻譯上最常使用的如廣東話「甜品」（tihn ban），中文「甜點」
（tian dian），至多只是借至西方世界中原指的甜食，而非甜點
（dessert）。以傳統的廣式套餐為例，通常以一道鹹湯作結，偶
爾（在桌上餐盤撤走後）供應新鮮水果。

這足以解釋為何美國的幸運籤餅傳統會被視為甜點。李競
（Jennifer 8. Lee）所寫的《幸運籤餅紀事》（*The Fortune Cookie
Chronicles*）提到，十九世紀時，在點心裡塞入幸運籤的食用方
式首度出現於日本文化。及至二十世紀，加州的日式和中式餐廳

才開始將幸運籤餅當成飯後甜點。透過料理文法即可解釋其緣由：傳統上，中式料理並沒有甜點，然而以幸運籤餅為甜點供應給餐後渴望甜食的美國食客，猶如填補了中式料理進化過程中的空缺。

中式料理沒有甜點，由此解釋為何在中式烹飪中，烘焙以及烤箱不太重要。在我們中國的家中，廚房裡也沒有烤箱，而住在聖蓋博谷（San Gabriel Valley）地區的岳母甚至把廚房裡的烤箱當成放鍋子的簡便櫥櫃。

中式料理當然有所謂的甜食，例如美味的甜湯「糖水」（tong sui）就被視為甜點，但大多做為點心或宵夜輕食。潔娜和我很常在半夜一點時前往蓋瑞街（Geary）上我最愛的甜品店——九龍塘（Kowloon Tong）：花生製作的湯品稱為「花生糊」（fa seng wu）加湯圓（tongyun）、蜂蜜豆腐花、紅豆湯、龜苓膏、紅棗燉雪蛤——雖然我不太喜歡這種據說是青蛙輸卵管製成的食物（別再問了）。

雖然中式套餐本來就沒有飯後甜點的概念，但仍有一套料理架構：[27] 不同食材的限制和組合。比如說，廣東菜的套餐會有澱粉（米、麵、粥）和非澱粉（蔬菜、肉類、豆腐等）兩部分，這些不同的食材可組成一道菜（例如炒麵、炒河粉、炒飯等），或者也有以白米飯搭配非澱粉的各式菜餚，再由食客自行夾取。以英語的「非澱粉」來形容這類菜餚顯得怪異，但在廣東話中，的

---

[27] 關於中式料理架構的更多訊息，請直接參考 Anderson (1988) and Chang (1977) 而對於一般餐宴結構的相關概念請見 Anderson (2005).

確有特定的字眼來形容，也就是「餸」（sung），廣東話說去買菜就是「買餸」（mai sung）（因為澱粉本來就是家裡一定有的主食），因此典型的廣式晚餐會是澱粉類加上餸，或者以另一種料理文法來書寫便是：

一頓飯＝澱粉＋餸
Meal = starch + sung

　　料理文法能說明的，不只一頓套餐的架構而已，每道料理都有其不變的味道法則，才能個別組成一道菜。我樂於將菜色當成文字思考，將特定的食材或口味元素當成字或菜肴的發音（語音）。

　　不同語言雖有不同的發音方式，卻又意外相似，比如說，每種語言都有類似英語的[t]或[p]。為什麼會有這種現象？現代語言學家肯‧史蒂芬斯（Ken Stevens）在其《語音量子理論》（*Quantal Theory of Speech*）一作中曾解釋，[28] 人類有一樣的舌頭和口腔生理機能，[t]是根據舌頭（以及唇部、聲帶）特殊構造而產生的發音，對說話者而言容易確實執行，而聽者也易於分辨。

　　儘管如此，每種語言在發共通的[t]或[p]時仍有些許不同。英語[t]與義大利語[t]或廣東話的[t]不同，法語[p]也與西班牙語[p]不一樣。這便是我們說外語時會有口音的主因：美國人發英語的[t]時可謂專家，卻很難改掉英語的發音方式，並正確發出

---

[28] Stevens (1972).

日語 [t] 或法語 [t]。

　　同理可證，基於相同的舌頭構造卻有不同層面的差異，感知味覺如甜、酸、苦、鹹和鮮時的能力也都一樣。只是每道料理在表達這些共通的味道元素時，或許會利用不同食材來展現其文化上的特殊風味。

　　舉例來說，每道甜點似乎都有其獨特的甜味元素，我最喜歡的馬來西亞椰糖（gula melaka），是一種略帶煙燻香氣以及焦糖甜味的椰子棕櫚糖。在舊金山要買到棕櫚糖不難，只是風味不佳，所以我會在偶爾前往馬來西亞時帶一些回來，或向大方的友人託購。[29]

　　與之相比，美國食物的甜味多半來自精製的白蔗糖或玉米糖漿，有時則是楓糖。淘金熱期間，[30]舊金山居民會在食物上先淋上糖蜜，[31]就像現今使用番茄醬一樣；英國和聯邦國家的甜點多使用金黃色糖漿，墨西哥料理使用未加工的粗糖（piloncillo sugar），而泰國料理則是巴爾米拉棕櫚糖（palmyra palm sugar）。

　　在中國，料理的酸味來源是米醋，東南亞為羅望子，美國是檸檬汁或麥醋，中美洲是酸橙或佛羅里達萊姆，法式料理的酸味

---

[29] 我很感謝部落格 EatingAsia 的 Robyn Eckhardt，他曾經正好在我剛吃完椰糖時幫我帶了一些。

[30] 早期舊金山的烘焙坊如 Boudin 多用自然發酵，當時做出來的麵包稱為「法式麵包」。直到 1900 年後，與法式和義式麵包相關的麵包才開始被稱為「酸麵包」（sourdough），這說法可能來自阿拉斯加克朗岱克淘金熱（Klondike Gold Rush）時期 (Peters 2013, Carl Nolte, p.c.)。

[31] Peters (2013), 6; Kamiya (2013), 175.

是來自葡萄酒醋（因此才會出現vin-aigre 酸葡萄酒這個單字）。意第緒料理的酸味則是來自稱為酸味鹽（sour salt）的檸檬酸結晶，這也是我母親的拿手料理——高麗菜裹飯、肉和番茄這道菜的甜酸味道來源（我非常喜愛，只是我父親總說這是「屍布牛肉」），其他一般常見的味道元素包含鹹或鮮（來自海鹽、鹽漬橄欖、續隨子〔caper〕、醬油、魚露、蝦醬、鯷魚等）。

不過，並非所有的味道都很常見，不同味道組成的獨特口味才是美味與否的關鍵，這是現代食物學者伊莉莎白‧羅辛（Elizabeth Rozin）稱為「味道法則」（flavor principle）的概念。[32] 她指出，一道菜肴若有醬油、米醋和薑調味，那就是中式料理，同樣食材若使用酸橙、大蒜和胭脂樹籽調味，那就是猶加敦（Yucatecan）口味；反之，添加了洋蔥、雞油、白胡椒（或是烘烤，加上奶油、奶油起司和酸奶油），那便是我母親和祖母的意第緒料理。

近期的研究中，甚至利用電腦計算技術，針對網路食譜資料庫進行分子層級測試，藉此檢視羅辛的味道法則是否適用於各時期的料理。印第安納大學的安勇烈（Yong-Yeol Ahn）及其研究團隊共同針對網路上六萬份食譜進行「食物配對假設」的測試。[33] 此假設近幾年才被提出，其理論認為，美味食譜很可能採用相同味道分子的食材，如番茄、莫札瑞拉起司皆含有4-甲基戊酸（4-methylpentanoic acid）。安勇烈及其研究團隊發現，北

---

[32] Rozin (1973).
[33] Ahn et al. (2011), Drahl (2012).

美和西歐食譜、東亞食譜之間有趣的差異性：北美和西歐食譜會搭配具相同味道分子的食材，而東亞食譜則是將完全不會重複味道的食材（例如牛肉、薑、辣椒、豬肉和洋蔥）結合在一起。這樣的差異性意味著，對於相同或不同味道分子組合的偏好，或許是造就菜肴產生的部分原因。

有趣的是，東亞文化中缺乏甜點似乎對他們的研究結果產生很大影響。他們發現，北美最常使用且具相同味道分子的食材多為製作甜點的食材，例如牛奶、奶油、可可、香草、雞蛋、奶油起司、草莓和花生醬；因此，東亞和北美的食材搭配的傾向之所以有差異，或許是肇因於北美的甜點文化。

料理文法最後的部分與烹飪技巧有關而非味道。以中式料理為例，所有食材必須經過烹煮方能食用，未烹調的菜肴如綠葉沙拉反而違反這種料理結構。由此我們可以說，沙拉在中式料理中「不合文法」。雖然現今在國外的中式餐廳一定點得到沙拉（廣東話稱 sa leut），但傳統來說，若在中國看到有人津津有味的嚼著生胡蘿蔔、西洋芹或彩椒，就猶如大部分美國人吃起鴨腦，景象極其怪異。

早期中國的烹飪技術和文明與否的概念相關；[34] 在鄰近文化中，相較於熟食民族，生食民族被視為開化程度低。人類學家克勞德・李維史陀（Claude Lévi-Strauss）指出，這種生食與熟食之間的對立，或許普遍存在於各種文化中：有文明、社會化且試

---

[34] Fiskesjö (1999).

圖操控大自然的地方才可見烹煮。[35]

　　不過，健康可能是中國人禁吃生食最主要的因素，實際上連水都不會生飲，一定會在飲用前煮沸。據推測，飲用煮過的水（還有茶，因為有防腐劑）使中國不若西方國家不時經由水而散播傳染病。美國人和歐洲人傳統上飲用生水，直到十九世紀供水系統受到重視以前，便經常遭類似霍亂等傳染疾病侵擾。

　　中國文化對於不喝生水的觀念由來已久，儘管現今無論香港或臺北的供水系統完善且直接飲用也安全無虞，人們如我的朋友菲雅，即便出身在這些高度發展的城市，仍然將水煮沸，並在冰箱裡存放一大罐煮過的飲用水。

　　甜點理應是甜食，或是猶太餡餅本該有雞油香而非奶油，這些既定文化都是承襲已久的傳統。在臺北的菲雅難以想像飲用生水、作家費雪的友人被她食用沙拉的順序嚇到、噁心的雪蛤輸卵管（雪蛤）或生食胡蘿蔔，這些無不表明料理具備完整的文化架構，且其味道元素和有系統的文法原則組合更是根深抵固。

　　我認為，正是這種料理文法構成近日甜點中含有豬肉的風潮。培根冰淇淋違反了美式料理的既定規範，即甜點本該為甜食而非肉食或鹹食。我們之所以熱愛培根冰淇淋，並非出於這是培根最能展現其美味的理由，然至少就某部分來說，培根冰淇淋完全突破窠臼，有趣、具反叛意味，甚至是……不合文法！

　　其實，反抗既有規範正是創新之道，這在現代料理（分子料理或解構料理）中表現最為明顯，其烹飪技術多將不合文法規則

---

[35]　Lévi-Strauss (1969).

的餐點（爆米花湯、白巧克力太妃鴨肝、焦糖蕃茄和辣紅莓凍）
視為開發創意的工具。但也請回想一下，全球亦曾相互取材，並
造就出我們今日的日常食物，如番茄醬、冰淇淋或馬卡龍，曾經
只為富人而進口的異國風借用交流，漸漸的融入在地文化。我們
至今仍無法解釋造成在地化的原因，也無法得知這些食物慢慢成
為新式餐點時究竟發生什麼特殊變化，但料理文法便足以說明：
外國進口的奢侈食品藉由改變自身以適應當地既有的烹飪架構，
進而成為在地日常料理，如同在西歐食物的味道法則中，中世紀
香料早已失去原本的重要性，杏仁餅和柑橘果醬也未再添加中世
紀的原料──玫瑰水及麝香；番茄加糖成為美式料理味道法則之
一（番茄醬、蕃茄湯、番茄義大利麵醬）的同時，這種原為魚
醬、如今卻是甜味帶酸的番茄醬料正衝擊著大眾文化；與此同
時，中國的料理文法（澱粉＋餡）則引領出番茄在番茄醬或義大
利麵醬之外的另一種烹調方式──番茄炒蛋。歐洲料理中具重要
地位的牛奶和奶油，促使來自東方的花果糖水搖身一變成為西方
的冰淇淋和美國雪泥；因為四旬齋齋戒在中世紀基督教無論宗
教、文化和飲食方面至關且要，甜酸的糖醋燉牛肉料理輾轉成為
炸魚薯條。最後，既然甜點已成為我們飲食中內化的一部分，全
新引進的原料亦成就出新式甜點，如杏仁餅、椰香蛋糕和以椰子
製成的水果沙拉，或是來自美洲食物胡桃製成的胡桃派。料理文
法甚至足以解釋，何以原本不過是日本寺廟點心的幸運籤餅，會
成為美國中式餐館中的常備甜點，且填補了美國食客在享用中式
料理時，無法品嚐甜點的缺憾。

　　甜點不僅止於讓你在感官上獲得愉悅（甚至影響我們在餐廳評論上給予高分）。食物的語言藏在毫不起眼之處，卻在我們每品嚐一口的當下，反應出既有的文化結構。

# 結語

　　在某些特定的星期五晚上，不時會有朋友前來我們位在伯納丘的天藍屋家中一起下廚；間或朋友和家人不期然來訪，也會一同幫忙準備晚餐，並把這裡當成自家廚房，料理好一道全新菜色，有時則是參考近期出版的食譜書。好幾年來，多對佳偶就在我們不同時期的房子或公寓裡、在切蒜、切薑時相遇，而後結婚，他們的孩子也會蓋薑餅屋，在流理臺上壓餅乾模型。其中一對夫妻就包括潔娜和在下我，我們是在一個晚早餐[1]烹飪餐會上認識，至今，我們仍以為所有人準備晚早餐的方式慶祝結婚週年（在晚餐時享用早餐真是美味的反料理文法）。

　　烹飪餐會全世界隨處可見。我曾在休年假時前往西班牙境內以巴斯克語為主的地區旅遊，巴斯克語稱私人烹飪社團為txoko，是當地文化很重要的一環。（巴斯克與和其他歐洲語言毫無關聯，雖然在佛朗哥〔Franco〕執政時期遭到禁用，但如同加泰隆語，在年輕一代之間仍然盛行。）Txoko（或西班牙語

---

[1]　編注：晚早餐，原文為breakfast-for-dinner，簡稱brinner，意為在晚餐時間吃早餐。這種飲食習慣形成的原因，在於一天即將結束之際，沒有太多時間準備晚餐，加上為避免攝取過高熱量，因而興起的飲食習慣。

sociedad gastronómica〔美食社團之意〕）創建於十九世紀，當時的成員（僅限男性）聚在公用廚房裡烹調食物，並一起享用；這類社團始於巴斯克城市多那斯蒂安（Donostia），西班牙語則稱聖賽巴斯蒂安（San Sebastián），如今在巴斯克語地區已隨處可見。聖賽巴斯蒂安坐落於比斯開灣（Bay of Biscay）的美麗海岸上，這座在繁密蓊鬱、綠霧山丘之間的城市總讓我想起家鄉。長久以來以漁為業的小鎮，如今成為許多創新料理的耀眼核心，隨處可見米其林星級餐廳和創意西班牙酒館（西語稱tapas，巴斯克語則稱pintxos）。

多年前，我們曾在聖賽巴斯蒂安度過收穫月（harvest moon）[2]。在家時，我們習慣以中式傳統慶祝中秋節：邀請親友到屋外喝酒賞月（舊金山每家每戶的後院占地都很小，因此「屋外」指的是「屋頂上」，喝酒的話，其實有點危險。）而在聖賽巴斯蒂安，艾內可·阿基雷（Eneko Agirre）教授則帶著我們漫步在這座古老小城，每經過酒吧，便進去點杯蘋果酒或一種無甜味的氣泡白酒txakolin，並搭配一道海鮮料理：烤魷魚、醋醃鯷魚，或創意玫瑰菜──乾冰上擺放以烤龍蝦拼成的玫瑰花。

在這座巴斯克小城裡，極致美味的食物便足以證實此地對海鮮長久以來的熱愛。正如馬克·柯蘭斯基（Mark Kulansky）在其著作《鱈魚》（Cod）中提到，巴斯克人在橫跨大西洋捕抓鱈魚時意外發現北美洲，當時他們只想將這塊區域保留為大型的私人曬魚場，因此並未向任何人提及這塊大陸。美食在此並非僅是

---

[2] 譯注：指九月，離秋分最近的月份。

少數幾間酒吧或餐廳熱中之事，在正式的烹飪社團之外，甚至有許多公共廚房供人租賃，烹飪餐會早已是聖賽巴斯蒂安文化的一部分。

不論是在聖賽巴斯蒂安或是舊金山，烹飪餐會之所以如此特別，起因於每個人帶來的各種食材，正確來說，是每個人帶來最喜愛的食材、自家烹調技術、家族祖傳香料配方。「石頭湯」的寓意我想就讓你們各自心領神會，因為這足以代表不同文明交會之際，除了創造的美食文化，同時創造了現代世界。番茄醬、糖漿、肉凍、火雞、馬卡龍、雪泥以及蒸餾酒，是波斯國王、巴格達哈里發、普羅旺斯皇室、紐約阿斯特家族的高級餐點，同時也是福建水手、埃及藥師、墨西哥修女、葡萄牙商人、西西里島上義大利麵製造者、艾摩斯特市（Amherst）詩人及紐約烘焙師所流傳下來的語言化石，每種餐點在傳承期間，無不調整借用之物的既定架構：杏仁餅和柑橘醬不再使用中世紀的玫瑰水和麝香，水果糖水也成為美味的冰淇淋，酸味的肉類料理糖醋燉牛肉變成基督教為了配合四旬齋創造而出的魚類料理。即使料理已產生變化，然語彙仍隱身其後，引發人們回想曾經共享過往的深厚情感，如火雞（turkey）一字讓我們得以回想，六百多年前葡萄牙人珍愛的海上祕寶，而土司（toast）和晚餐（supper）則讓我們想起中世紀時期的羊肉湯（pottage）以及充滿盛情的祝酒（wassail）。

討論美食的方式同時反映出人類對美食的期待：渴望過著健康、天然、真切的生活，並認同自身家族背景和文化，以及人類趨向樂觀和正向的天性。討論美食同時也反映出我們所認知的事

實：母音的發音方式和人類微笑之間的關係、而格萊斯準則更足
以回答凱蒂的問題，亦即「當我們說太多時，正意味著我們有所
隱藏」：以「新鮮番茄」做為番茄醬的廣告，過度強調「新鮮」
或「美味」的不切實際菜單，或過度強調健康的垃圾食物外包
裝。

　　換句話說，我們民族或國家的語言和烹飪習慣無法代表所有
族群或所有國家的習俗。然而，所有語言和文化具很深的共同
性，也正是這種社會及認知特質促使人類之所以為人。這些種種
層面——尊重差異以及共享人性的信念——便是人們同情與理解
的配方食材。這也正是食物的語言最終想表達的意義。

# 引用書目

Adams, Robert McCormick. 1965. *Land behind Baghdad: A History of Settlement on the Diyala Plains*. University of Chicago Press.

Adamson, Melitta Weiss. 2004. *Food in Medieval Times*. Greenwood Press.

Ahlner, F., and J. Zlatev. 2010. "Cross-Modal Iconicity: A Cognitive Semiotic Approach to Sound Symbolism." *Sign Systems Studies* 38(1): 298–348.

Ahn, Yong-Yeol, Sebastian E. Ahnert, James P. Bagrow, and Albert-László Barabási. 2011. "Flavor Network and the Principles of Food Pairing. *Scientific Reports* 1: 196.

al-Hassan, Ahmad Y. 2001. "Military Fires, Gunpowder and Firearms." Chapter 4.4 in *Science and Technology in Islam. Part II: Technology and Applied Sciences*, edited by Ahmad Y. al-Hassan, Maqbul Ahmed and Albert Zaki Iskandar. UNESCO. http://books.google.com/books?id=h2g1qte4iegC&q=ibn+bakhtawayh.

Al-Nassir, A. A. 1993. *Sibawayh the Phonologist*. Kegan Paul.

Albala, Ken. 2007. *The Banquet: Dining in the Great Courts of Late Renaissance Europe*. University of Illinois Press

———. 2011. "Historical Background to Food and Christianity." In *Food and Faith in Christian Culture*, edited by Ken Albala and Trudy Eden, 7–200. Columbia University Press.

Albala, Ken, and Trudy Eden, eds. 2011. *Food and Faith in Christian Culture*. Columbia University Press.

Allen, Robert C., Jean-Pascal Bassino, Debin Ma, Christine Moll-Murata, and Jan Luiten Van Zanden. 2011. "Wages, Prices, and Living Standards in China, 1738–1925: In comparison with Europe, Japan, and India." *The Economic His- tory Review* 64(S1): 8–38.

Amerine, Maynard Andrew, and Edward Biffer Roessler. 1976. *Wines: Their Sen- sory Evaluation*. New York: W.H. Freeman.

Anderson, Eugene N. 1988. *The Food of China*. New Haven: Yale University Press.

————. 2005. *Everyone Eats.* New York University Press.

Ankerstein, Carrie A., and Gerardine M. Pereira. 2013. "Talking about Taste: Starved for words." In *Culinary Linguistics: The Chef's Special.* Edited by Cornelia Gerhardt, Maximiliane Frobenius and Susanne Ley. Benjamins.

Antoine, Thomas. 1917. "La Pintade (poule d'Inde) dans les Textes du Moyen Âge."*Comptes-Rendus des Séances de l'Académie des Inscriptions et Belles-Lettres* 61(1): 35–50.

Aprosio, Sergio. 2003. *Vocabolario Ligure Storico Bibliografico. II.2.* Società Savonese di Storia Patria. Audiger, Nicolas. 1692. *La Maison Reglée.* Paris.

Augustine, Adam A., Matthias R. Mehl, and Randy J. Larsen. 2011. "A Positiv- ity Bias in Written and Spoken English and Its Moderation by Personality and Gender." *Social Psychological and Personality Science* 2(5): 508–15.

Austin, Daniel F. 1988. "The taxonomy, evolution and genetic diversity of sweet potatoes and related wild species." In *Exploration, Maintenance and Utiliza- tion of Sweet Potato Genetic Resources: Report of the First Sweet Potato Planning Conference* 1987. Lima, Peru; International Potato Center, 27–59. Available at http://cipotato.org/ library/pdfdocs/SW19066.pdf.

Austin, Thomas, ed. 1964. *Two Fifteenth-century Cookery-books.* Published for the Early English Text Society by the Oxford University Press. Available online at University of Michigan Humanities Text Initiative.

Baker, James W. 2009. *Thanksgiving: The Biography of an American Holiday.* Hanover: University Press of New England.

Baker, William Spohn. 1897. *Washington after the Revolution: 1784–1799.* Philadelphia. Ballerini, Luigi, ed. 2005. *The Art of Cooking: The First Modern Cookery Book. By The Eminent Maestro Martino of Como.* Translated and annotated by Jeremy Parzen. University of California Press.

Barros, Cristina. 2004. "Los Moles. Aportaciones Prehispánicas." In *Patrimonio Cultural y Turismo. Cuadernos 12. El mole en la ruta de los dioses: 60 Congreso sobre Patrimonio Gastronómico y Turísmo Cultural. Memorias (Cultural Heritage and Tourism, Volume 12: Mole on the Route of the Gods. Proceedings of the 6th Congress on Gastronomic Heritage and Cultural Tourism)*, 19–28. Puebla: Consejo Nacio- nal para la Cultura y las Artes.

Batmanglij, Najmieh. 2011. *Food of Life: Ancient Persian and Modern Iranian Cook- ing and Ceremonies.* Mage.

Bauer, Robert S. 1996. "Identifying the Tai substratum in Cantonese," in *The Fourth International Symposium on Language and Linguistics*, Thailand, pp. 1806–1844. Institute of Language and Culture for Rural Development, Mahi- dol University.

Bayless, Rick. 2007. *Authentic Mexican*. William Morrow.

Belon, Pierre. 1553. *Les Observations de Plusieurs Singularitez et Choses Memorables Trouvées en Grèce, Asie, Judée, Egypte, Arabie et Autres Pays Étrangèrs.* http://books.google.com/books?id=VYcsgAYyIZcC.

Benson, Adolph Burnett. 1987. *Peter Kalm's Travels in North America: The English Version of 1770*. New York: Dover.

Benveniste, Emile. 1969. *Indo-European Language and Society*. University of Miami Press.

Berdan, Frances F., and Patricia Rieff Anawalt. 1997. *The Essential Codex Men- doza*. Vol. 2. University of California Press.

Berger, Jonah, and Katherine L. Milkman. 2012. "What Makes Online Content Viral?" *Journal of Marketing Research* 49(2): 192–205.

Beverland, Michael B. 2006. "The 'Real Thing': Branding Authenticity in the Luxury Wine Trade." *Journal of Business Research* 59: 251–58.

Beverland, Michael B., Adam Lindgreen, and Michiel W. Vink. 2008. "Projecting Authenticity Through Advertising." *Journal of Advertising* 37(1): 5–15.

Biber, Douglas. 1988. *Variation Across Speech and Writing*. Cambridge: Cambridge University Press

Biber, Douglas. 1995. *Dimensions of Register Variation: A Cross-Linguistic Comparison*. Cambridge: Cambridge University Press.

Bottéro, Jean. 2004. *The Oldest Cuisine in the World: Cooking in Mesopotamia*. University of Chicago Press.

Boucher, Jerry, and Charles E. Osgood. 1969. "The Pollyanna Hypothesis." *Jour- nal of Verbal Learning and Verbal Behavior* 8(1): 1–8.

Bourdieu, Pierre. 1984. *Distinction: A Social Critique of the Judgement of Taste*. Translated by Richard Nice from the 1979 French original. Harvard University Press.

Boyle, Robert. 1665. *New Experiments and Observations Touching Cold, or an Experimental History of Cold, Begun*. London: John Crook. http://quod.lib.umich.edu/e/eebo/A29001.0001.001.

Braudel, Fernand. 1981. *The Structures of Everyday Life. Volume 1 of Civilization and Capitalism 15th–18th Century.* New York: Harper & Row.

Brears, Peter. 1993. "Wassail! Celebrations in Hot Ale." In *Liquid Nourishment,* edited by C. Anne Wilson, 106–41. Edinburgh University Press.

Bremner, Andrew J., Serge Caparos, Jules Davidoff, Jan de Fockert, Karina J. Linnell, and Charles Spence. 2013. " 'Bouba' and 'Kiki' in Namibia? A Remote Culture Make Similar Shape–Sound Matches, But Different Shape–Taste Matches to Westerners." *Cognition* 126: 165–72.

Briscoe, John. 2002. *Tadich Grill.* Ten Speed Press.

Brook, Nath. 1658. *The Compleat Cook.* Printed by E.B. for Nath. Brook, at the Angel in Cornhill. London.

Buell, Paul D., and Eugene N. Anderson. 2010. *A Soup for the Qan: Chinese Dietary Medicine of the Mongol Era as Seen in Hu Sihui's Yinshan Zhengyao.* Leiden: Brill. Burenhult, Niclas, and Asifa Majid. 2011. "Olfaction in Aslian Ideology and Lan-guage." *The Senses and Society* 6(1): 19–29.

Burkert, Walter. 1985. *Greek Religion.* Translated by John Raffan from the 1977 German original. Harvard University Press.

Butler, Anthony R., and Martin Feelisch. 2008. "Therapeutic Uses of Inorganic Nitrite and Nitrate: From the Past to the Future." *Circulation* 117: 2151–59.

Bynum, Caroline Walker. 1987. *Holy Feast and Holy Fast: The Religious Signif-icance of Food to Medieval Women.* Berkeley: University of California Press.

Campopiano, Michele. 2012. "State, Land Tax and Agriculture in Iraq from the Arab Conquest to the Crisis of the Abbasid Caliphate (Seventh–Tenth Centu- ries)." *Studia Islamica, nouvelle édition/new series* 3: 5–50.

Carroll, Glenn R., and Dennis Ray Wheaton. 2009. "The Organizational Con- struction of Authenticity: An Examination of Contemporary Food and Dining in the U.S." *Research in Organizational Behavior* 29: 255–82.

Carter, M. G. 2004. *Sibawayhi.* Oxford: I. B. Tauris.

Cato. 1934. *De Agricultura.* Loeb Classical Library edition, Bill Thayer's Web Site, University of Chicago. http://penelope.uchicago.edu/Thayer/E/Roman/ Texts/ Cato/De_Agricultura/K*.html.

Chan, Sucheng. 2000. "A People of Exceptional Character: Ethnic Diversity, Nativism, and Racism in the California Gold Rush." Chapter 3 in *Rooted in Barbarous Soil:*

*People, Culture, and Community in Gold Rush California*, edited by Kevin Starr and Richard J. Orsi, 44–85. California Historical Society.

Chang, K. C., ed. 1977. *Food in Chinese Culture: Anthropological and Historical Perspectives*. Yale University Press.

Chardin, Sir John. 1673–1677. *Travels in Persia, 1673–1677*. Vol. 2. From Chap- ter 15, "Concerning the Food of the Persians." http://www.iras.ucalgary.ca/~volk/sylvia/Chardin15.htm.

Chipman, Leigh N., and Efraim Lev. 2006. "Syrups from the Apothecary's Shop: A Genizah Fragment Containing One of the Earliest Manuscripts of Minhaj al-Dukkan." *Journal of Semitic Studies* LI/1: 137–68.

Civil, Miguel. 1964. "A Hymn to the Beer Goddess and a Drinking Song." In *Studies Presented to A. Leo Oppenheim, June 7, 1964*, 67–89. The Oriental Insti- tute of the University of Chicago.

Clément, Pierre. 1863. *Jacques Coeur et Charles VII*. Deuxieme edition. Paris: Didier et Cie.

Coe, Sophie D. 1994. *America's First Cuisines*. University of Texas Press.

Coe, Sophie D., and Michael D. Coe. 1996. *The True History of Chocolate*. Thames and Hudson.

Cohn, Michael A., Matthias R. Mehl, and James W. Pennebaker. 2004. "Linguistic Markers of Psychological Change Surrounding September 11, 2001." *Psychological Science* 15(10): 687–93.

Colquhoun, Kate. 2007. *Taste: The Story of Britain through its Cooking*. Bloomsbury.

Cowen, Tyler. 2012. *An Economist Gets Lunch*. Dutton.

Curtis, Robert I. 1991. *Garum and Salsamenta*. E. J. Brill.

D'Ancoli, Francesco. 1972. *Lingua Spagnuola E Dialetto Napoletano*. Napoli: Libreria Scientifica Editrice.

D'Onofrio, Annette. 2013. "Phonetic Detail and Dimensionality in Sound-Shape Correspondences: Refining the *Bouba-Kiki* Paradigm." *Language and Speech*. Published online November 15, 2013.

Dalby, Andrew. 1996. *Siren Feasts: A History of Food and Gastronomy in Greece*. Routledge.

Danescu-Niculescu-Mizil, Cristian, Moritz Sudhof, Dan Jurafsky, Jure Leskovec, and Christopher Potts. 2013. "A Computational Approach to Politeness with

Application to Social Factors." *Proceedings of the 51st Annual Meeting of the Asso- ciation for Computational Linguistics.* Stroudsburg, PA: Association for Compu- tational Linguistics.

Danescu-Niculescu-Mizil, Cristian, Robert West, Dan Jurafsky, Jure Leskovec, and Christopher Potts. 2013. "No Country for Old Members: User Lifecycle and Linguistic Change in Online Communities." *Proceedings of the International World Wide Web Conference.*

David, Elizabeth. 1977. *English Bread and Yeast Cookery.* Allen Lane.

———. 1979. "Fromages Glacés and Iced Creams." *Petits Propos Culinaire* 2: 23–35.

———. 1995. *Harvest of the Cold Months: The Social History of Ice and Ices.* Viking.

Davidson, Alan. 1999. *The Oxford Companion to Food.* Oxford University Press.

Davis, R. 1961. "The Fitness of Names to Drawings: A Cross-Cultural Study in Tanganyika." *British Journal of Psychology* 52: 259–68.

de Sousa, Hilário. 2011. "Changes in the Language of Perception in Cantonese." *The Senses and Society* 6(1): 38–47.

Dixon, Clifton V. 1985. "Coconuts and Man on the North Coast of Honduras." In *Yearbook. Conference of Latin Americanist Geographers*, Vol. 11, 17–21.

Drahl, Carmen. 2012. "Molecular Gastronomy Cooks Up Strange Plate-Fellows." *Chemical & Engineering News* 90(25): 37–40.

Dundes, Alan. 1981. "Wet and Dry, the Evil Eye: An Essay in Indo-European and Semitic Worldview." In *The Evil Eye: A Folklore Casebook*, 257–312.

Dunlop, Fuchsia. 2008. *Shark's Fin and Sichuan Pepper: A Sweet-Sour Memoir of Eating in China.* Norton.

Eales, Mrs. 1742. *The Art of Candying and Preserving in Its Utmost Perfection.* London: R. Montagu. http://books.google.com/books?ei=T3awT7zRHuaJ iALYltXWAw.

Eckert, Penelope. 2010. "Affect, Sound Symbolism, and Variation." *Penn Working Papers in Linguistics* 16.1. University of Pennsylvania.

Edwords, Clarence Edgar. 1914. *Bohemian San Francisco: Its Restaurants and Their Most Famous Recipes; The Elegant Art of Dining.* P. Elder and Company.

Eilers, Wilhelm. 2000. "Chapter 11: Iran and Mesopotamia." In *The Cambridge History of Iran.* Volume 3, Part 1: *The Seleucid, Parthian and Sasanian Periods.* Cambridge University Press.

Endelman, Todd M. 2002. *The Jews of Britain: 1656 to 2000*. University of Califor- nia Press.

Entani, E., M. Asai, S. Tsujihata, Y. Tsukamoto, and M. Ohta. 1998. "Antibac- terial Action of Vinegar Against Food-Borne Pathogenic Bacteria Including *Escherichia coli* O157:H7." *Journal of Food Protection* 61(8): 953–59.

Escoffier, Auguste. 1921. *The Complete Guide to the Art of Modern Cookery: The First Translation into English in Its Entirety of Le Guide Culinaire*. Translated by H. L. Cracknell and R. J. Kaufmann. John Wiley, 1979.

Fernald, A., T. Taeschner, J. Dunn, M. Papousek, B. Boysson-Bardies, and I. Fukui. 1989. "A Cross-Language Study of Prosodic Modifications in Moth- ers' and Fathers' Speech to Preverbal Infants." *Journal of Child Language* 16: 477–501.

Fiskesjö, Magnus. 1999. "On the Raw and the Cooked Barbarians of Imperial China." *Inner Asia* 1(2): 139–68.

Flandrin, Jean-Louis. 2007. *Arranging the Meal: A History of Table Service in France*. Vol. 19. University of California Press.

Forbush, Edward Howe, and Herbert Keightley Job. 1912. *A History of the Game Birds, Wild-Fowl and Shore Birds of Massachussetts and Adjacent States: With Observations on Their ... Recent Decrease in Numbers; Also the Means for Conserv- ing Those Still in Existence*. Wright & Potter printing company, state printers.

Foster, George. 1972. "The Anatomy of Envy: A Study in Symbolic Behavior." *Current Anthropology* 13(2): 165–202.

Frank, Andre Gunder. 1998. *ReOrient: Global Economy in the Asian Age*. Univer- sity of California Press.

Freeman-Grenville, G.S.P., ed. and trans. 1981. *The Book of the Wonders of India, Kitab ajaib al-hind*. Written by Captain Buzurg ibn Shahriyar of Ramhormuz. Translation published by East-West Publications. London.

Geenberg, Katherine Rose. Under review. *Sound Symbolism in Adult Baby Talk (ABT): The Role of the Frequency Code in the Construction of Social Meaning*.

Gelderblom, Oscar. 2004. "The Decline of Fairs and Merchant Guilds in the Low Countries, 1250–1650." *Jaarboek voor Middeleeuwse Geschiedenis* 7: 199–238.

Gilad, Y., M. Przeworski, and D. Lancet. 2004. "Loss of Olfactory Receptor Genes Coincides with the Acquisition of Full Trichromatic Vision in Primates. *PLOS Biology* 2:E5.

Gilad, Y., O. Man, S. Pääbo, and D. Lancet. 2003. "Human Specific Loss of Olfactory Receptor Genes." *Proceedings of the National Academy of Sciences* 100: 3324–27.

Gilmore, James H., and B. Joseph Pine II. 2007. *Authenticity: What Consumers Really Want*. Boston: Harvard Business School Press.

Glasse, Hannah. 1774. *The Art of Cookery, Made Plain and Easy: Which Far Exceeds Any Thing of the Kind Yet Published* ... Printed for W. Strahan, J. and F. Rivington, J. Hinton. http://books.google.com/books?id=xJdAAAAAIAAJ.

Goody, Jack. 1982. *Cooking, Cuisine, and Class*. Cambridge: Cambridge Univer- sity Press.

Gopnik, Adam. 2011. *The Table Comes First: Family, France, and the Meaning of Food*. Random House.

Gortner, Eva-Maria, and James W. Pennebaker. 2003. "The Archival Anatomy of a Disaster: Media Coverage and Community-wide Health Effects of the Texas A&M Bonfire Tragedy." *Journal of Social and Clinical Psychology* 22: 580–60.

Greco, Gina L., and Christine M. Rose, trans. 2009. *The Good Wife's Guide. Le Menagier de Paris. A Medieval Household Book*. Cornell University Press.

Grice, H. P. 1989. *Studies in the Way of Words*. Harvard University Press. Grocock, C. W., and Sally Grainger. 2006. *Apicius: A Critical Edition with an Intro-duction and an English Translation of the Latin Recipe Text Apicius*. Prospect Books.

Haddawy, Husain, and Muhsin Mahdi. 1995. *The Arabian Nights*. Norton.

Haley, Andrew. 2011. *Turning the Tables: Restaurants and the Rise of the American Middle Class, 1880–1920*. Chapel Hill: University of North Carolina Press.

Harley, J. B. 1988. "Silences and Secrecy: The Hidden Agenda of Cartography in Early Modern Europe." *Imago Mundi* 40: 57–76.

Harris, Aisha. 2013. "Is There a Difference between Ketchup and Catsup?" *Slate*, April 22.

Hess, Karen. 1996. *Martha Washington's Booke of Cookery: And Booke of Sweet-meats*. Columbia University Press.

Heywood, Vernon H. 2012. "The Role of New World Biodiversity in the Trans-formation of Mediterranean Landscapes and Culture." *Bocconea* 24: 69–93.

Hickman, Peggy. 1977. *A Jane Austen Household Book*. David & Charles.

Hieatt, Constance B., ed. 1988. *An Ordinance of Pottage: An Edition of the Fifteenth Century Culinary Recipes*. Beinecke MS 163. Yale University.

Hieatt, Constance B., and Sharon Butler, eds. 1985. *Curye on Inglysch: English Culinary Manuscripts of the Fourteenth Century (Including the Forme of Cury)*. Oxford University Press.

Hilton, Chris. 1993. " 'The Ultimate Anchovy' and Tea Soup: Brief Notes on the Foods of the Dong People of Guanxi Province, South China." In *The Wilder Shores of Gastronomy: Twenty Years of the Best Food Writing from the Journal Petits Propos Culinaires*, edited by Alan Davidson and Helen Saberi, 76–80. Berkeley: Ten Speed Press, 2002.

Hines, Caitlin. 1999. "Rebaking the Pie: The WOMAN AS DESSERT Meta- phor." In *Reinventing Identities: The Gendered Self in Discourse*, edited by M. Bucholtz, A.C. Liang, and L.A. Sutton. Oxford University Press.

Homan, Michael M. 2004. "Beer, Barley, and רָכ שׁin the Hebrew Bible." In *Biblical and Judaic Studies*, Vol. 9: *Le-David Maskil: A Birthday Tribute for David Noel Freedman*, edited by Richard Elliott Friedman and William H. C. Propp, 25–38. Eisenbrauns.

Hormes, Julia M., and Paul Rozin. 2010. "Does 'Craving' Carve Nature at the Joints? Absence of a Synonym for Craving in Many Languages." *Addictive Behaviors* 35(5): 459–63.

Houben, Hubert. 2002. "Religious Toleration in the South Italian Peninsula during the Norman and Staufen Periods." *The Society of Norman Italy* 38: 319.

Huang, H. T. 2000. *Fermentations and Food Science. Needham's Science and Civilization in China*, Vol. 5, 382–83. Cambridge University Press.

Irwin, Mark. 2011. *Loanwords in Japanese*. Amsterdam: John Benjamins.

Ishige, Naomichi. 1986. "Narezushi in Asia: A Study of Fermented Aquatic Prod- ucts (2)." *Bulletin of the National Museum of Ethnology* 11(3): 603–68.

———. 1993. "Cultural Aspects of Fermented Foods in East Asia." In *Fish Fermentation Technology*, edited by Cherl-ho Lee, Keith H. Steinkraus, and P. J. Alan Reilly. United Nations University Press.

Isin, Mary. 2003. *Sherbet & Spice: The Complete Story of Turkish Sweets and Desserts*. I. B. Tauris.

Jakobson, Roman, and Linda R. Waugh. 2002. *The Sound Shape of Language*. Walter de Gruyter.

Johns, Jeremy. 2002. *Arabic Administration in Norman Sicily: The Royal Diwan.* Cambridge University Press.

Johnson, Paul M., and Paul J. Kenny. 2010. "Dopamine D2 Receptors in Addiction-like Reward Dysfunction and Compulsive Eating in Obese Rats." *Nature Neuroscience* 13(5): 635–41.

Johnson, Steven. 2006. *The Ghost Map: The Story of London's Most Terrifying Epidemic—and How It Changed Science, Cities and the Modern World.* Riverhead Books. Johnston, J., and S. Bauman. 2007. "Democracy versus Distinction: A Study of Omnivorousness in Gourmet Food Writing." *American Journal of Sociology* 113(1): 165–204.

Jurafsky, Dan, Victor Chahuneau, Bryan R. Routledge, and Noah A. Smith. 2013. "Modest versus Ostentatious Language for Product Differentiation: A Case Study in Restaurant Menus." Submitted manuscript.

———. 2014. "Narrative Framing of Consumer Sentiment in Online Restaurant Reviews." *First Monday,* 19:4.

Jurafsky, Daniel. 1996. "Universal Tendencies in the Semantics of the Diminu- tive." *Language* 72(3): 533–78.

Kahneman, Daniel. 2011. *Thinking, Fast and Slow.* Farrar, Straus and Giroux. Kamiya, Gary. 2013. *Cool Gray City of Love.* Bloomsbury.

Kao, Justine, and Dan Jurafsky. 2012. "A Computational Analysis of Style, Affect, and Imagery in Contemporary Poetry." *NAACL Workshop on Computational Linguistics for Literature.* Montréal, Canada. June 8, 2012. Stroudsburg, PA: Association for Computational Linguistics.

Katz, Joshua. 2013. "Beyond 'Soda, Pop, or Coke' Regional Dialect Variation in the Continental US." http://www4.ncsu.edu/~jakatz2/project-dialect.html.

Keefe, Patrick. 2009. *The Snakehead: An Epic Tale of the Chinatown Underworld and the American Dream.* Doubleday.

Kimble, George H. 1933. "Portuguese Policy and Its Influence on Fifteenth Cen- tury Cartography." *Geographical Review* 23(4): 653–59.

Kiple, Kenneth F., and Kriemhild Coneè Ornelas. 2000. *The Cambridge World History of Food,* 684–92. Cambridge University Press.

Kitchner, William. 1817. *Apicius Redivivus: Or, The Cook's Oracle.* London. Klink, Richard R. 2000. "Creating Brand Names with Meaning: The Use of Sound Symbolism." *Marketing Letters* 11(1): 5–20.

Knoblock, John, and Jeffrey Riegel. 2000. *The Annals of Lu Buwei: A Complete Translation and Study*. Stanford University Press.

Kohn, Meir. 2003. "Organized Markets in Pre-Industrial Europe." Working Paper 03-12. Available at SSRN, http://ssrn.com/abstract=427764.

Kotthoff, Helga. 2010. "Comparing Drinking Toasts—Comparing ethnoprag- matics." *Freiburger Arbeitspapiere zur Germanistischen Linguistik* 1.

Krumme, Coco. 2011. "Velvety Chocolate with a Silky Ruby Finish. Pair with Shellfish." *Slate*.

Kurlansky, Mark. 1997. *Cod: A Biography of the Fish That Changed the World*. Random House.

———. 2002. *Salt: A World History*. New York: Walker and Company.

Labov, William. 1966. *The Social Stratification of English in New York City*. Washington DC: The Center for Applied Linguistics.

Lakoff, Robin. 2006. "Identity a la Carte; or, You Are What You Eat." In *Dis- course and Identity (Studies in Interactional Sociolinguistics)*, edited by Anna De Fina, Deborah Schiffrin, and Michael Bamberg, 147–65. Cambridge Univer- sity Press.

Lambert, Carole. 2002. "Medieval France B. The South." In *Regional Cuisines of the Middle Ages: A Book of Essays*, edited by Melissa Weiss Adamson, 68–89. New York: Routledge.

*Larousse Gastronomique*. 2001. New York: Clarkson Potter.

Laudan, Rachel. 2013. *Cuisine and Empire*. University of California Press. Laudan, Rachel, and Jeffrey M. Pilcher. 1999. "Chiles, Chocolate, and Race in New Spain: Glancing Backward to Spain or Looking Forward to Mexico?" *Eighteenth-Century Life* 23(2): 59–70.

Leising, Daniel, Olga Ostrovski, and Peter Borkenau. 2012. "Vocabulary for Describing Disliked Persons Is More Differentiated Than Vocabulary for Describing Liked Persons." *Journal of Research in Personality* 46: 393–96.

Lesy, Michael, and Lisa Stoffer. 2013. *Repast: Dining Out at the Dawn of the New American Century, 1900–1910*. New York: W. W. Norton.

Leslie, Eliza. 1840. *Directions for Cookery, in Its Various Branches*. 11th ed. Philadelphia: Carey and Hart.

Lévi-Strauss, Claude. 1969. *The Raw and the Cooked: Introduction to a Science of Mythology. Vol. I*. New York: Harper & Row.

Levitt, Steven D., and Stephen J. Dubner. 2006. *Freakonomics: A Rogue Economist Explores the Hidden Side of Everything*. William Morrow.

Levitt, Steven D., and Chad Syverson. 2005. "Market Distortions When Agents Are Better Informed: The Value of Information in Real Estate." Working Paper 11053, National Bureau of Economic Research.

Levy, Esther. 1871. *Jewish Cookery Book*. Philadephia: W.S. Turner.

Lewicka, Paulina B. 2011. *Food and Foodways of Medieval Cairenes*. Leiden: Brill.

Lewis, Edna. 1976. *The Taste of Country Cooking*. Knopf.

Liberman, Mark. 2004. "Modification as Social Anxiety." *Language Log*, May 16.

Lockyer, Charles. 1711. *An Account of the Trade in India*. Available online at http://books.google.com/books?id=CdATAAAAQAAJ.

Longchamps, Nigel de. 1960. *Speculum Stultorum*. Edited, with an Introduction and Notes, by John H. Mozley and Robert R. Raymo. Berkeley and Los Ange- les: University of California Press.

Lovejoy, Paul E. 1980. "Kola in the History of West Africa (La kola dans l'histoire de l'Afrique occidentale)." *Cahiers d'études africaines* 20(112): 97–134.

Macaulay, G. C., ed. 1890. *The History of Herodotus*. English translation, London: Macmillan and Company.

MacKenzie, D. N. 1971. *A Concise Pahlavi Dictionary*. London: Oxford University Press.

Majid, Asifa, and Niclas Burenhult. 2014. "Odors are expressible in language, as long as you speak the right language." *Cognition* 130(2): 266–70.

Makki, Mahmud Ali, and Federico Corriente, trans. 2001. *Crónica de los emires Alhakam I y `Abdarrahman II entre los años 796 y 847 (Almuqtabis II-1)*. Translation of Ibn Hayyan, Abu Marwan Hayyan ibn Khalaf. Zaragoza, Spain: Instituto de Estudios Islamicos y del Oriente Próximo (Institute of Islamic and Near Eastern Studies).

Mann, Charles C. 2011. *1493: Uncovering the World that Columbus Created*. Knopf.

Marin, Manuela, and David Waines, eds. 1993. *Kanz Al-Fawa' id Fi Tanwi' Al-Ma- wa' id* (Medieval Arab/Islamic Culinary Art). Wiesbaden and Beirut: Franz Steiner Verlag.

Marks, Gil. 2010. *Encylopedia of Jewish Food*. Wiley.

Markus, Hazel Rose, and Alana Conner. 2013. *Clash! 8 Cultural Conflicts That Make*

*Us Who We Are*. Penguin.

Mars, Gerlad, and Yochanan Altman. 1987. "Alternative Mechanism of Distribution in a Soviet Economy." In *Constructive Drinking: Perspectives on Drink from Anthropology*, edited by Mary Douglas, 270–79. Cambridge University Press. Martellotti, A. 2001. *Il Liber de Ferculis di Giambonino da Cremona: La Gastronimia*

*Araba in Occidente Nella Trattatistica Dietetica*. Fasano, Italy: Schena Editore. Matsuoka, Yoshihiro, Yves Vigouroux, Major M. Goodman, Jesus Sanchez,

Edward Buckler, and John Doebley. 2002. "A Single Domestication for Maize Shown by Multilocus Microsatellite Genotyping." *Proceedings of the National Academy of Sciences* 99(9): 6080–84.

Matthews, Donald M. 1997. *The Early Glyptic of Tell Brak: Cylinder Seals of Third Millennium Syria*. Vol. 15. Ruprecht Gmbh & Company.

Matthews, Stephen. 2006. "Cantonese Grammar in Areal Perspective." In *Gram- mars in Contact: A Cross-Linguistic Typology*, edited by Alexandra Y. Aikhen- vald and Robert M. W. Dixon, 220–36. Oxford: Oxford University Press.

Maurer, D., T. Pathman, and C. J. Mondloch. 2006. "The Shape of Boubas: Sound-Shape Correspondences in Toddlers and Adults." *Developmental Science* 9: 316–22.

Mayhew, Henry. 1851. *London Labour and the London Poor.* London.

McAuley, Julian J., Jure Leskovec, and Dan Jurafsky. 2012. "Learning Attitudes and Attributes from Multi-Aspect Reviews." IEEE International Conference on Data Mining. Brussels, Belgium. December 10–13, 2012.

McCoy, Elin. 2005. *The Emperor of Wine: The Rise of Robert M. Parker, Jr. and the Reign of American Taste*. Ecco.

McFarland, Daniel A., Dan Jurafsky, and Craig M. Rawlings. 2013. "Making the Connection: Social Bonding in Courtship Situations." *American Journal of Sociology* 118(6): 1596–1649.

McGovern, Patrick E. 2003. *Ancient Wine: The Search for the Origins of Viniculture*. Princeton University Press.

———. 2009. *Uncorking the Past: The Quest for Wine, Beer, and Other Alcoholic Beverages*. University of California Press.

McGovern, Patrick E., Armen Mirzoian, and Gretchen R. Hall. 2009. *Ancient Egyptian*

Herbal Wines. *Proceedings of the National Academy of Sciences* 106(18): 7361–66.

McGovern, Patrick E., M. Christofidou-Solomidou, W. Wang, F. Dukes, T. Davidson, and W. S. El-Deiry. 2010. "Anticancer Activity of Botanical Compounds in Ancient Fermented Beverages." *International Journal of Oncology* 37(1): 5–21.

McRae, Jeremy F., Joel D. Mainland, Sara R. Jaeger, Kaylin A. Adipietro, Hiroaki Matsunami, and Richard D. Newcomb. 2012. "Genetic Variation in the Odorant Receptor OR2J3 Is Associated with the Ability to Detect the 'Grassy' Smelling Odor, cis-3-hexen-1-ol." *Chemical Senses* 37(7): 585–93.

Meyers, Cindy. 2009. "The Macaron and Madame Blanchez." *Gastronomica: The Journal of Food and Culture* 9(2): 14–18.

Michel, Andreas. 1996. *Vocabolario Critico Degli Ispanismi Siciliani*. Palermo: Centro di Studi Filologici e Linguistici Siciliani.

Michel, Jean-Baptiste, Yuan Kui Shen, Aviva Presser Aiden, Adrian Veres, Mat- thew K. Gray, William Brockman, The Google Books Team, Joseph P. Pick- ett, Dale Hoiberg, Dan Clancy, Peter Norvig, Jon Orwant, Steven Pinker, Martin A. Nowak, and Erez Lieberman Aiden. 2011. "Quantitative Analysis of Culture Using Millions of Digitized Books." *Science* 331(6014): 176–82.

Mintz, Sidney W. 1985. *Sweetness and Power: The Place of Sugar in Modern History*. Penguin.

Miranda, Ambrosio Huici. 1966. *La Cocina Hispano-Magrebí Durante La Época Almohade*. Ediciones Trea, 2005 edition.

Monroe, Burt L., Michael P. Colaresi, and Kevin M. Quinn. 2008. "Fightin' Words: Lexical Feature Selection and Evaluation for Identifying the Content of Political Conflict." *Political Analysis* 16(4): 372–403.

Montagné, Prosper, and Alfred Gottschalk. 1938. *Larousse Gastronomique*. Larousse.

Monteagudo, José Luis Curiel. 2002. *Libro de cocina de la Gesta de Independencia: Nueva España, 1817*/Anónimo. Mexico: Conaculta.

———. 2004. "Construcción y Evolución del Mole Virreinal." In *Patrimonio Cul-tural y Turismo. Cuadernos 12. El mole en la ruta de los dioses. 6º Congreso sobre Patrimonio Gastronómico y Turísmo Cultural (Puebla 2004). Memorias*, 29–62. Puebla: Consejo Nacional para la Cultura y las Artes.

Montefiore, Judith Cohen. 1846. *The Jewish Manual*. London. Available at http://www.gutenberg.org/ebooks/12327.

Montgomery, L. M. 1915. *Anne of the Island*. Grosset and Dunlop.

Morton, Eugene S. 1977. "On the Occurrence and Significance of Motiva- tion-Structural Rules in Some Bird and Mammal Sounds." *American Naturalist* 111(981): 855–69.

Moss, Michael. 2013. *Salt, Sugar, Fat: How the Food Giants Hooked Us*. Random House.

Mozely, J. H., trans. 1963. *A Mirror for Fools: The Book of Burnel the Ass*, written by Nigel Longchamp. University of Notre Dame Press.

Nasrallah, Nawal. 2007. *Annals of the Caliphs' Kitchens: Ibn Sayyā r Al-Warrā q's Tenth-Century Baghdadi Cookbook*. Brill.

———. 2013. *Delights from the Garden of Eden*. Equinox.

Needham, Joseph. 1971. *Science and Civilisation in China*. Volume 4: *Physics and Physical Technology*. Part III: *Civil Engineering and Nautics*. Cambridge University Press.

New York Public Library. Miss Frank E Buttolph Menu Collection.

Newman, Elizabeth Thompson. 1964. *A Critical Edition of an Early Portuguese Cookbook*. University Microfilms International.

Nielsen, A., and D. Rendall. 2011. "The Sound of Round: Evaluating the Sound-Symbolic Role of Consonants in the Classic Takete-Maluma Phenome- non." *Canadian Journal of Experimental Psychology* 65(2): 115–24.

Noble, Ann C. 1984ff. The Wine Aroma Wheel. http.//wincaromawheel.com. Nola, Roberto de. 1525. *Libro De Cozina*. Republished in 1969 by Taurus Ediciones Madrid.

Norman, Jerry, and Tsu-lin Mei. 1976. "The Austroasiatics in Ancient South China: Some Lexical Evidence." *Monumenta Serica* 32: 274–301.

Nostredame, Michel de. 1555. *Traité des fardemens et confitures*. Lyons.

Ogilvy, David. 1963. *Confessions of an Advertising Man*. Southbank Publishing, 2004 ed.

Ohala, John J. 1994. "The Frequency Codes Underlies the Sound Symbolic Use of Voice Pitch." In *Sound Symbolism*, edited by L. Hinton, J. Nichols, and J. J. Ohala, 325–47. Cambridge: Cambridge University Press.

Ott, Cindy. 2012. *Pumpkin: The Curious History of an American Icon*. University of

Washington Press.

Pang, Bo, and Lillian Lee. 2008. "Opinion Mining and Sentiment Analysis." *Foundations and Trends in Information Retrieval* 2(1): 1–135.

Partington, James Riddick. 1960. *A History of Greek Fire and Gunpowder*. Cambridge: W. Heffer and Sons.

Peeters, Guido. 1971. "The Positive/Negative Asymmetry: On Cognitive Consis- tency and Positivity Bias." *European Journal of Social Psychology* 1(4): 455–74.

Pelchat, Marcia Levin, Cathy Bykowski, Fujiko F. Duke, and Danielle R. Reed. 2011. "Excretion and Perception of a Characteristic Odor in Urine after Aspar- agus Ingestion: A Psychophysical and Genetic Study." *Chemical Senses* 36(1): 9–17.

Pennebaker, James W. 2011. *The Secret Life of Pronouns*. Bloomsbury Press.

Pennebaker, James W., Roger J. Booth, and Martha E. Francis. 2007. LIWC2007 (Linguistic Inquiry and Word Count, software). Austin, TX.

Perry, Charles. 1981. "The Oldest Mediterranean Noodle: A Cautionary Tale." *Petits Propos Culinaires* 9: 42–44.

———. 1987. "The Sals of the Infidels, PPC 26." In *Medieval Arab Cookery*, edited by Maxime Rodinson, A. J. Arberry, and Charles Perry, 501. Prospect Books, 2006.

———. 2001. "A Thousand and One 'Fritters': The Food of the Arabian Nights." In *Medieval Arab Cookery*, edited by Maxime Rodinson, A. J. Arberry, and Charles Perry. Prospect Books, 2006.

———. 2004. "Through the Ages, a Fried Fish Triathlon." *Los Angeles Times*, October 27, http://articles.latimes.com/2004/oct/27/food/fo-fish27.

———, trans. 2005. *A Baghdad Cookery Book: The Book of Dishes (Kitāb al-Tabīkh)*. Prospect Books.

Peters, Erica J. 2012. *Appetites and Aspirations in Vietnam: Food and Drink in the Long Nineteenth Century*. Lanham, MD: AltaMira Press.

———. 2013. *San Francisco: A Food Biography*. Rowman & Littlefield.

Peterson, Richard A. 1992. "Understanding Audience Segmentation: From Elite and Mass to Omnivore and Univore." *Poetics* 21(4): 243–58.

———. 2005. "Problems in Comparative Research: The Example of Omnivo- rousness." *Poetics* 33(5/6): 257–82.

Pickersgill, B., and D. G. Debouck. 2005. "Domestication Patterns in Common Bean (*Phaseolus vulgaris L.*) and the origin of the Mesoamerican and Andean Cultivated Races." *Theoretical and Applied Genetics* 110(3): 432–44.

Pomerantz, Kenneth. 2000. *The Great Divergence: China, Europe, and the Making of the Modern World Economy.* Princeton University Press.

Porta, John Baptista. 1658. *Natural Magick.* English edition. Potter, Andrew. 2010. *The Authenticity Hoax.* HarperCollins.

Potts, Christopher. 2011. "On the Negativity of Negation." In *Proceedings of SALT* 20: 636–59.

Prat Sabater, Marta. 2003. *Préstamos del Catalán en el Léxico Español (Lexical Borrowings from Catalan into Spanish).* PhD Dissertation, Universitat Autònoma de Barcelona.

Prynne, William. 1628. *Healthes' Sicknesse. Or A Compendious and Briefe Discourse; Proving, the Drinking and Pledging of Healthes, to be Sinfull, and Utterly Unlawfull unto Christians.* Pamphlet. Available online at http://quod.lib.umich.edu/e/eebo/A10184.

Quinzio, Jeri. 2009. *Of Sugar and Snow.* University of California Press. Ramachandran, V. S., and E. M. Hubbard. 2001. "Synaesthesia: A Window into Perception, Thought and Language." *Journal of Consciousness Studies* 8: 3–34. Rath, Eric C. 2010. *Food and Fantasy in Early Modern Japan.* University of Cali-fornia Press.

Recasens, Marta, Cristian Danescu-Niculescu-Mizil, and Dan Jurafsky. 2013. "Linguistic Models for Analyzing and Detecting Biased Language." *Proceed- ings of the 51st Meeting of the Association for Computational Linguistics.* Strouds-burg, PA: Association for Computational Linguistics.

Redon, Odile, Francoise Sabban, and Silvano Serventi. 1998. *The Medieval Kitchen: Recipes from France and Italy*, 205. University of Chicago Press.

Rey, Alain, ed. 2011. *Le Grand Robert de la Langue Française, version électro-nique. Deuxième edition du Dictionnaire alphabetqiue et analogique de la Langue Française de Paul Robert.*

Reynolds, Dwight. 2008. "Al-Maqqarı-'s Ziryab: The Making of a Myth." *Middle Eastern Literatures* 11(2): 155–68.

Ríos, Domingo, Marc Ghislain, Flor Rodríguez, and David M. Spooner. 2007. "What Is the Origin of the European Potato? Evidence from Canary Island Landraces." *Crop Science* 47(3): 1271–80.

Roden, Claudia. 1996. *The Book of Jewish Food*. New York: Knopf.

———. 2000. *The New Book of Middle Eastern Food*. New York: Knopf. Rodinson, Maxime. 2001. "Ma'muniyya East and West." In *Medieval Arab Cook-ery*, 183–97. Prospect Books.

Rodinson, Maxime, A. J. Arberry, and Charles Perry. 2006. *Medieval Arab Cook- ery*. Prospect Books.

Roman, Kenneth. 2010. *The King of Madison Avenue: David Ogilvy and the Making of Modern Advertising*. Palgrave Macmillan.

Roth, Cecil. 1960. "The Middle Period of Anglo-Jewish History 1290–1655, Reconsidered." *Transactions of the Jewish Historical Society of England* 19: 1–12.

Rozin, Elisabeth. 1973. *The Flavor-Principle Cookbook*. Hawthorn Books.

Rozin, Paul, Loren Berman, and Edward Royzman. 2010. "Biases in Use of Posi- tive and Negative Words Across Twenty Languages." *Cognition & Emotion* 24: 536–48.

Rozin, Paul, Eleanor Levine, and Caryn Stoess. 1991. "Chocolate Craving and Liking." *Appetite* 17: 199–212.

Rozin, Paul, and Edward B. Royzman. 2001. "Negativity Bias, Negativity Domi- nance, and Contagion." *Personality and Social Psychology Review* 5(4): 296–320. Rozin, Paul, and Caryn Stoess. 1993. "Is There a General Tendency to Become Addicted?" *Addictive Behaviors* 18: 81–87.

Ruddle, Kenneth, and Naomichi Ishige. 2005. *Fermented Fish Products in East Asia*. Hong Kong: International Resources Management Institute.

———. 2010. "On the Origins, Diffusion and Cultural Context of Fermented Fish Products in Southeast Asia." In *Globalization, Food and Social Identities in the Asia Pacific Region*, edited by James Farrer. Tokyo: Sophia University Institute of Comparative Culture.

Sahagún, Bernardino de. 1954. *Florentine Codex: General History of the Things of New Spain. Book 8: Kings and Lords*. Translated by Arthur J. O. Anderson and Charles E. Dibble. Santa Fe: School of American Research.

———. 1957. *Florentine Codex: General History of the Things of New Spain. Book 4: The Soothsayers*. Translated by Arthur J. O. Anderson and Charles E. Dibble. Santa Fe: School of American Research.

Sallares, Robert. 1991. *The Ecology of the Ancient Greek World*. Cornell University

Press, 323.

Santa Clara, Pedro Gutiérrez de. 1905. *Historia de las Guerras Civiles del Perú (1544–1548) y de Otros Sucesos de las Indias.* Vol. 3. Chapter 40, 520. Madrid: Victorio Suarez. http://books.google.com/books?id=b6wTAAAAYAAJ&pg=PA520.

Santanach, Joan, ed. 2008. *The Book of Sent Soví: Medieval Recipes from Catalonia.* Translated by Robin Vogelzang. Barcino-Tamesis.

Schorger, A. W. 1966. *The Wild Turkey: Its History and Domestication.* University of Oklahoma Press.

Schwartz, Arthur. 2008. *Jewish Home Cooking.* Berkeley: Ten Speed Press.

Scott, Edmund. 1606. *An Exact Discourse of the Subtilties.* London: Printed by W.W. for Walter Burre.

Scully, Terence, ed. 1988. *The Viandier of Taillevent: An Edition of All Extant Manuscripts*, 223. University of Ottawa Press.

———. 2000. *The Neapolitan Recipe Collection.* Ann Arbor: University of Mich- igan Press.

———, trans. 2006. *La Varenne's Cookery: The French Cook; The French Pastry Chef; The French Confectioner.* Francois Pierre, Sieur de la Varenne. Totnes: Prospect Books, 369.

Seaberg, Albin G. 1973. *Menu Design-Merchandising and Marketing.* 2nd Ed. Boston: Cahners Books International.

Serventi, Silvano, and Françoise Sabban. 2002. *Pasta: The Story of a Universal Food.* New York: Columbia University Press.

Shaftesley, John M. 1975. "Culinary Aspects of Anglo-Jewry." In *Studies in the Cultural Life of Anglo-Jewry*, edited by Dov Noy and Issachar Ben-Ami. Jerusalem: Magnes Press.

Shesgreen, Sean. 2003. "Wet Dogs and Gushing Oranges: Winespeak for a New Millennium." *The Chronicle of Higher Education*, March 7.

Shteir, Rachel. 2004. *Striptease: The Untold History of the Girlie Show.* Oxford University Press.

Silverstein, Michael. 2003. "Indexical Order and the Dialectics of Sociolinguistic Life." *Language and Communication* 23: 193–229.

Simeti, Mary Taylor. 1991. *Pomp and Sustenance: Twenty-five Centuries of Sicilian*

*Food*. New York: Henry Holt.

Simmel, Georg. 1904. "Fashion." *International Quarterly* 10: 130–50.

Simmons, Amelia. 1796. *American Cookery ... A Facsimile of the Second Edition, Printed in Albany, 1796*, with an Introduction by Karen Hess. Bedford, MA: Applewood Books, 1996.

Smith, Andrew F. 1996. *Pure Ketchup*. University of South Carolina.

———. 2006. *The Turkey: An American Story*. University of Illinois Press. Smith, Bruce D. 1997. "The Initial Domestication of Cucurbita Pepo in the Americas 10,000 Years Ago." *Science* 276(5314): 932–34.

Smith, Eliza. 1758. *The Compleat Housewife: or, Accomplished Gentlewoman's Companion*. 16th Ed. London: Printed for C. Hitch.

Smith, John, and Arthur Granville Bradley. 1910. *Travels and Works of Captain John Smith*. Vol. 1. Burt Franklin.

Smith, R.E.F., and David Christian. 1984. *Bread and Salt: A Social and Economic History of Food and Drink in Russia*. Cambridge University Press.

Soyer, Alexis. 1855. *A Shilling Cookery for the People*. London: Routledge.

Spary, E. C. 2012. *Eating the Enlightenment: Food and the Sciences in Paris, 1670–1760*. University of Chicago Press.

Speller, Camilla F., Brian M. Kemp, Scott D. Wyatt, Cara Monroe, William D. Lipe, Ursula M. Arndt, and Dongya Y. Yang. 2010. "Ancient Mitochondrial DNA Analysis Reveals Complexity of Indigenous North American Tur- key Domestication." *Proceedings of the National Academy of Sciences* 107(7): 2807–12.

Stevens, Kenneth N. 1972. "The Quantal Nature of Speech: Evidence from Articulatory-Acoustic Data." In *Human Communication: A Unified View*, edited by P. B. Denes and E. E. David Jr., 51–66. New York: McGraw Hill.

Stone, Lori D., and James W. Pennebaker. 2002. "Trauma in Real Time: Talking and Avoiding Online Conversations about the Death of Princess Diana." *Basic and Applied Social Psychology* 24(3): 173–83.

Strauss, Susan. 2005. "The Linguistic Aestheticization of Food: A Cross-Cultural Look at Food Commercials in Japan, Korea, and the United States." *Journal of Pragmatics* 37(9): 1427–55.

Stice, Eric, Kyle S. Burger, and Sonja Yokum. 2013. "Relative ability of fat and sugar tastes to activate reward, gustatory, and somatosensory regions." *Ameri- can Journal of Clinical Nutrition* 98(6): 1377–1384.

Thompson, D'Arcy Wentworth. 1936. *A Glossary of Greek Birds.* Oxford Univer- sity Press.

Thornton, Erin Kennedy, Kitty F. Emery, David W. Steadman, Camilla Speller, Ray Matheny, and Dongya Yang. 2012. "Earliest Mexican Turkeys (*Meleagris gallopavo*) in the Maya Region: Implications for Pre-Hispanic Animal Trade and the Timing of Turkey Domestication." *PLOS ONE* 7(8).

Torjusen, H., G. Lieblein, M. Wandel, and C. Francis. 2001. "Food System Ori- entation and Quality Perception Among Consumers and Producers of Organic Food in Hedmark County, Norway." *Food Quality and Preference* 12: 207–16.

Toro-Lira, Guillermo. 2010. *History of Pisco in San Francisco.* Lima, Peru: Libros GTL.

Trillin, Calvin. 1974. *American Fried: Adventures of a Happy Eater.* Doubleday.

Tusser, Thomas. 1573. *Five Hundreth Points of Good Husbandry.* London.

Ullman, Manfred. 2000. *Wörterbuch der klassischen arabischen Sprache.* Otto Harrassowitz Verlag.

Unkelbach, Christian, Klaus Fiedler, Myriam Bayer, Martin Stegmüller, and Dan- iel Danner. 2008. "Why Positive Information Is Processed Faster: The Density Hypothesis." *Journal of Personality and Social Psychology* 95(1): 36–49.

Van der Sijs, Nicoline. 2009. *Cookies, Coleslaw, and Stoops: The Influence of Dutch on the North American Languages.* Amsterdam University Press.

Vaux, Bert. 2003. "The Harvard Dialect Survey." http://dialect.redlog.net. Veblen, Thorstein. 1899. *The Theory of the Leisure Class: An Economic Study in the Evolution of Institutions.* Macmillan & Company, Ltd.

Vega, Juan José. 1993. "La influencia morisca y mora: tres casos específicos." In *Cultura, identidad y cocina en el Perú,* edited by Rosario Olivas Weston. Lima: Universidad San Martín de Porres.

Velzen, Anita van. 1990. *The Taste of Indonesia: Producers of Kecap and Tauco in Cirebon and Cianjur.* Bandung: Institute of Social Studies.

———. 1992. *Small Scale Food Processing Industries in West Java: Potentialities and Constraints.* Bandung: Institute of Social Studies.

Verde, Tom. 2013. "Pasta's Winding Way West." *Saudi Aramco World* 64: 1.

Waines, David. 1989. *In a Caliph's Kitchen*. Riad el Rayyes Books.

———. 2003. " 'Luxury Foods' in Medieval Islamic Societies." *World Archaeol- ogy* 34(3): 571–80.

Watson, William. 2000. "Chapter 13: Iran and China." In *The Cambridge History of Iran*. Volume 3, Part 1: *The Seleucid, Parthian and Sasanian Periods*. Cambridge University Press.

Weingarten, Susan. 2010. "Medieval Hanukkah Traditions: Jewish Festive Foods in their European Contexts." *Food and History* 8(1): 41–62.

Westbury, C. 2005. "Implicit Sound Symbolism in Lexical Access: Evidence from an Interference Task." *Brain and Language* 93: 10–19.

Wilson, Bee. 2008. *Swindled*. Princeton University Press.

———. 2012. *Consider the Fork*. Basic Books.

Wilson, C. Anne. 1993. "Pottage and Soup as Nourishing Liquids." In *Liquid Nourishment*, edited by C. Anne Wilson, 3–19. Edinburgh University Press.

———. 2006. *Water of Life*. Prospect Books.

———. 2010. *The Book of Marmalade*. Prospect Books.

Winchester, Simon. 1998. *The Professor and the Madman: A Tale of Murder, Insan- ity, and the Making of the Oxford English Dictionary*. Harper Collins.

———. 2003. *The Meaning of Everything: The Story of the Oxford English Dictio- nary*. Oxford.

———. 2008. *The Man Who Loved China: The Fantastic Story of the Eccentric Sci- entist Who Unlocked the Secrets of the Middle Kingdom*. Harper.

Wondrich, David. 2007. *Imbibe!: From Absinthe Cocktail to Whiskey Smash, a Salute in Stories and Drinks to "Professor" Jerry Thomas, Pioneer of the American Bar*. Penguin.

———. 2010. *Punch: The Delights (and Dangers) of the Flowing Bowl*. Penguin.
Wright, Clifford A. 1996. "Cucina Arabo-Sicula and Maccharruni." *Al-Mashaq: Studia Arabo-Islamica Mediterranea*, 9: 151–77.

———. 2007. "The History of Macaroni." http://www.cliffordawright.com. Accessed November 24, 2013.

Wright, Thomas. 1857. *A Volume of Vocabularies*. Privately printed. Chapter 6, "The Treatise De Utensilibus of Alexander Neckam (of the Twelfth Century)." Available online at http://books.google.com/books?id=NXoKAAAAIAAJ. Yarshater, Ehsan. 2000. "Iranian Historical Tradition." *The Seleucid, Parthian and Sasanian Periods*. Cambridge Histories Online. Cambridge University Press.

Yentsch, Anne E. 1994. *A Chesapeake Family and Their Slaves: A Study in Historical Archaeology*, 205. Cambridge University Press.

———. 1995. "Hot, Nourishing, and Culturally Potent: The Transfer of West African Cooking Traditions to the Chesapeake." *Sage* 9 (Summer): 2.

Yorkston, Eric, and Geeta Menon. 2004. "A Sound Idea: Phonetic Effects of Brand Names on Consumer Judgments." *Journal of Consumer Research* 31: 43–51.

Zaouali, Lilia. 2007. *Medieval Cuisine of the Islamic World*. Translated by M. B. DeBevoise. University of California Press.

Ziauddeen, Hisham, I. Sadaf Farooqi, and Paul C. Fletcher. 2012. "Obesity and the Brain: How Convincing Is the Addiction Model?" *Nature Reviews Neurosci- ence* 13(4): 279–86.

Ziegelman, Jane. 2010. *97 Orchard: An Edible History of Five Immigrant Families in One New York Tenement*. Harper.

Zimmer, Karl. 1964. *Affixal Negation in English and Other Languages*. Supplement to *Word* 20:2, Monograph 5.

Zipf, George Kingsley. 1934. *The Psycho-Biology of Language*. Houghton Mifflin. Zizumbo-Villarreal, Daniel. 1996. "History of Coconut (*Cocos nucifera* L.) in Mex-ico: 1539–1810." *Genetic Resources and Crop Evolution* 43(6): 505–15.

Zwicky, Ann, and Arnold Zwicky. 1980. "America's National Dish: The Style of Restaurant Menus." *American Speech* 55: 83, 87–92.

# 謝詞

　　本書意外耗費多年的時間蘊釀。倘使少了這些人的協助支持，我絕對無法完成這浩大工程。感謝精明的經紀人Howard Yoon，在多年以前便鼓勵我提筆寫下，並持續不斷提供充滿智慧又沉穩的建言；謝謝我最優秀的編輯Maria Guarnaschelli，感謝她的編輯功力、聰慧的見解、慷慨且感染力十足的滿腹熱情；還有精明的文字編輯Carol Rose，以及在諾頓出版公司的同組成員，包括編輯助理Mitchell Kohles、公關總監Louise Brockett、設計Cassandra Pappas、製作經理Anna Oler和編輯Nancy Palmquist。謝謝史丹佛大學支持我，並通過我的年假申請，以及行為科學進階研究中心的協助，在我撰稿之際提供智能型辦公住家。所有優秀的研究團隊成員，特別是圖書館館員Tricia Soto和Amanda Thomas；另外還要感謝在我撰寫其他篇章時，提供溫馨寓所讓我留宿的Eric和Elain Hahn夫婦；另外感謝這幾年選修我開的大一語言學課程——「食物的語言」——裡的年輕學子，尤其是和我一起進行研究的喬許·弗利曼，除了原有的研究工作之外，他在第八章的內容上甚至負責解讀手稿，提供我諸多建議；謝謝我的表哥，同時也是我所嚮往的模範、社會學家隆恩·布利格（Ron

Brieger），除了其他方面的協助外，他同時針對安德雷‧法蘭克的研究提供不少意見；感謝Stephanie Shih建議我研究杏仁餅和麵粉的歷史；謝謝曾任香港科技大學校長的吳家瑋先生首度提出番茄醬源於中國的論點；感激父母對我的支持（以及父親對本書文章睿智的建言，已屆九十多歲的他依舊目光銳利）；另外謝謝John McWhorter、Lera Boroditsky和Erin Dare對整本作品企畫的意見和建言。

　　本書有幾個章節取自我為《Slate》、《Gastronomica》和《史丹佛雜誌》撰寫的文章，我有幸能夠認識這些編輯：Laura Anderson、Daniel Engber、Ginny McCormick，特別感謝Darra Goldstein和Juliet Lapidos。

　　當然最後要感謝的是，本書若沒有我的妻子潔娜給予支持、建議、提點和想法，將無法成書。

　　此外，這幾年有很多人提供我建議和想法、解答數不清的疑問，並提供許多資源或人脈，並提點我諸多錯誤，感謝在Aron Streit, Inc.服務的Alan Adler、KT Albiston、Domenica Alioto、Mike Anderson、Mike Bauer、Pete Beatty、Leslie Berlin、Jay Bordeleau、Jason Brenier、Ramón Cáceres、Marine Carpuat、Alex Caviness、John Caviness、Victor Chahuneau、Karen Cheng、paula Chesley、Fia Chiu、Shirley Chiu、Anna Colquohoun、Alana Conner、Erin Dare、Melody Dye、Penny Eckert、Paul Ehrlich、Eric Enderson、Jeannette Ferrary、Shannon Finch、Frank Flynn、Thomas Frank、Cynthia Gordon、Sam Gosling、Sara Grace Rimensnyder、Elain Hahn、Eric Hahn、Lauren Hall-Lew、

Ben Hemmens、Allan Horwitz、Chu-Ren Huang、Calvin Jan、Kim Keeton、Dahcer Ketlner、Faye Kleeman、Sarah Klein、Scott Klemmer、Steven Kosslyn、Robin Lakoff、Joshua Landy、Rachel Laudan、Adrienne Lehrer、Jure Leskovec、Beth Levin、Daniel Levitan、Mark Liberman、Martha Lincoln、Alon Lischinsky、Doris Loh、Jean Ma、Bill MacCartney、Michael Macovski、Madeleine Mahoney、Victor Mair、Pilar Manchón、Jim Martin、Katie Martin、Linda Martin、Jim Mayfield、Julian McAuley、Dan McFarland、Joe Menn、Lise Menn、Bob Moore、Petra Moser、Rob Munro、Steven Ngain、Carl Nolte、Lis Norcliffe、Barry O'Neill、Debra Pacio Yves Piersman、James Pennebaker、Charles Perry、Erica Peters、Steven Pinker、Christopher Potts、Matt Purver、Michael Ramscar、Terry Regier、Cecilia Ridgeway、Sara Robinson、Manischewitz公司的Deborah Ross、Kevin Sayama、Tyler Schnoebelen、Amin Seoehri、Ken Shan、Noah Smith、Peter Smith、Rebecca Starr、Mark Steedman、Janice Ta、Deborah Tannon、Paul Taylor、Pete Todd、Marisa Vigilante、Rob Voigt、Dora Wang、Linda Waugh、Bonnie Webber、Robb Willer、Dekai Wu、Mei Hing Yee、Courtney Young、Linda Yu、Samantha Zee、Katja Zelljadt、Daniel Ziblatt以及Arnold Zwicky。

# 圖片版權

41頁 Image © The British Library Board. 1037.g.9, f.415

44頁 Image courtesy of the New York Public Library Page 37. Library of Congress image LC-USZ62-58235

71頁 Image courtesy Department of Special Collections, Stanford University Libraries

81頁 Image courtesy Cambridge University Press

85頁 Image courtesy Department of Special Collections, Stanford University Libraries

118頁 Image courtesy Florence, The Biblioteca Medicea Laurenziana, ms. Med. Palat. 218, c. 312v. On concession of the Ministry for Goods, Cultural Activities and Tourism. Further reproduction by any means is prohibited.

125頁 Image courtesy Werner Wittersheim.

129頁 Image courtesy Department of Special Collections, Stanford University Libraries

168頁 Image © Bettmann/Corbis

181頁 Image courtesy the Yale Babylonian Collection Page 132. Image courtesy Matthias Süßen

208頁 Image courtesy The Emily Dickinson Collection, Amherst College Archives & Special Collections

211頁 Image courtesy of The Lewis Walpole Library, Yale University

216頁 Image Courtesy Janet Yu and Mr. and Mrs. Miscellaneous

226頁 Image © The British Library Board 1037.g.9, f.415

229頁 Image courtesy Bayerische Staatsbibliothek München, Signatur: 4 Oecon. 1550 m

The Language of Food : A Linguist Reads the Menu
Copyright © 2014 by Dan Jurafsky
Complex Chinese language edition published in agreement
with The Ross Yoon Agency, through The Grayhawk
Agency.
Complex Chinese translation copyright © 2016 by
Rye Field Publications, a division of Cité Publishing Ltd.
All right reserved.

國家圖書館出版品預行編目資料

餐桌上的語言學家：從菜單看全球飲食文化
史／任韶堂（Dan Jurafsky）著；游卉庭譯.
-- 初版. -- 臺北市：麥田出版：家庭傳媒城
邦分公司發行, 2016.06
　面；　公分. --（麥田叢書；83）
譯自：The Language of Food : A Linguist
　　　 Reads the Menu
ISBN 978-986-344-351-3（平裝）

1. 飲食風俗　2. 文化史

538.78　　　　　　　　　　　　　105007854

麥田叢書 83

# 餐桌上的語言學家：從菜單看全球飲食文化史
## The Language of Food : A Linguist Reads the Menu

作　　　者／任韶堂（Dan Jurafsky）
譯　　　者／游卉庭
責 任 編 輯／林怡君、江麗綿

國 際 版 權／吳玲緯
行　　　銷／艾青荷　蘇莞婷　黃家瑜
業　　　務／李再星　陳玫潾　陳美燕　杻幸君
副 總 編 輯／林秀梅
副 總 經 理／陳瀅如
編 輯 總 監／劉麗真
總 經 理／陳逸瑛
發 行 人／涂玉雲
出　　　版／麥田出版
　　　　　　10483臺北市民生東路二段141號5樓
　　　　　　電話：(886)2-2500-7696　傳真：(886)2-2500-1967
發　　　行／英屬蓋曼群島商家庭傳媒股份有限公司城邦分公司
　　　　　　10483臺北市民生東路二段141號11樓
　　　　　　客服服務專線：(886) 2-2500-7718、2500-7719
　　　　　　24小時傳真服務：(886) 2-2500-1990、2500-1991
　　　　　　服務時間：週一至週五09:30-12:00・13:30-17:00
　　　　　　郵撥帳號：19863813　戶名：書虫股份有限公司
　　　　　　讀者服務信箱E-mail：service@readingclub.com.tw
麥 田 網 址／http://ryefield.com.tw
香港發行所／城邦（香港）出版集團有限公司
　　　　　　香港灣仔駱克道193號東超商業中心1樓
　　　　　　電話：(852)2508-6231　傳真：(852)2578-9337
　　　　　　E-mail：hkcite@biznetvigator.com
馬新發行所／城邦（馬新）出版集團【Cite(M) Sdn. Bhd. (458372U)】
　　　　　　41, Jalan Radin Anum, Bandar Baru Sri Petaling, 57000 Kuala Lumpur, Malaysia.
　　　　　　電話：(603)9057-8822　傳真：(603)9057-6622
　　　　　　電郵：cite@cite.com.my

封 面 設 計／江孟達
印　　　刷／前進彩藝有限公司

初 版 一 刷　2016年6月1日

定 價：380元
ISBN：978-986-344-351-3